中东欧国家投资经商千问千答

钟　承　闫国庆　主编

中国商务出版社
CHINA COMMERCE AND TRADE PRESS

图书在版编目（CIP）数据

中东欧国家投资经商千问千答/钟承，闫国庆主编
. —北京：中国商务出版社，2016.9
ISBN 978-7-5103-1576-3

Ⅰ.①中… Ⅱ.①钟… ②闫… Ⅲ.①投资环境-中
欧-问题解答 ②投资环境-东欧-问题解答 Ⅳ.
①F15－44

中国版本图书馆 CIP 数据核字（2016）第 221724 号

中东欧国家投资经商千问千答
ZHONGDONGOU GUOJIA TOUZI JINGSHANG QIANWEN QIANDA

钟　承　闫国庆　主编

出	版：	中国商务出版社
发	行：	北京中商图出版物发行有限责任公司
地	址：	北京市东城区安外东后巷 28 号
邮	编：	100710
电	话：	010-64515163（财经事业部）
		010-64266119（发行部）
		010-64263201（零售、邮购）
网	址：	http://www.cctpress.com
网	店：	http://cctpress.taobao.com
邮	箱：	cctpress@163.com
照	排：	北京科事洁技术开发有限责任公司
印	刷：	北京玥实印刷有限公司
开	本：	737 毫米×980 毫米　1/16
印	张：	19.5　字　数：280 千字
版	次：	2016 年 9 月第 1 版　2016 年 9 月第 1 次印刷
书	号：	ISBN 978-7-5103-1576-3
定	价：	39.00 元

编者的话

当前，国际金融危机深层次影响仍在继续，国际投资贸易格局和多边投资贸易规则正酝酿深刻调整，区域合作的机遇与挑战并存，中国经济发展已进入新常态。面对复杂多变的国际国内形势，中国政府于 2015 年 3 月发布《推动共建丝绸之路经济带和 21 世纪海上丝绸之路的愿景与行动》，倡导秉持"和平合作、开放包容、互学互鉴、互利共赢"的丝绸之路精神和合作理念，按照"共商、共建、共享"原则，通过"政策沟通、设施联通、贸易互通、资金融通、民心相通"，全方位推进务实合作，打造政治互信、经济融合、文化包容的利益共同体、命运共同体和责任共同体。

中东欧国家地处"一带一路"沿线的重要区域，是连接欧盟一体化市场和最主要的能源产地间的结合部。在"一带一路"沿线 65 个国家中，中东欧国家占了近四分之一。中东欧 16 国总面积 133.6 万平方公里，总人口 1.23 亿，自然资源丰饶，经济基础扎实，产业特色鲜明，科教水平较高。受益于欧洲产业升级及资本转移的影响，中东欧国家现在成为欧洲乃至全球最具有活力的新兴经济体之一。与此同时，作为全球重要新兴市场的中国，处于工业化和城市化快速发展及消费和产业结构加快升级阶段，与中东欧国家存在很多优势互补及相互需求，例如：中东欧国家在港口、交通、电力、通信等基础设施方面具有较大的发展需求，而中国企业在基础设施建设方面有较强实力和丰富经验。中国与中东欧国家开展"一带一路"建设合作前景广阔，充分利用相互的发展机遇和政策先机，强化双方经贸合作，契合各自发展需要和利益，有助于实现优势互补和共享发展。

近年来，中国与中东欧关系快速发展，"16＋1"框架下的中国—中东欧国家领导人会晤已成功举行 4 次，还构建了一系列合作机制。

2012 年 4 月，首次中国—中东欧国家领导人会晤在华沙举行。时任国务院总理温家宝宣布了中国关于促进与中东欧国家友好合作的 12 项举措，并就推进中国与中东欧国家关系提出四条原则建议。2013 年 11 月，第二次"1＋16"领导人会晤在罗马尼亚布加勒斯特举行，李克强总理出席会晤并提出"三大原则"和六点建议，共同发表了《中国—中东欧国家合作布加勒斯特纲要》。2014 年 12 月，在塞尔维亚贝尔格莱德举行了第三次中国—中东欧国家领导人会晤，共同发表了《中国—中东欧国家合作贝尔格莱德纲要》，从 9 个领域列出中国—中东欧合作的计划。2015 年 11 月，在苏州举行了第四次中国—中东欧国家领导人会晤，共同发表了《中国—中东欧国家合作中期规划》和《中国—中东欧国家合作苏州纲要》。这一系列战略举措，旨在推动中国—中东欧国家扩大合作规模，推进"一带一路"建设，推动中国—中东欧国家关系的健康发展。

在中国和中东欧各国共同努力下，经贸投资合作硕果累累。2015 年双方贸易额达到 562.36 亿美元。中国与匈牙利、阿尔巴尼亚分别签署本币互换协议。"16＋1"专项贷款、投资合作基金等金融杠杆撬动马其顿高速公路、塞尔维亚跨多瑙河大桥、波黑火电站、波兰风电等多个基建、能源项目。连接贝尔格莱德和布达佩斯的匈塞铁路成为中国—中东欧合作的标志性项目。中国—中东欧各国人文交流亮点纷呈，中东欧 14 国已设立孔子学院 32 所。北京至布拉格、布达佩斯开通直航，为中国与中东欧各国架设了友谊桥梁。

为了使我国企业能深入了解中东欧国家投资经商环境，有效拓展经贸合作业务，中国—中东欧国家投资贸易博览会组委会办公室和宁波海上丝绸之路研究院、宁波中东欧国家合作研究院组成写作团队共同编写了《中东欧国家投资经商千问千答》。为阅读、查找方便，本书以问答形式，通过 17 个篇章，共计 1000 个题目，向有意与中东欧国家开展投资与贸易的企业及相关人士提供相关的信息，将中东欧国家经贸环境、投资环境、税收环境、金融环境、营商环境、交通物流环境、人力资源环境等做全景式呈现，这对提高政府及企事业单位相关人员了解中东欧各国情况提高工作水平定有益处。

　　本书编写期间，写作团队对选题及各章节内容反复推敲，多次修改，付出了大量心血。由于编写时间较紧，书中定存在不足之处，欢迎读者给予批评指正，以便本书再版时进一步修改完善。

目　　录

一、综合篇

1. 中东欧国家有哪些？ …………………………………………………… 3

2. 中东欧国家国土面积最大的是哪个国家？ ……………………… 3

3. 中东欧国家国土面积最小的是哪个国家？ ……………………… 3

4. 中东欧国家人口最多的是哪个国家？ …………………………… 3

5. 中东欧国家人口最少的是哪个国家？ …………………………… 3

6. 新亚欧大陆桥途经中东欧哪几个国家？ ………………………… 3

7. 中东欧国家有哪些著名特产？ …………………………………… 3

8. 中东欧国家有哪些著名酒庄？ …………………………………… 3

9. 中东欧哪个国家以出产水晶闻名？ ……………………………… 4

10. 中东欧哪个国家以出产琥珀晶石闻名？ ……………………… 4

11. 中东欧哪个国家的森林资源最丰富？ ………………………… 4

12. 中东欧哪个国家的矿产资源最丰富？ ………………………… 4

13. 中东欧国家有哪些历史文化名人？ …………………………… 5

14. 中东欧有哪些国家已加入欧盟？ ……………………………… 5

15. 中东欧有哪些国家已加入经济合作与发展组织（OECD）？ … 5

16. 中东欧国家经济体制如何？ …………………………………… 5

17. 中东欧国家贸易体制如何？ …………………………………… 5

18. 中东欧国家进出口贸易状况如何？ …………………………… 6

19. 中东欧国家劳动力资源状况如何？ …………………………… 7

20. 中东欧国家汽配产业状况如何？ ……………………………… 7

21. 中东欧国家电力产业状况如何？ ……………………………… 7

22. 中东欧国家农业状况如何？ …………………………………… 7

23. 中东欧国家生物与化工领域状况如何？ ……………………… 8

24. 中东欧国家食品加工状况如何? ·································· 8

25. 中东欧国家有哪些高科技优势? ·································· 9

26. 中国与中东欧国家建立了怎样的合作机制? ·················· 9

27. 中国在促进与中东欧国家友好合作方面有哪些重要举措? ···· 10

28. 中东欧一些国家"欧盟化"对中国经贸合作有哪些影响? ···· 11

29. 宁波与中东欧国家贸易状况如何? ·························· 12

30. 中国与中东欧国家旅游合作状况如何? ···················· 12

31. 中国与中东欧国家金融合作状况如何? ···················· 13

32. 中国在中东欧国家投资合作状况如何? ···················· 13

33. 中国建立了哪些中东欧产业园? ·························· 13

34. 中国领导人在五次中国—中东欧国家经贸论坛提出了哪些
    观点和建议? ·· 14

35. 三次中国—中东欧国家高级别智库研讨会的主题分别是什么? ········ 14

36. 中国—中东欧国家投资贸易博览会在何地举行? ············ 15

37. 中国—中东欧经贸促进部长级会议在何地举行,取得了哪些成果? ···· 15

二、阿尔巴尼亚篇

38. 阿尔巴尼亚首都在哪里? ································ 19

39. 阿尔巴尼亚有哪些主要城市? ·························· 19

40. 阿尔巴尼亚地形有哪些特点? ·························· 19

41. 阿尔巴尼亚使用什么货币? ···························· 19

42. 阿尔巴尼亚使用什么语言? ···························· 19

43. 阿尔巴尼亚有哪些主要民族? ·························· 19

44. 阿尔巴尼亚人宗教信仰情况如何? ······················ 20

45. 阿尔巴尼亚有哪些特色美食? ·························· 20

46. 阿尔巴尼亚有哪些著名景点? ·························· 20

47. 阿尔巴尼亚有哪些风俗习惯? ·························· 20

48. 阿尔巴尼亚有哪些主要节日? ·························· 20

49. 阿尔巴尼亚是否已加入欧盟? ·························· 21

50. 阿尔巴尼亚是否已加入 WTO? ························ 21

51. 阿尔巴尼亚交通状况如何? ···························· 21

52. 阿尔巴尼亚铁路状况如何？ ……………………………… 21

53. 阿尔巴尼亚港口状况如何？ ……………………………… 21

54. 阿尔巴尼亚主要港口有哪些？ …………………………… 21

55. 中国人赴阿尔巴尼亚如何选择航空路线？ ……………… 22

56. 阿尔巴尼亚经济状况如何？ ……………………………… 22

57. 阿尔巴尼亚中央银行的利率如何？ ……………………… 22

58. 阿尔巴尼亚在外汇管理方面有哪些主要规定？ ………… 22

59. 阿尔巴尼亚物价如何？ …………………………………… 22

60. 阿尔巴尼亚农业状况如何？ ……………………………… 23

61. 阿尔巴尼亚矿产资源如何？ ……………………………… 23

62. 阿尔巴尼亚主要工业行业有哪些？ ……………………… 23

63. 阿尔巴尼亚哪个部门主管国内外贸易？ ………………… 23

64. 阿尔巴尼亚主要出口哪些商品？ ………………………… 23

65. 阿尔巴尼亚主要进口哪些商品？ ………………………… 23

66. 中国对阿尔巴尼亚主要出口什么商品？ ………………… 24

67. 中国对阿尔巴尼亚主要进口什么商品？ ………………… 24

68. 阿尔巴尼亚在吸引中国投资方面签订的协议有哪些？ … 24

69. 中国和阿尔巴尼亚经贸合作关系如何？ ………………… 24

70. 阿尔巴尼亚与贸易有关的法律有哪些？ ………………… 24

71. 阿尔巴尼亚在进出口方面有什么限制？ ………………… 24

72. 阿尔巴尼亚主管投资的是哪个部门？其主要职责有哪些？ … 25

73. 阿尔巴尼亚对外资吸引力如何？ ………………………… 25

74. 外国投资者在阿尔巴尼亚可否获得贷款？其贷款利率如何？ … 25

75. 外国企业可以在阿尔巴尼亚投资的公司有哪些类型？ … 25

76. 外资对阿尔巴尼亚投资主要集中在哪些领域？ ………… 25

77. 阿尔巴尼亚政府鼓励重点投资的领域有哪些？ ………… 25

78. 在阿尔巴尼亚有潜力的开发合作领域有哪些？ ………… 26

79. 阿尔巴尼亚与投资合作相关的主要法律有哪些？ ……… 26

80. 外国投资者能否在阿尔巴尼亚获得土地？ ……………… 26

81. 阿尔巴尼亚对外国公司承包当地工程有何制度？ ……… 26

82. 中国企业在阿尔巴尼亚经商应注意哪些事项？ ………… 26

83. 在阿尔巴尼亚投资经商遇到风险该如何求助？ ………… 27

84. 在阿尔巴尼亚进行对环境可能产生影响的商业活动时，需获得哪个机构的许可？该机构的联系方式是什么？ …………………………… 27

85. 阿尔巴尼亚有关环境保护的法律有哪些？ …………………………… 27

86. 在阿尔巴尼亚注册企业的机构是哪个？ …………………………… 27

87. 商业公司在阿尔巴尼亚是否可以先展开商业活动再办理注册？ …… 28

88. 阿尔巴尼亚企业的税收有什么种类？ …………………………… 28

89. 阿尔巴尼亚在知识产权保护方面有哪些法规？ …………………… 28

90. 阿尔巴尼亚对专利的保护期限如何？ …………………………… 28

91. 阿尔巴尼亚对外劳务需求如何？ …………………………………… 28

92. 阿尔巴尼亚在劳动就业方面有哪些规定？ ……………………… 28

93. 阿尔巴尼亚对劳动合同终止有哪些规定？ ……………………… 29

94. 阿尔巴尼亚对雇员工作时间有哪些规定？ ……………………… 29

95. 外国人在阿尔巴尼亚可使用什么信用卡？ ……………………… 29

96. 阿尔巴尼亚对外国人在当地工作有哪些规定？ ………………… 29

97. 在阿尔巴尼亚是否可以学习汉语言文化？ ……………………… 30

98. 赴阿尔巴尼亚如何办理签证手续？ …………………………… 30

99. 如何与阿尔巴尼亚驻华大使馆取得联系？ ……………………… 30

100. 如何与中国驻阿尔巴尼亚外交机构取得联系？ ………………… 30

三、波 黑 篇

101. 波黑首都在哪里？ …………………………………………… 35

102. 波黑有哪些主要城市？ ……………………………………… 35

103. 波黑使用什么货币？ ………………………………………… 35

104. 波黑有哪些主要民族？ ……………………………………… 35

105. 波黑人宗教信仰情况如何？ ………………………………… 35

106. 波黑使用什么语言？ ………………………………………… 35

107. 波黑有哪些特色美食？ ……………………………………… 35

108. 与波黑人打交道需注意什么饮食要点？ …………………… 36

109. 波黑有哪些著名旅游景点？ ………………………………… 36

110. 波黑的主要媒体有哪些？ …………………………………… 36

111. 波黑主要节假日有哪些？ …………………………………… 36

112. 波黑的气候如何？ …………………………………… 36

113. 波黑政府主席团怎样构成？ ……………………… 37

114. 波黑的基础设施状况如何？ ……………………… 37

115. 波黑有没有港口？ ………………………………… 37

116. 中国人赴波黑可选择什么合理线路？ …………… 37

117. 波黑的医疗保险机构是怎样的？ ………………… 37

118. 在波黑用水是什么价格？ ………………………… 38

119. 波黑有哪些主要产业？ …………………………… 38

120. 波黑工业状况如何？ ……………………………… 38

121. 波黑农业状况如何？ ……………………………… 38

122. 波黑葡萄酒产业状况如何？ ……………………… 38

123. 波黑有哪些自然资源？ …………………………… 38

124. 波黑融资条件如何？ ……………………………… 39

125. 《波黑发展战略》的目标是什么？ ……………… 39

126. 波黑主管对外经济和贸易的是哪个部门？ ……… 39

127. 波黑联邦和塞族共和国的贸易主管部门是什么部门？ … 39

128. 波黑对外经济和贸易部门主要有哪些职能？ …… 39

129. 波黑主要出口哪些商品？ ………………………… 40

130. 波黑主要进口哪些商品？ ………………………… 40

131. 中国对波黑主要出口什么商品？ ………………… 40

132. 中国从波黑主要进口什么商品？ ………………… 40

133. 波黑对中国企业投资合作有什么保护政策？ …… 40

134. 产品出口到波黑需要什么产地证？ ……………… 40

135. 波黑进出口贸易有哪些安全检测规定？ ………… 41

136. 波黑外国投资促进局主要职能是什么？ ………… 41

137. 波黑外国投资者协会有什么职能？ ……………… 41

138. 波黑投资环境有什么特点？ ……………………… 41

139. 对波黑投资，投资者可向哪些机构申请风险担保？ … 42

140. 波黑对外国投资审批规定的时限多长？ ………… 42

141. 波黑对外企进入具有哪些有利条件？ …………… 42

142. 外资企业如何在波黑获得土地？ ………………… 42

143. 波黑对外国公司承包工程有何规定？ …………… 42

144. 哪些机构能给中国企业提供在波黑开展投资合作的咨询服务？ ……… 43

145. 波黑中国商会是一个什么样的组织？它有什么作用？ ……… 43

146. 在波黑投资设立企业的形式有几种？ ……… 43

147. 在波黑注册企业有哪些主要程序？ ……… 43

148. 波黑在保护知识产权方面有哪些规定？ ……… 43

149. 企业在波黑如何申请专利？ ……… 44

150. 外资企业与波黑企业向银行申请贷款有什么规定？ ……… 44

151. 波黑有哪些重要的银行？ ……… 44

152. 波黑税收制度如何？ ……… 44

153. 波黑的企业所得税是多少？ ……… 44

154. 企业在波黑报税需办理哪些手续？ ……… 45

155. 波黑外汇管理有什么规定？ ……… 45

156. 人民币可以直接兑换波黑马克吗？ ……… 45

157. 波黑的信用卡使用情况如何？ ……… 45

158. 波黑对个人携带外币现金出入境有什么限制？ ……… 45

159. 波黑证券交易对外企参与有何规定？ ……… 45

160. 波黑劳动力状况如何？ ……… 46

161. 波黑对外籍劳务的需求如何？ ……… 46

162. 外国人在波黑获得合法工作权有哪些程序？ ……… 46

163. 如何获得波黑国籍？ ……… 46

164. 办理波黑商务签证需要注意哪些要点？ ……… 46

165. 如何与波黑驻华大使馆取得联系？ ……… 47

166. 如何与中国驻波黑大使馆及经商参处取得联系？ ……… 47

四、保加利亚篇

167. 保加利亚首都在哪里？ ……… 51

168. 保加利亚有哪些主要城市？ ……… 51

169. 保加利亚使用什么货币？ ……… 51

170. 保加利亚使用什么语言？ ……… 51

171. 保加利亚有哪些主要民族？ ……… 51

172. 保加利亚人宗教信仰情况如何？ ……… 51

173. 保加利亚有哪些著名旅游景点？ ································ 51

174. 保加利亚有哪些特色美食？ ····································· 51

175. 保加利亚有哪些礼仪？ ··· 52

176. 保加利亚有哪些著名大学？ ····································· 52

177. 保加利亚有哪些重要节日？ ····································· 52

178. 保加利亚有哪些重要展会？ ····································· 52

179. 保加利亚有哪些自然资源？ ····································· 53

180. 保加利亚有哪些优势产业？ ····································· 53

181. 保加利亚有哪些开发园区？ ····································· 53

182. 保加利亚交通运输业状况如何？ ································· 53

183. 保加利亚如何推进公路和轨道交通建设？ ······················· 53

184. 保加利亚有哪些重要港口？ ····································· 54

185. 中国人赴保加利亚可以选择什么航空线路？ ······················ 54

186. 保加利亚通信业状况如何？ ····································· 54

187. 保加利亚天然气市场有什么特点？ ······························ 54

188. 保加利亚电力行业发展情况如何？ ······························ 54

189. 保加利亚在农业方面有哪些优势？ ······························ 55

190. 保加利亚葡萄酒产业有哪些优势？ ······························ 55

191. 保加利亚对葡萄酒产业发展有哪些支持政策？ ···················· 55

192. 保加利亚奶制品行业状况如何？ ································· 55

193. 保加利亚烟草业状况如何？ ····································· 55

194. 加利亚玫瑰种植业状况如何？ ··································· 56

195. 加利亚最著名的玫瑰产地在哪里？ ······························ 56

196. 中国与保加利亚玫瑰油业有哪些合作？ ·························· 56

197. 保加利亚出口主要商品有哪些？ ································· 56

198. 保加利亚进口主要商品有哪些？ ································· 57

199. 中国对保加利亚主要出口什么商品？ ···························· 57

200. 中国从保加利亚主要进口什么商品？ ···························· 57

201. 保加利亚非关税壁垒主要有哪些？ ······························ 57

202. 保加利亚关于贸易的相关法律和政策主要有哪些？ ················ 57

203. 保加利亚最主要的贸易伙伴有哪些？ ···························· 57

204. 保加利亚与中国经贸合作关系如何？ ···························· 57

205. 保加利亚投资合作环境如何？ ···················· 58

206. 外资主要流向保加利亚哪些行业？ ················ 58

207. 保加利亚针对外国投资有何优惠政策？ ············ 58

208. 在保加利亚承揽工程项目有哪些程序？ ············ 58

209. 保加利亚有哪些较大的中资企业？ ················ 59

210. 保加利亚确定最成功的企业名单主要用哪些指标？ ···· 59

211. 保加利亚有哪些非营利性中介服务机构？ ·········· 59

212. 保加利亚经济表现如何？ ························ 59

213. 保加利亚有哪些重要的银行？ ···················· 59

214. 保加利亚有哪些重要的保险公司？ ················ 59

215. 保加利亚主要有哪些税赋？ ······················ 59

216. 保加利亚证券市场的发展情况如何？ ·············· 60

217. 外国公司参与保加利亚当地证券交易有何规定？ ···· 60

218. 保加利亚关于保护知识产权的法律法规主要有哪些？ ·· 60

219. 在保加利亚如何申请专利？ ······················ 60

220. 在保加利亚解决商务纠纷的主要途径及适用法律？ ·· 60

221. 保加利亚劳工法律有什么特点？ ·················· 60

222. 外国人能否在保加利亚购置土地和房产？ ·········· 61

223. 申请保加利亚移民有哪些条件？ ·················· 61

224. 中国公民前往保加利亚签证程序如何？ ············ 61

225. 如何与保加利亚驻华大使馆及上海总领事馆取得联系？ ·· 62

226. 如何与中国驻保加利亚大使馆取得联系？ ·········· 62

五、克罗地亚篇

227. 克罗地亚首都在哪里？ ·························· 65

228. 克罗地亚有哪些主要城市？ ······················ 65

229. 克罗地亚使用什么货币？ ························ 65

230. 克罗地亚人主要使用什么语言？ ·················· 65

231. 克罗地亚主要有哪些民族？ ······················ 65

232. 克罗地亚人宗教信仰情况如何？ ·················· 65

233. 克罗地亚有哪些重要的旅游资源？ ················ 66

234. 克罗地亚有哪些较闻名的特色美食？ ·································· 66

235. 克罗地亚人与不同客人见面礼仪有什么不同？ ···················· 66

236. 克罗地亚人民喜欢的颜色与图案是什么？ ························· 66

237. 克罗地亚有哪些法定节假日？ ···································· 66

238. 克罗地亚的主要媒体有哪些？ ···································· 66

239. 克罗地亚有哪些主要港口？ ······································ 67

240. 克罗地亚有哪些重要的机场？ ···································· 67

241. 中国出发赴克罗地亚可选择什么航空线路？ ······················ 67

242. 克罗地亚主要有哪些电信运营企业？ ····························· 67

243. 克罗地亚的科技发展在哪些领域具有一定的优势？ ················ 67

244. 克罗地亚有哪些特色产业？ ······································ 67

245. 克罗地亚农业发展状况如何？ ···································· 68

246. 克罗地亚主管贸易的部门是哪个？其主要职责是什么？ ············ 68

247. 克罗地亚主要出口产品有哪些？ ································· 68

248. 克罗地亚主要进口产品有哪些？ ································· 68

249. 克罗地亚从中国主要进口什么商品？ ····························· 68

250. 中国从克罗地亚主要进口什么商品？ ····························· 68

251. 中国与克罗地亚签署了哪些主要协定？ ·························· 69

252. 克罗地亚与贸易相关的法律有哪些？ ····························· 69

253. 克罗地亚《环境保护法》对贸易的各个经济主体有什么要求？ ······ 69

254. 克罗地亚主管国内外投资的是哪个部门？其主要职责是什么？ ······ 69

255. 克罗地亚外资主要分布在哪些行业？ ····························· 69

256. 中国对克罗地亚直接投资主要集中在哪些领域？ ·················· 70

257. 克罗地亚政府吸引投资有哪些鼓励措施？ ························· 70

258. 克罗地亚对外国投资有哪些税收优惠政策？ ······················ 70

259. 克罗地亚鼓励哪些行业优先发展？ ······························· 70

260. 克罗地亚有哪些主要园区？ ······································ 70

261. 克罗地亚园区适用的法律有哪些？ ······························· 71

262. 克罗地亚园区有哪些优惠政策？ ································· 71

263. 克罗地亚哪些项目的投资建设需通过国际公开招标获取？ ·········· 71

264. 克罗地亚对外国公司承包当地工程有何规定？ ···················· 71

265. 在克罗地亚注册企业的条件有哪些？ ····························· 71

266. 在克罗地亚注册企业的主要程序是什么？ ⋯⋯⋯⋯⋯⋯⋯ 72

267. 在克罗地亚解决商务纠纷的途径及适用哪国法律？ ⋯⋯⋯ 72

268. 克罗地亚有哪些重要的银行？ ⋯⋯⋯⋯⋯⋯⋯⋯⋯⋯⋯ 72

269. 克罗地亚《外汇法》对外汇进出有什么要求？ ⋯⋯⋯⋯⋯ 72

270. 克罗地亚《海关税率法》有哪些重要规定？ ⋯⋯⋯⋯⋯⋯ 73

271. 克罗地亚实行什么税收制度？ ⋯⋯⋯⋯⋯⋯⋯⋯⋯⋯⋯ 73

272. 克罗地亚主要有哪些税赋？ ⋯⋯⋯⋯⋯⋯⋯⋯⋯⋯⋯⋯ 73

273. 在克罗地亚企业报税需提交哪些资料？ ⋯⋯⋯⋯⋯⋯⋯⋯ 73

274. 克罗地亚欠税者申请税收减免需满足什么条件？ ⋯⋯⋯⋯ 73

275. 在克罗地亚如何申请专利？ ⋯⋯⋯⋯⋯⋯⋯⋯⋯⋯⋯⋯ 73

276. 在克罗地亚商标注册的有效期及过期后的续展如何？ ⋯⋯ 74

277. 克罗地亚涉及知识产权和工业产权保护的法规主要有哪些？ ⋯ 74

278. 克罗地亚劳动力状况如何？ ⋯⋯⋯⋯⋯⋯⋯⋯⋯⋯⋯⋯ 74

279. 克罗地亚《劳动法》对劳动报酬有什么规定？ ⋯⋯⋯⋯⋯ 74

280. 在克罗地亚如何解除劳动合同？ ⋯⋯⋯⋯⋯⋯⋯⋯⋯⋯⋯ 74

281. 克罗地亚对外国人在当地工作有哪些规定？ ⋯⋯⋯⋯⋯⋯ 75

282. 外国人在克罗地亚有什么样的工作许可制度？ ⋯⋯⋯⋯⋯ 75

283. 外国商人在克罗地亚如何申请工作许可？ ⋯⋯⋯⋯⋯⋯⋯ 75

284. 如何与户国驻克罗地亚大使馆及经商参处取得联系？ ⋯⋯ 75

285. 如何与克罗地亚驻华大使馆或领事馆取得联系？ ⋯⋯⋯⋯ 76

六、捷 克 篇

286. 捷克的首都在哪里？ ⋯⋯⋯⋯⋯⋯⋯⋯⋯⋯⋯⋯⋯⋯⋯ 79

287. 捷克有哪些主要城市？ ⋯⋯⋯⋯⋯⋯⋯⋯⋯⋯⋯⋯⋯⋯ 79

288. 捷克使用什么货币？ ⋯⋯⋯⋯⋯⋯⋯⋯⋯⋯⋯⋯⋯⋯⋯ 79

289. 捷克主要使用什么语言？ ⋯⋯⋯⋯⋯⋯⋯⋯⋯⋯⋯⋯⋯ 79

290. 捷克主要有哪些民族？ ⋯⋯⋯⋯⋯⋯⋯⋯⋯⋯⋯⋯⋯⋯ 79

291. 捷克人宗教信仰情况如何？ ⋯⋯⋯⋯⋯⋯⋯⋯⋯⋯⋯⋯ 79

292. 捷克有哪些著名旅游景点？ ⋯⋯⋯⋯⋯⋯⋯⋯⋯⋯⋯⋯ 79

293. 捷克有哪些法定节假日？ ⋯⋯⋯⋯⋯⋯⋯⋯⋯⋯⋯⋯⋯ 80

294. 捷克主要有哪些自然资源？ ⋯⋯⋯⋯⋯⋯⋯⋯⋯⋯⋯⋯ 80

295. 捷克主要有哪些重点产业？ …………………………………………… 80

296. 捷克飞机制造业发展状况如何？ ……………………………………… 80

297. 捷克水路交通情况如何？ ……………………………………………… 80

298. 捷克有哪些主要机场？ ………………………………………………… 81

299. 中国人赴捷克可选择哪些航空线路？ ………………………………… 81

300. 捷克主要有哪些进口商品？ …………………………………………… 81

301. 捷克主要有哪些出口商品？ …………………………………………… 81

302. 中国对捷克主要出口什么商品？ ……………………………………… 81

303. 中国从捷克主要进口什么商品？ ……………………………………… 81

304. 捷克机械制造业哪些产品在国际上具有竞争力？ …………………… 82

305. 捷克对进口方面有哪些规定？ ………………………………………… 82

306. 捷克在出口方面有哪些规定？ ………………………………………… 82

307. 捷克海关管理有哪些规定？ …………………………………………… 82

308. 捷克的投资主管部门有哪些？ ………………………………………… 82

309. 捷克投资主管部门各自的职能是什么？ ……………………………… 83

310. 捷克鼓励外国企业投资什么行业？ …………………………………… 83

311. 捷克禁止和限制外国企业投资的行业分别有哪些？ ………………… 83

312. 捷克制造业领域优惠政策有哪些？ …………………………………… 83

313. 捷克企业需满足哪些条件才可以享受制造业领域投资的优惠政策？ … 84

314. 捷克在企业扩大就业方面有哪些鼓励政策？ ………………………… 84

315. 捷克在企业技术升级方面有哪些鼓励政策？ ………………………… 84

316. 在捷克的企业申请欧盟结构基金需要满足哪些条件？ ……………… 84

317. 捷克对外国公司承包当地工程的招标方式如何规定？ ……………… 85

318. 国外建筑公司承包捷克的工程需要具备什么条件？ ………………… 85

319. 捷克进行公共采购有哪几种程序？ …………………………………… 85

320. 捷克的国家战略工业园区主要有哪几个？ …………………………… 85

321. 投资捷克工业园区可享受哪些优惠政策？ …………………………… 85

322. 捷克与投资合作相关的主要法律有哪些？ …………………………… 86

323. 外国企业到捷克投资可向哪些部门咨询？ …………………………… 86

324. 捷克对中国企业投资合作有何保护政策？ …………………………… 86

325. 捷克有哪些环保措施？ ………………………………………………… 87

326. 捷克环保部门对新开设的外资项目进行环境评估需要经过哪些流程？ … 87

327. 捷克已加入哪些国际组织？ ………………………………… 87

328. 捷克有哪些重要的银行？ …………………………………… 87

329. 捷克对外汇管理有哪些规定？ ……………………………… 87

330. 外国企业如何在捷克进行证券交易？ ……………………… 88

331. 在捷克注册企业的主要程序有哪些？ ……………………… 88

332. 外资企业获得捷克土地有哪些规定？ ……………………… 88

333. 捷克《专利法》有什么规定？ ……………………………… 89

334. 国外的自然人或法人如何在捷克申请专利或商标？ ……… 89

335. 外国人在捷克如何申请注册商标？ ………………………… 89

336. 在捷克通过哪些途径解决商务纠纷？ ……………………… 89

337. 捷克实施怎样的税收制度？ ………………………………… 90

338. 捷克的主要税种有哪些？ …………………………………… 90

339. 在捷克有哪些报税渠道？ …………………………………… 90

340. 捷克劳动力状况如何？ ……………………………………… 90

341. 捷克《劳动法》有哪些主要规定？ ………………………… 91

342. 捷克外来劳务人员主要来自哪些国家？ …………………… 91

343. 中国公民到捷克进行工作需要经过哪些程序？ …………… 91

344. 赴捷克工作的外国居民申请工作许可证有哪些程序？ …… 91

345. 能给中国企业到捷克投资提供投资合作咨询的机构有哪些？ … 92

346. 如何与捷克驻华大使馆及领事馆取得联系？ ……………… 92

347. 如何与中国驻捷克大使馆及经商处取得联系？ …………… 92

七、爱沙尼亚篇

348. 爱沙尼亚首都在哪里？ ……………………………………… 97

349. 爱沙尼亚有哪些主要城市？ ………………………………… 97

350. 爱沙尼亚使用什么货币？ …………………………………… 97

351. 爱沙尼亚使用什么语言？ …………………………………… 97

352. 爱沙尼亚有哪些主要民族？ ………………………………… 97

353. 爱沙尼亚人宗教信仰情况如何？ …………………………… 97

354. 爱沙尼亚有哪些特色美食？ ………………………………… 97

355. 爱沙尼亚有哪些特色商品？ ………………………………… 97

356. 爱沙尼亚有哪些著名景点？ ………………………………………… 98

357. 爱沙尼亚有什么重要的节日？ ………………………………………… 98

358. 爱沙尼亚主要的媒体有哪些？ ………………………………………… 98

359. 爱沙尼亚有什么工会及其他非政府组织？ ……………………………… 98

360. 爱沙尼亚主要工业部门有哪些？ ……………………………………… 98

361. 爱沙尼亚的交通运输业如何？ ………………………………………… 98

362. 爱沙尼亚航空运输产业状况如何？ …………………………………… 99

363. 爱沙尼亚主要机场有哪些？ …………………………………………… 99

364. 中国人赴爱沙尼亚可选择什么航空路线？ ……………………………… 99

365. 爱沙尼亚有哪些重要港口？ …………………………………………… 99

366. 爱沙尼亚最大的港口是哪个？ ………………………………………… 99

367. 爱沙尼亚木材加工业状况如何？ ……………………………………… 99

368. 爱沙尼亚通信产业状况如何？ ………………………………………… 100

369. 爱沙尼亚农业经济状况如何？ ………………………………………… 100

370. 爱沙尼亚畜牧业状况如何？ …………………………………………… 100

371. 爱沙尼亚旅游业经济状况如何？ ……………………………………… 100

372. 爱沙尼亚贸易主管部门是哪个，其主要职能有哪些？ ………………… 100

373. 爱沙尼亚主要进口什么商品？ ………………………………………… 101

374. 爱沙尼亚主要出口什么商品？ ………………………………………… 101

375. 中国对爱沙尼亚主要出口什么商品？ ………………………………… 101

376. 中国从爱沙尼亚主要进口什么商品？ ………………………………… 101

377. 爱沙尼亚与中国签订了哪些重要协议？ ……………………………… 101

378. 爱沙尼亚主要贸易伙伴有哪些国家？ ………………………………… 101

379. 爱沙尼亚海关政策有什么重要规定？ ………………………………… 101

380. 爱沙尼亚有几个海关保税区？ ………………………………………… 102

381. 爱沙尼亚投资管理部门是哪个，其主要职能有哪些？ ………………… 102

382. 爱沙尼亚吸引中国投资的优势有哪些？ ……………………………… 102

383. 爱沙尼亚对外国投资有什么优惠政策？ ……………………………… 102

384. 爱沙尼亚对外国企业开展投资合作有哪些保护政策？ ………………… 103

385. 爱沙尼亚与投资合作相关的主要法律有哪些？ ……………………… 103

386. 爱沙尼亚对吸引投资有哪些鼓励政策？ ……………………………… 103

387. 爱沙尼亚主要银行有哪些？ …………………………………………… 104

388. 爱沙尼亚主要的保险公司有哪些? ……………………………… 104

389. 中国人在爱沙尼亚可使用什么信用卡? ………………………… 104

390. 爱沙尼亚外汇政策有什么重要规定? …………………………… 104

391. 外国公司参与爱沙尼亚当地证券交易有什么规定? …………… 104

392. 在爱沙尼亚如何申请专利? ……………………………………… 105

393. 在爱沙尼亚如何注册商标? ……………………………………… 105

394. 爱沙尼亚在劳动就业方面现状如何? …………………………… 105

395. 外国人能否在爱沙尼亚购置土地和房产? ……………………… 105

396. 申请爱沙尼亚签证有哪些流程? ………………………………… 106

397. 如何办理去爱沙尼亚移民手续? ………………………………… 106

398. 如何办理去爱沙尼亚工作签证手续? …………………………… 106

399. 如何与爱沙尼亚驻华大使馆及领事馆取得联系? ……………… 107

400. 如何与中国驻爱沙尼亚大使馆及经商处取得联系? …………… 107

八、匈牙利篇

401. 匈牙利首都在哪里? ……………………………………………… 111

402. 匈牙利有哪些主要城市? ………………………………………… 111

403. 匈牙利使用什么货币? …………………………………………… 111

404. 匈牙利使用什么语言? …………………………………………… 111

405. 匈牙利主要有哪些民族? ………………………………………… 111

406. 匈牙利人宗教信仰情况如何? …………………………………… 111

407. 匈牙利有哪些特色商品? ………………………………………… 111

408. 匈牙利有哪些著名景点? ………………………………………… 111

409. 匈牙利人有哪些谈判方式和商业送礼习俗? …………………… 112

410. 匈牙利人有哪些特别的禁忌? …………………………………… 112

411. 匈牙利的主要媒体有哪些? ……………………………………… 112

412. 匈牙利的主要节假日有哪些? …………………………………… 112

413. 中国人赴匈牙利可选择哪些航空路线? ………………………… 112

414. 匈牙利在生物技术产业中的研发主要集中在哪些领域? ……… 113

415. 匈牙利生产的电子产品主要包括哪些? ………………………… 113

416. 匈牙利有哪些主要产业? ………………………………………… 113

417. 匈牙利汽车工业状况如何？ …………………………………………… 113

418. 匈牙利信息通信业状况如何？ ………………………………………… 113

419. 匈牙利软件产业状况如何？ …………………………………………… 114

420. 匈牙利农业状况如何？ ………………………………………………… 114

421. 匈牙利服务业状况如何？ ……………………………………………… 114

422. 匈牙利的教育状况如何？ ……………………………………………… 114

423. 匈牙利的法律状况如何？ ……………………………………………… 115

424. 匈牙利政府采取了哪些鼓励出口的政策措施？ ……………………… 115

425. 匈牙利主要出口什么商品？ …………………………………………… 115

426. 匈牙利主要进口什么商品？ …………………………………………… 115

427. 中国对匈牙利主要出口什么商品？ …………………………………… 115

428. 中国从匈牙利主要进口什么商品？ …………………………………… 116

429. 中国与匈牙利签订了哪些协议？ ……………………………………… 116

430. 中国与匈牙利签订了哪个重要合作文件？ …………………………… 116

431. 中国企业在匈牙利开展贸易合作需注意哪些事项？ ………………… 116

432. 外商对匈牙利的投资集中在哪些领域？ ……………………………… 116

433. 外资企业投资需获得匈牙利政府批准的行业有哪些？ ……………… 117

434. 匈牙利对于外国投资有何优惠政策？ ………………………………… 117

435. 匈牙利大型基础设施项目的公开招标信息可从哪些网站获得？ …… 117

436. 匈牙利对外国投资合法的贸易管理有哪些相关规定？ ……………… 117

437. 在匈牙利，与投资合作相关的主要法律有哪些？ …………………… 117

438. 中国企业在匈牙利开展承包工程项目需注意哪些事项？ …………… 118

439. 匈牙利华人商会、社团有哪些？ ……………………………………… 118

440. 匈牙利的经济体制有什么特点？ ……………………………………… 118

441. 匈牙利的财政收支如何？ ……………………………………………… 118

442. 匈牙利主权债务及主权信用评级如何？ ……………………………… 118

443. 匈牙利的金融体系如何？ ……………………………………………… 119

444. 匈牙利有哪些重要的银行？ …………………………………………… 119

445. 匈牙利的融资条件如何？ ……………………………………………… 119

446. 匈牙利外汇政策有哪些特点？ ………………………………………… 119

447. 中国人在匈牙利可使用什么信用卡？ ………………………………… 119

448. 匈牙利实行怎样的税收体制？ ………………………………………… 120

449. 匈牙利关于企业税收的规定有哪些？ ……………………………… 120

450. 在匈牙利注册公司需要准备什么文件？ …………………………… 120

451. 在匈牙利注册公司的流程如何？ …………………………………… 120

452. 匈牙利工业产权的政府主管部门是哪个？ ………………………… 121

453. 匈牙利有关知识产权的环保法律法规有哪些？ …………………… 121

454. 匈牙利的劳动力素质如何？ ………………………………………… 121

455. 什么是匈牙利国债移民？ …………………………………………… 121

456. 外国人能否在匈牙利购置土地和房产？ …………………………… 122

457. 在匈牙利如何解除雇佣合同？ ……………………………………… 122

458. 如何与匈牙利驻华大使馆与领事馆取得联系？ …………………… 122

459. 如何与中国驻匈牙利大使馆、领事馆及经商处取得联系？ ……… 123

九、拉脱维亚篇

460. 拉脱维亚首都在哪里？ ……………………………………………… 127

461. 拉脱维亚有哪些主要城市？ ………………………………………… 127

462. 拉脱维亚使用什么货币？ …………………………………………… 127

463. 拉脱维亚使用什么语言？ …………………………………………… 127

464. 拉脱维亚有哪些主要民族？ ………………………………………… 127

465. 拉脱维亚有哪些特色美食？ ………………………………………… 127

466. 拉脱维亚旅游业状况如何？ ………………………………………… 127

467. 拉脱维亚有哪些著名景点？ ………………………………………… 128

468. 拉脱维亚有什么独特的饮食习惯？ ………………………………… 128

469. 拉脱维亚有哪些商业送礼习俗？ …………………………………… 128

470. 拉脱维亚有哪些特色产业？ ………………………………………… 128

471. 拉脱维亚最著名的啤酒公司是哪家？ ……………………………… 128

472. 拉脱维亚最著名的巧克力公司是哪家？ …………………………… 129

473. 拉脱维亚基础设施状况如何？ ……………………………………… 129

474. 拉脱维亚交通状况如何？ …………………………………………… 129

475. 中国是否有直飞拉脱维亚的航班？ ………………………………… 129

476. 拉脱维亚农业状况如何？ …………………………………………… 129

477. 拉脱维亚有哪些自然资源？ ………………………………………… 130

478. 拉脱维亚商贸发展占据哪些地理优势？ …………………………… 130

479. 拉脱维亚主要有哪些出口商品？ ………………………………… 130

480. 拉脱维亚主要有哪些进口商品？ ………………………………… 130

481. 中国对拉脱维亚主要出口什么商品？ …………………………… 130

482. 中国从拉脱维亚主要进口什么商品？ …………………………… 131

483. 出口拉脱维亚是否需要特殊的单证？ …………………………… 131

484. 拉脱维亚贸易管理有哪些重要规定？ …………………………… 131

485. 拉脱维亚的投资促进机构是哪个部门，其主要职责是什么？ …… 131

486. 拉脱维亚外资引进有哪些鼓励措施？ …………………………… 132

487. 拉脱维亚引进外国投资主要有哪些行业？ ……………………… 132

488. 外国投资者在拉脱维亚享有哪些税收优惠？ …………………… 132

489. 拉脱维亚有哪些经济特区？ ……………………………………… 132

490. 拉脱维亚经济特区有哪些优惠政策？ …………………………… 132

491. 拉脱维亚是否禁止外资企业拥有用地权益？ …………………… 132

492. 中国与拉脱维亚有什么重要合作项目？ ………………………… 133

493. 拉脱维亚经济有哪些特点？ ……………………………………… 133

494. 拉脱维亚金融状况如何？ ………………………………………… 133

495. 拉脱维亚有哪些重要的银行？ …………………………………… 133

496. 拉脱维亚有哪些重要的保险公司？ ……………………………… 133

497. 中国人在拉脱维亚能使用什么信用卡？ ………………………… 134

498. 拉脱维亚税率如何？ ……………………………………………… 134

499. 拉脱维亚有什么工会组织？ ……………………………………… 134

500. 拉脱维亚劳动力状况如何？ ……………………………………… 134

501. 外国人在拉脱维亚居住和工作有什么规定？ …………………… 134

502. 移民拉脱维亚有什么规定？ ……………………………………… 135

503. 申请拉脱维亚签证需递交哪些文件？ …………………………… 135

504. 外国人能否在拉脱维亚购置房产？ ……………………………… 135

505. 如何办理赴拉脱维亚签证手续？ ………………………………… 136

506. 如何与拉脱维亚驻华大使馆取得联系？ ………………………… 136

507. 如何与中国驻拉脱维亚大使馆及经商处取得联系？ …………… 136

十、立陶宛篇

508. 立陶宛首都在哪里？ ··· 141

509. 立陶宛有哪些主要城市？ ··· 141

510. 立陶宛使用什么货币？ ··· 141

511. 立陶宛用什么语言？ ··· 141

512. 立陶宛有哪些主要民族？ ··· 141

513. 立陶宛人宗教信仰情况如何？ ···································· 141

514. 立陶宛人用餐的主要食材有哪些？ ······························ 141

515. 立陶宛人有什么独特的饮食习惯？ ······························ 141

516. 立陶宛有哪些重要节日？ ··· 142

517. 立陶宛有哪些著名景点？ ··· 142

518. 立陶宛的公路交通状况如何？ ···································· 142

519. 立陶宛的铁路交通状况如何？ ···································· 142

520. 立陶宛的航空交通状况如何？ ···································· 142

521. 中国人赴立陶宛可选择哪些航空线路？ ·························· 143

522. 立陶宛的水路交通状况如何？ ···································· 143

523. 立陶宛有哪些港口？ ··· 143

524. 立陶宛有哪些特色产品？ ··· 143

525. 立陶宛有哪些优势产业？ ··· 143

526. 立陶宛有哪些大企业？ ··· 143

527. 立陶宛卫生医疗状况如何？ ·· 144

528. 立陶宛酒店住宿业状况如何？ ···································· 144

529. 立陶宛工业状况如何？ ··· 144

530. 立陶宛木材加工业状况如何？ ···································· 144

531. 立陶宛纺织服装业状况如何？ ···································· 145

532. 立陶宛的矿产资源情况如何？ ···································· 145

533. 立陶宛能源行业状况如何？ ·· 145

534. 立陶宛森林资源情况如何？ ·· 145

535. 立陶宛就本国的能源现状具体发展战略是什么？ ·············· 145

536. 立陶宛主要有哪些出口商品？ ···································· 146

537. 立陶宛主要有哪些进口商品？ …………………………………… 146

538. 立陶宛自中国进口的主要商品有哪些？ ……………………… 146

539. 立陶宛出口中国的主要商品有哪些？ ………………………… 146

540. 立陶宛商品主要进出口国有哪些？ …………………………… 146

541. 中国与立陶宛经贸合作关系如何？ …………………………… 146

542. 中国和立陶宛签署了哪些贸易合作条约？ …………………… 146

543. 立陶宛有哪些主要投资来源国？ ……………………………… 147

544. 立陶宛法律规定的外国投资方式主要有哪些？ ……………… 147

545. 立陶宛在外商投资方面有哪些规定？ ………………………… 147

546. 在立陶宛投资不动产有哪些规定？ …………………………… 147

547. 立陶宛对外国投资者有什么特殊规定？ ……………………… 148

548. 立陶宛为投资商提供的优惠政策主要有哪些？ ……………… 148

549. 在立陶宛对投资者权利和投资保护有哪些政策？ …………… 148

550. 立陶宛对中国企业承揽工程项目有什么规定？ ……………… 148

551. 立陶宛知识产权的负责部门主要职能是什么？ ……………… 149

552. 立陶宛关于知识产权的法律主要有哪些？ …………………… 149

553. 立陶宛在知识产权保护方面有哪些法规？ …………………… 149

554. 立陶宛关于知识产权侵权的相关处罚有哪些？ ……………… 149

555. 立陶宛有哪些经济自由区？ …………………………………… 149

556. 立陶宛在拓展国际市场方面有什么重要措施？ ……………… 149

557. 立陶宛对商业贿赂有何法律规定？ …………………………… 150

558. 立陶宛有哪些重要的银行？ …………………………………… 150

559. 立陶宛信用卡的使用情况？ …………………………………… 150

560. 立陶宛黄金外汇储备及债务状况如何？ ……………………… 150

561. 立陶宛有哪些税务管理部门？ ………………………………… 151

562. 立陶宛的主要税种有哪些？ …………………………………… 151

563. 立陶宛税的申报时间如何计算？ ……………………………… 151

564. 立陶宛的劳动力资源如何？ …………………………………… 151

565. 立陶宛在劳动合同方面有哪些规定？ ………………………… 151

566. 立陶宛在终止劳动合同方面有哪些规定？ …………………… 151

567. 立陶宛对外国人在当地工作有哪些规定？ …………………… 152

568. 立陶宛引进外籍劳务人员的程序及相关要求有哪些？ ……… 152

569. 立陶宛对外籍劳务人员的劳动期限有什么要求？ ················ 152

570. 立陶宛签证类别有哪些？ ·· 152

571. 办理赴立陶宛商务签证需提供什么材料？ ···················· 153

572. 如何与立陶宛驻华大使馆取得联系？ ·························· 153

573. 如何与中国驻立陶宛大使馆及经商处取得联系？ ············ 153

十一、马其顿篇

574. 马其顿首都在哪里？ ·· 157

575. 马其顿有哪些主要城市？ ·· 157

576. 马其顿使用什么货币？ ·· 157

577. 马其顿使用什么语言？ ·· 157

578. 马其顿有哪些主要民族？ ·· 157

579. 马其顿人宗教信仰情况如何？ ·································· 157

580. 马其顿有什么独特的饮食习惯？ ································ 157

581. 马其顿有哪些特色美食？ ·· 158

582. 马其顿有哪些著名景点？ ·· 158

583. 马其顿在习俗上有哪些注意事项？ ····························· 158

584. 马其顿的节假日有哪些？ ·· 158

585. 马其顿有哪些特色产业？ ·· 158

586. 马其顿有哪些重要的展会？ ······································ 158

587. 马其顿气候条件如何？ ·· 158

588. 马其顿基础设施状况如何？ ······································ 159

589. 马其顿交通状况怎样？ ·· 159

590. 马其顿对铁路建设计划如何？ ·································· 159

591. 从中国赴马其顿可以选择哪些出发地点？ ···················· 159

592. 马其顿有没有港口？ ··· 160

593. 马其顿进口货物主要是通过哪个港口中转？ ·················· 160

594. 马其顿矿产资源状况如何？ ······································ 160

595. 马其顿医疗条件怎样？ ·· 160

596. 马其顿农业状况如何？ ·· 160

597. 马其顿的那些农产品供应充足？ ································ 160

598. 马其顿经济部在贸易管理方面的职能主要有哪些？ ·················· 160

599. 马其顿有哪些主要进口商品？ ·················· 161

600. 马其顿有哪些主要出口商品？ ·················· 161

601. 马其顿对中国出口的主要货物有哪些？ ·················· 161

602. 马其顿从中国进口的主要货物有哪些？ ·················· 161

603. 马其顿主要的进出口农产品有哪些？ ·················· 161

604. 马其顿农产品贸易合作国有哪些？ ·················· 161

605. 马其顿有哪些主要贸易伙伴？ ·················· 161

606. 中国首列出口马其顿动车组产自哪家公司？ ·················· 162

607. 马其顿哪些贸易需要办理出口许可证？ ·················· 162

608. 中国与马其顿签署了哪些合作协定？ ·················· 162

609. 马其顿对外贸易经济政策不断变化的原因是什么？ ·················· 162

610. 马其顿外资局的主要职能是什么？ ·················· 162

611. 马其顿在外商投资中的能源优势体现在哪里？ ·················· 162

612. 马其顿对外资实行的经济政策中有哪些比较有吸引力？ ·················· 163

613. 马其顿对外商财产获得权益有什么规定？ ·················· 163

614. 马其顿关于投资与环境保护的事项有哪些？ ·················· 163

615. 马其顿有哪些具有潜力和效益的开发合作项目？ ·················· 163

616. 马其顿出台了哪些优惠政策鼓励自主创业？ ·················· 163

617. 马其顿哪些行业有中国投资？ ·················· 164

618. 马其顿主要中资企业及机构有哪些？ ·················· 164

619. 中国商品如何进入马其顿及周边市场？ ·················· 164

620. 马其顿有哪些自由经济开发区？ ·················· 164

621. 马其顿自由经济开发区有哪些优惠政策？ ·················· 164

622. 马其顿自由经济开发区有哪些雇员优势？ ·················· 164

623. 马其顿自由经济开发区有哪些商务优势？ ·················· 165

624. 马其顿自由经济开发区企业的经营范围有哪些？ ·················· 165

625. 马其顿设立自由经济开发区入驻企业应符合哪些条件？ ·················· 165

626. 马其顿申请成为自由经济开发区的总承建人的请求中应
含有什么材料？ ·················· 165

627. 马其顿涉外投资税收法律有哪些特点？ ·················· 166

628. 马其顿有哪些与投资者相关的保险种类？ ·················· 166

629. 外国投资者能否在马其顿购置土地和房产？ ···································· 166

630. 马其顿商会有何职责？ ···································· 166

631. 在马其顿投资经商需注意什么问题？ ···································· 166

632. 外商在马其顿需要注意哪些社会事项？ ···································· 167

633. 马其顿与欧盟的关系如何？ ···································· 167

634. 马其顿对外政策的主要目标是什么？ ···································· 167

635. 马其顿有哪些重要的银行？ ···································· 167

636. 马其顿的融资条件如何？ ···································· 167

637. 马其顿可以使用哪些信用卡？ ···································· 168

638. 马其顿证券市场的发展情况如何？ ···································· 168

639. 马其顿物价水平如何？ ···································· 168

640. 马其顿建材价格情况怎样？ ···································· 168

641. 马其顿实行什么关税制度？ ···································· 168

642. 马其顿海关主要征收哪些税款？ ···································· 168

643. 马其顿劳动力状况如何？ ···································· 169

644. 马其顿给外商颁发的工作许可证和居住许可证有什么区别？ ··············· 169

645. 外商在马其顿注册公司需要向注册机构提供哪些材料？ ················· 169

646. 马其顿解决劳资双方争端的相关法律有哪些？ ···················· 169

647. 外国人在马其顿工作有什么规定？ ···································· 169

648. 马其顿各种签证有什么区别？ ···································· 170

649. 办理马其顿签证中需要注意的事项有哪些？ ···················· 170

650. 如何与马其顿驻华大使馆及领事馆、中国驻马其顿大使馆及
     经商处取得联系？ ···································· 170

十二、黑 山 篇

651. 黑山首都在哪里？ ···································· 173

652. 黑山有哪些主要城市？ ···································· 173

653. 黑山使用什么货币？ ···································· 173

654. 黑山使用什么语言？ ···································· 173

655. 黑山主要有哪些民族？ ···································· 173

656. 黑山人宗教信仰情况如何？ ···································· 173

657. 黑山旅游业状况如何？ ………………………………… 173

658. 黑山有哪些著名景点？ ………………………………… 174

659. 黑山有哪些特色美食？ ………………………………… 174

660. 黑山有哪些主要风俗？ ………………………………… 174

661. 黑山交通状况如何？ …………………………………… 174

662. 中国人赴黑山可以选择哪些航空线路？ ……………… 174

663. 黑山工业状况如何？ …………………………………… 174

664. 黑山农业状况如何？ …………………………………… 175

665. 黑山社会保障体系如何？ ……………………………… 175

666. 黑山教育状况如何？ …………………………………… 175

667. 黑山有哪些特色产业？ ………………………………… 175

668. 黑山主要进口哪些商品？ ……………………………… 175

669. 黑山主要出口哪些商品？ ……………………………… 175

670. 中国对黑山主要出口什么商品？ ……………………… 175

671. 中国从黑山主要进口什么商品？ ……………………… 176

672. 黑山进出口贸易主要是哪些国家？ …………………… 176

673. 黑山投资促进署如何推动中黑经贸合作？ …………… 176

674. 对黑山经贸投资的潜力在哪里？ ……………………… 176

675. 中国与黑山在经贸领域有哪些合作项目？ …………… 176

676. 中国与黑山有哪些重要的合作项目？ ………………… 176

677. 中国企业在黑山投资经商时需要注意什么？ ………… 177

678. 中国和黑山签订了哪些经贸合作文件？ ……………… 177

679. 黑山有哪些重要的银行？ ……………………………… 177

680. 黑山有没有中资银行？ ………………………………… 177

681. 黑山税收体系如何？ …………………………………… 177

682. 黑山劳动力状况如何？ ………………………………… 177

683. 黑山在出入境和签证方面有哪些规定？ ……………… 178

684. 外国人能否在黑山购置土地和房产？ ………………… 178

685. 如何办理赴黑山签证手续？ …………………………… 178

686. 如何与黑山驻华大使馆取得联系？ …………………… 179

687. 如何与中国驻黑山大使馆取得联系？ ………………… 179

十三、波 兰 篇

688. 波兰首都在哪里？ …………………………………………………… 183

689. 波兰有哪些主要城市？ ……………………………………………… 183

690. 波兰使用什么货币？ ………………………………………………… 183

691. 波兰使用什么语言？ ………………………………………………… 183

692. 波兰主要有哪些民族？ ……………………………………………… 183

693. 波兰人宗教信仰情况如何？ ………………………………………… 183

694. 波兰有哪些重要节日？ ……………………………………………… 183

695. 波兰主要媒体有哪些？ ……………………………………………… 184

696. 波兰有哪些重要展会？ ……………………………………………… 184

697. 波兰有哪些主要风俗习惯？ ………………………………………… 184

698. 波兰有哪些世界名人？ ……………………………………………… 184

699. 波兰在哪些科学计数领域实力较强？ ……………………………… 184

700. 波兰的气候条件如何？ ……………………………………………… 185

701. 波兰交通状况如何？ ………………………………………………… 185

702. 波兰有哪些重要港口？ ……………………………………………… 185

703. 波兰的旅游业状况如何？ …………………………………………… 185

704. 波兰的特色旅游项目有哪些？ ……………………………………… 186

705. 波兰有哪些著名景点？ ……………………………………………… 186

706. 波兰的主要工会有哪些？ …………………………………………… 186

707. 波兰自然资源如何？ ………………………………………………… 186

708. 波兰农业状况如何？ ………………………………………………… 187

709. 波兰汽车产业状况如何？ …………………………………………… 187

710. 波兰电子产业状况如何？ …………………………………………… 187

711. 波兰家用电器市场状况如何？ ……………………………………… 187

712. 波兰 2013 年新政府发展规划有哪些？ …………………………… 188

713. 波兰的政府机构主要有哪些部门？ ………………………………… 189

714. 波兰哪个部门主管对外贸易，其主要职责是什么？ ……………… 189

715. 波兰主要出口哪些商品？ …………………………………………… 189

716. 波兰服务贸易进口主要有哪些？ …………………………………… 189

717. 中国对波兰主要出口什么商品？ …………………………………… 189

718. 中国从波兰主要进口什么商品？ …………………………………… 190

719. 波兰对进出口商品限制如何？ ……………………………………… 190

720. 波兰对外贸易有什么特点？ ………………………………………… 190

721. 波兰哪个部门主管国内外投资？ …………………………………… 190

722. 波兰政府鼓励外商投资的重点领域包括哪些？ …………………… 191

723. 在波兰从事哪些经济活动需要获得特许权？ ……………………… 191

724. 波兰对外国投资有哪些优惠政策？ ………………………………… 191

725. 波兰吸引外资优势主要有哪些？ …………………………………… 191

726. 波兰有哪些主要领域不允许外国公司承包当地工程项目？ ……… 192

727. 波兰有哪些主要经济特区？ ………………………………………… 192

728. 波兰有哪些初具产业聚集效应的经济特区？ ……………………… 192

729. 在波兰投资合作需注意什么问题？ ………………………………… 192

730. 波兰外商投资状况如何？ …………………………………………… 192

731. 波兰政府主要鼓励哪些行业发展？ ………………………………… 192

732. 波兰政府对当地中小企业主要有哪些支持措施？ ………………… 193

733. 中国和波兰两国中小企业合作潜力主要体现在哪些方面？ ……… 194

734. 波兰同欧盟的关系如何？ …………………………………………… 194

735. 波兰有哪些重要的银行？ …………………………………………… 194

736. 波兰是否有中资银行？ ……………………………………………… 194

737. 波兰货币兹罗提可否与人民币进行直接兑换？ …………………… 194

738. 中国人在波兰能使用什么信用卡？ ………………………………… 195

739. 波兰证券市场的情况如何？ ………………………………………… 195

740. 波兰主要有哪些税种？ ……………………………………………… 195

741. 波兰外汇汇出需要交纳特别税金吗？ ……………………………… 195

742. 波兰消费市场状况如何？ …………………………………………… 195

743. 波兰的基础环保法律法规主要有哪些？ …………………………… 195

744. 波兰劳动力状况如何？ ……………………………………………… 196

745. 外国人或企业能否在波兰购置土地和房产？ ……………………… 196

746. 办理波兰的签证有哪些主要注意事项？ …………………………… 196

747. 如何与波兰驻华大使馆及领事馆取得联系？ ……………………… 196

748. 如何与中国驻波兰大使馆及经商参处取得联系？ ………………… 197

十四、罗马尼亚篇

749. 罗马尼亚首都在哪里？ ……………………………………… 201

750. 罗马尼亚有哪些主要城市？ ……………………………… 201

751. 罗马尼亚有哪些重要港口城市？ ……………………… 201

752. 罗马尼亚使用什么货币？ ……………………………… 201

753. 罗马尼亚使用什么语言？ ……………………………… 201

754. 罗马尼亚主要有哪些民族？ ……………………………… 201

755. 罗马尼亚人宗教信仰情况如何？ ……………………… 201

756. 罗马尼亚有哪些著名景点？ ……………………………… 202

757. 罗马尼亚有哪些特色美食？ ……………………………… 202

758. 与罗马尼亚商人交谈应注意哪些事项？ ……………… 202

759. 罗马尼亚人生活中特别的禁忌有哪些？ ……………… 202

760. 罗马尼亚有哪些重要节日？ ……………………………… 202

761. 罗马尼亚的主要媒体有哪些？ ……………………………… 202

762. 罗马尼亚有哪些重要展会？ ……………………………… 203

763. 罗马尼亚有哪些特色产业？ ……………………………… 203

764. 罗马尼亚新能源建设有哪些重要项目？ ……………… 203

765. 罗马尼亚重点发展哪些产业？ ……………………………… 203

766. 从中国赴罗马尼亚可选什么交通路线？ ……………… 203

767. 罗马尼亚农业状况如何？ ……………………………… 203

768. 罗马尼亚哪个部门主管对外贸易？ ……………………… 204

769. 罗马尼亚主要有哪些出口商品？ ……………………… 204

770. 罗马尼亚主要有哪些进口商品？ ……………………… 204

771. 中国对罗马尼亚主要出口什么商品？ ………………… 204

772. 中国从罗马尼亚主要进口什么商品？ ………………… 204

773. 罗马尼亚对外贸易管理有哪些特殊规定？ …………… 205

774. 罗马尼亚海关针对进、出口加工有哪些特殊的监管措施？ …… 205

775. 罗马尼亚主管外资引进是哪个部门？ ………………… 205

776. 罗马尼亚吸引中国资本直接投资的行业主要有哪些？ …… 205

777. 罗马尼亚对外企投资合作有鼓励政策的行业有哪些？ …… 205

778. 罗马尼亚对投资者如何进行国家财政资助？ ……………………… 205

779. 罗马尼亚对贫困地区投资有哪些优惠政策？ ……………………… 206

780. 罗马尼亚有哪些重要的基础设施建设项目？ ……………………… 206

781. 罗马尼亚有哪些重要道路建设项目？ ……………………………… 206

782. 罗马尼亚有哪些港口码头建设项目？ ……………………………… 206

783. 罗马尼亚有哪些电信建设项目？ …………………………………… 207

784. 罗马尼亚有哪些电力建设项目？ …………………………………… 207

785. 在罗马尼亚承揽工程项目信息应从何处获取？ …………………… 207

786. 在罗马尼亚承揽工程项目需要办理哪些许可条件？ ……………… 207

787. 罗马尼亚《投资促进法》的核心是什么？ ………………………… 207

788. 罗马尼亚对外商投资方式有哪些规定？ …………………………… 208

789. 罗马尼亚自由经济开发区有哪几种类型？其产业功能定位是什么？ …… 208

790. 罗马尼亚在开发区中设立工业园应符合的条件是哪些？ ………… 208

791. 罗马尼亚有哪些重要经济开发区？ ………………………………… 208

792. 在罗马尼亚工业园投资可享受哪些优惠条件？ …………………… 208

793. 与罗马尼亚开展投资合作应注意哪些问题？ ……………………… 209

794. 在罗马尼亚经商需注意什么问题？ ………………………………… 209

795. 在罗马尼亚解决商务纠纷有哪些途径？ …………………………… 209

796. 在罗马尼亚注册企业由哪个机构受理？ …………………………… 209

797. 在罗马尼亚设立企业有哪些主要形式？ …………………………… 210

798. 在罗马尼亚设立企业的注册应做什么准备？ ……………………… 210

799. 在罗马尼亚注册企业核实材料的程序有哪些？ …………………… 210

800. 罗马尼亚在土地使用方面有什么规定？ …………………………… 210

801. 罗马尼亚有哪些重要的银行？ ……………………………………… 210

802. 罗马尼亚有哪些重要的保险公司？ ………………………………… 211

803. 罗马尼亚融资条件如何？ …………………………………………… 211

804. 罗马尼亚外汇管制规定如何？ ……………………………………… 211

805. 中国人在罗马尼亚可使用哪些信用卡？ …………………………… 211

806. 罗马尼亚证券市场发展状况如何？ ………………………………… 211

807. 罗马尼亚的主要税赋有哪些？ ……………………………………… 212

808. 在罗马尼亚设立企业如何办理税务申报手续？ …………………… 212

809. 罗马尼亚对知识产权保护的机构有哪些？ ………………………… 212

810. 罗马尼亚对专利人权力有哪些规定？ ···················· 212

811. 在罗马尼亚注册商标的相关规定有哪些？ ·············· 213

812. 在罗马尼亚使用注册商标的细则有哪些？ ·············· 213

813. 在罗马尼亚对著作版权有何特殊规定？ ················ 213

814. 罗马尼亚的劳务状况如何？ ·························· 213

815. 罗马尼亚对申根签证持有者实行有条件免签有哪些条件？ ··· 213

816. 罗马尼亚对中国公民申办签证出台了哪些便利措施？ ····· 214

817. 罗马尼亚投资的出入境流程需要哪些文件？ ············ 214

818. 罗马尼亚对商业移民及加入国籍有什么要求？ ·········· 214

819. 在罗马尼亚以后延长居留期需符合哪些条件？ ·········· 215

820. 在罗马尼亚延长居留需准备哪些文件？ ················ 215

821. 罗马尼亚对外国人在本国获得工作许可设定了哪些制度？ ··· 215

822. 如何与罗马尼亚驻华大使馆及领事馆取得联系？ ········ 215

823. 如何与中国驻罗马尼亚大使馆及经商处取得联系？ ······· 216

十五、塞尔维亚篇

824. 塞尔维亚首都在哪里？ ······························ 219

825. 塞尔维亚有哪些主要城市？ ·························· 219

826. 塞尔维亚使用什么货币？ ···························· 219

827. 塞尔维亚使用什么语言？ ···························· 219

828. 塞尔维亚主要有哪些民族？ ·························· 219

829. 塞尔维亚人宗教信仰情况如何？ ······················ 219

830. 塞尔维亚有哪些著名景点？ ·························· 219

831. 塞尔维亚有哪些特色美食？ ·························· 220

832. 塞尔维亚有哪些著名酒店？ ·························· 220

833. 塞尔维亚有哪些风俗习惯？ ·························· 220

834. 塞尔维亚有哪些重要节日？ ·························· 220

835. 塞尔维亚主要媒体有哪些？ ·························· 220

836. 塞尔维亚有哪些重要展会？ ·························· 221

837. 塞尔维亚有哪些重点产业？ ·························· 221

838. 塞尔维亚农业发展状况如何？ ························ 221

839. 塞尔维亚主要机场有哪些？ ························· 221

840. 中国人赴塞尔维亚可选择哪些航空路线？ ······ 221

841. 塞尔维亚有哪些重要港口？ ····················· 221

842. 塞尔维亚哪个部门主管对外贸易？其主要职责是什么？ ······ 222

843. 塞尔维亚与贸易相关的主要法规有哪些？ ········· 222

844. 塞尔维亚主要出口产品有哪些？ ················· 222

845. 塞尔维亚主要进口产品有哪些？ ················· 222

846. 塞尔维亚从中国进口的主要商品有哪些？ ········· 222

847. 塞尔维亚对中国出口的主要商品有哪些？ ········· 222

848. 中国与塞尔维亚技术引进与合作主要在哪个领域？ ······ 222

849. 塞尔维亚对外贸易方面有哪些规定？ ·············· 223

850. 塞尔维亚哪个部门主管国内外投资？ ·············· 223

851. 塞尔维亚鼓励投资的行业和限制投资的行业分别有哪些？ ······ 223

852. 外商对塞尔维亚投资主要集中在哪些领域？ ········ 223

853. 塞尔维亚与投资合作相关的主要法律有哪些？ ······ 223

854. 塞尔维亚专项优惠信贷基金资助主要集中在哪些领域？ ······ 223

855. 塞尔维亚对外国投资有哪些优惠政策？ ············ 224

856. 外商企业参加塞尔维亚承包工程项目投标需满足哪些基本条件？ 224

857. 投标商参加塞尔维亚承包工程项目投标有什么资质要求？ ······ 224

858. 塞尔维亚有哪些全国性的工业园区？ ·············· 225

859. 塞尔维亚自贸区有哪些优惠政策？ ················ 225

860. 塞尔维亚自贸区有哪些鼓励措施？ ················ 225

861. 塞尔维亚对外签署的区域自贸协定有哪些？ ········ 225

862. 在塞尔维亚解决商务纠纷的主要途径是什么？ ······ 226

863. 塞尔维亚有哪些重要的银行？ ··················· 226

864. 塞尔维亚《外汇管理法》对外汇进出有哪些规定？ ······ 226

865. 塞尔维亚实行怎么样的税收制度？ ················ 226

866. 塞尔维亚有哪些主要税赋？ ····················· 226

867. 在塞尔维亚企业报税应注意哪些问题？ ············ 227

868. 塞尔维亚在知识产权保护方面有哪些法律法规？ ···· 227

869. 塞尔维亚员工与雇主签订的劳动合同内容主要有哪些？ ······ 227

870. 外国人在塞尔维亚工作有什么样的规定？ ·········· 227

871. 塞尔维亚对中国公民出入境和居留有什么规定？ ……………… 227

872. 塞尔维亚对中国驾照的使用有什么规定？ …………………… 228

873. 塞尔维亚有哪些华人商会、社团？ …………………………… 228

874. 如何办理塞尔维亚签证？ ……………………………………… 228

875. 办理塞尔维亚签证需要哪些材料？ …………………………… 228

876. 塞尔维亚出入境有什么注意事项？ …………………………… 229

877. 能给中国企业到塞尔维亚提供投资合作咨询的机构有哪些？ …… 229

878. 如何与塞尔维亚驻华大使馆或领事馆取得联系？ …………… 229

879. 如何与中国驻塞尔维亚经商处取得联系？ …………………… 230

十六、斯洛伐克篇

880. 斯洛伐克首都在哪里？ ………………………………………… 233

881. 斯洛伐克主要有哪些城市？ …………………………………… 233

882. 斯洛伐克使用什么货币？ ……………………………………… 233

883. 斯洛伐克使用什么语言？ ……………………………………… 233

884. 斯洛伐克主要有哪些民族？ …………………………………… 233

885. 斯洛伐克人宗教信仰情况如何？ ……………………………… 233

886. 斯洛伐克有哪些著名旅游景点？ ……………………………… 233

887. 斯洛伐克有什么风俗习惯？ …………………………………… 234

888. 斯洛伐克的主要媒体有哪些？ ………………………………… 234

889. 斯洛伐克有哪些重要节日？ …………………………………… 234

890. 从中国如何能方便的到达斯洛伐克？ ………………………… 234

891. 斯洛伐克的重点产业有哪些？ ………………………………… 234

892. 斯洛伐克主管贸易的是哪个部门？其主要职责是什么？ …… 235

893. 斯洛伐克主要有哪些出口商品？ ……………………………… 235

894. 斯洛伐克主要有哪些进口商品？ ……………………………… 235

895. 中国对斯洛伐克出口商品主要有哪些？ ……………………… 235

896. 中国从斯洛伐克进口商品主要有哪些？ ……………………… 235

897. 在斯洛伐克需要获得进口许可的产品主要有哪些？ ………… 235

898. 在斯洛伐克需要获得出口许可的产品主要有哪些？ ………… 235

899. 斯洛伐克哪些入境物品可以免征关税？ ……………………… 236

900. 斯洛伐克有哪些与贸易有关的法规？ …………………………… 236

901. 斯洛伐克投资主管部门有哪些？ ………………………………… 236

902. 外资主要投向斯洛伐克哪些领域？ ……………………………… 236

903. 外国企业在斯洛伐克有哪些投资方式？ ………………………… 236

904. 斯洛伐克与投资相关的主要法律有哪些？ ……………………… 236

905. 斯洛伐克限制外国企业对哪些行业投资？ ……………………… 237

906. 在斯洛伐克投资哪些项目将可能得到资助？ …………………… 237

907. 斯洛伐克提供投资资助的方式有哪些？ ………………………… 237

908. 在斯洛伐克的企业申请国家资助有哪些审批程序？ …………… 237

909. 斯洛伐克对外国公司承包当地工程有何规定？ ………………… 237

910. 斯洛伐克对外国公司承包当地工程的招标方式有哪几种？ …… 238

911. 在斯洛伐克招标有怎样的程序？ ………………………………… 238

912. 外资企业并购斯洛伐克的企业有怎样的流程？ ………………… 238

913. 斯洛伐克工业园区入驻企业主要集中在哪些行业？ …………… 238

914. 斯洛伐克环保法有哪些规定？ …………………………………… 239

915. 中国与斯洛伐克签定哪些重要协定？ …………………………… 239

916. 斯洛伐克解决商务纠纷的主要途径及适用哪国法律？ ………… 239

917. 斯洛伐克有哪些华人商会、社团？ ……………………………… 239

918. 斯洛伐克在外商投资上有何规定？ ……………………………… 240

919. 斯洛伐克有哪些重要的银行？ …………………………………… 240

920. 斯洛伐克《外汇法》对外汇进出有哪些规定？ ………………… 240

921. 斯洛伐克实施怎样的税收制度？ ………………………………… 240

922. 斯洛伐克的海关管理有何规定？ ………………………………… 240

923. 斯洛伐克哪些居民需要纳税，哪些居民不需要纳税？ ………… 241

924. 斯洛伐克哪些收入需要纳税？ …………………………………… 241

925. 斯洛伐克的税种主要有哪些？ …………………………………… 241

926. 企业在斯洛伐克报税有哪些渠道？ ……………………………… 241

927. 斯洛伐克企业报税需提交哪些材料？ …………………………… 241

928. 斯洛伐克关于专利需注意哪些事项？ …………………………… 242

929. 斯洛伐克关于注册商标需注意哪些事项？ ……………………… 242

930. 斯洛伐克关于注册设计需注意哪些事项？ ……………………… 242

931. 斯洛伐克企业申请专利需提交什么材料？ ……………………… 242

932. 斯洛伐克企业申请专利和注册商标有哪些途径？ ·········· 242

933. 斯洛伐克企业申请注册商标有哪些程序？ ·············· 243

934. 斯洛伐克哪些机构受理企业注册？ ·················· 243

935. 斯洛伐克注册企业主要程序有哪些？ ················ 243

936. 斯洛伐克劳动力状况如何？ ······················ 243

937. 斯洛伐克《劳动法》核心内容有哪些？ ·············· 244

938. 斯洛伐克的工作合同有哪几种？ ·················· 244

939. 斯洛伐克对劳动时间有哪些规定？ ················ 244

940. 斯洛伐克对劳动报酬有哪些规定？ ················ 244

941. 中国公民赴斯洛伐克长期工作（6个月以上）需办理哪些手续？ ········ 244

942. 斯洛伐克移民政策有什么规定？ ·················· 244

943. 如何办理赴斯洛伐克签证？ ······················ 245

944. 在斯洛伐克入境时有什么注意事项？ ·············· 245

945. 如何与斯洛伐克驻华大使馆取得联系？ ············ 245

946. 如何与中国驻斯洛伐克大使馆及经商处取得联系？ ······ 245

十七、斯洛文尼亚篇

947. 斯洛文尼亚首都在哪里？ ························ 249

948. 斯洛文尼亚有哪些主要城市？ ···················· 249

949. 斯洛文尼亚使用什么语言？ ······················ 249

950. 斯洛文尼亚使用什么货币？ ······················ 249

951. 斯洛文尼亚有哪些民族？ ························ 249

952. 斯洛文尼亚人宗教信仰情况如何？ ················ 249

953. 斯洛文尼亚有哪些特色美食？ ···················· 249

954. 斯洛文尼亚有哪些重要的旅游景点？ ·············· 250

955. 斯洛文尼亚主要节假日有哪些？ ·················· 250

956. 斯洛文尼亚有哪些重要展会？ ···················· 250

957. 斯洛文尼亚重点和特色产业有哪些？ ·············· 250

958. 斯洛文尼亚劳动力状况如何？ ···················· 250

959. 斯洛文尼亚工业状况如何？ ······················ 250

960. 斯洛文尼亚旅游业状况如何？ ···················· 251

961. 斯洛文尼亚自然资源状况如何？ …………………………… 251

962. 斯洛文尼亚交通有哪些优势？ ………………………………… 251

963. 中国人赴斯洛伐克可选择哪些航空线路？ ………………… 251

964. 斯洛文尼亚客货运输以什么方式为主？ …………………… 252

965. 科佩尔港口状况？ ……………………………………………… 252

966. 斯洛文尼亚主要出口商品有哪些？ ………………………… 252

967. 斯洛文尼亚主要进口商品有哪些？ ………………………… 252

968. 中国对斯洛文尼亚主要出口什么商品？ …………………… 252

969. 中国从斯洛文尼亚主要进口什么商品？ …………………… 252

970. 斯洛文尼亚对哪些进口产品有特殊规定？ ………………… 253

971. 斯洛文尼亚的贸易活动遵循哪些法规？ …………………… 253

972. 斯洛文尼亚有哪些投资促进机构？ ………………………… 253

973. 外商对斯洛文尼亚投资的重点领域有哪些？ ……………… 253

974. 斯洛文尼亚为吸引外资采取了哪些重要举措？ …………… 253

975. 外商在斯洛文尼亚设立投资企业有哪些方式？ …………… 253

976. 在斯洛文尼亚投资方式有哪些？ …………………………… 253

977. 斯洛文尼亚哪些领域禁止外商设立独资企业？ …………… 254

978. 外国人能否在斯洛文尼亚购置土地和房产？ ……………… 254

979. 斯洛文尼亚对华投资的主要项目有哪些？ ………………… 254

980. 外资企业在斯洛文尼亚承揽工程项目有哪些流程？ ……… 254

981. 斯洛文尼亚什么时候加入欧盟？ …………………………… 254

982. 斯洛文尼亚有哪些重要的银行？ …………………………… 255

983. 斯洛文尼亚有哪些重要的保险公司？ ……………………… 255

984. 斯洛文尼亚有没有中资银行？ ……………………………… 255

985. 斯洛文尼亚证券交易市场状况如何？ ……………………… 255

986. 斯洛文尼亚国内主要税法有哪些？ ………………………… 255

987. 斯洛文尼亚企业注册的受理是什么部门？ ………………… 255

988. 斯洛文尼亚注册企业的主要程序有哪些？ ………………… 255

989. 斯洛文尼亚在商标注册方面有哪些规定？ ………………… 256

990. 斯洛文尼亚专利权期限一般为几年？ ……………………… 256

991. 斯洛文尼亚申请专利办理时间是多少？ …………………… 256

992. 企业在斯洛文尼亚有哪些报税渠道？ ……………………… 256

993. 在斯洛文尼亚有限责任公司的报税规定有哪些？ ·················· 256

994. 企业在斯洛文尼亚报税的时间是什么时候？ ·················· 257

995. 斯洛文尼亚签证分为哪几种？ ·················· 257

996. 如何办理赴斯洛文尼亚签证？ ·················· 257

997. 如何与斯洛文尼亚驻华大使馆及领事馆取得联系？ ·················· 257

998. 如何与中国驻斯洛文尼亚大使馆及经商处取得联系？ ·················· 258

参考资料 ·················· 259

一、综合篇

1. 中东欧国家有哪些？

答：中东欧共有 16 个国家：波兰、捷克、斯洛伐克、匈牙利、斯洛文尼亚、克罗地亚、罗马尼亚、保加利亚、塞尔维亚、黑山、马其顿、波黑、阿尔巴尼亚、爱沙尼亚、立陶宛、拉脱维亚。

2. 中东欧国家国土面积最大的是哪个国家？

答：波兰，国土面积 312685 平方公里。

3. 中东欧国家国土面积最小的是哪个国家？

答：黑山，国土面积 13812 平方公里。

4. 中东欧国家人口最多的是哪个国家？

答：波兰，人口 3800 万。

5. 中东欧国家人口最少的是哪个国家？

答：黑山，人口 62 万。

6. 新亚欧大陆桥途经中东欧哪几个国家？

答：波兰、斯洛伐克、匈牙利。

7. 中东欧国家有哪些著名特产？

答：葵花籽油、橄榄油、蜂蜜、水晶、葡萄酒、果汁、琥珀、玫瑰精油、工艺品、乳制品、肉类制品等。

8. 中东欧国家有哪些著名酒庄？

答：匈牙利的波克（Bock）、吉尔（Gere）、温德力奇（Wunderlich）红酒庄园，捷克的 Budweiser 啤酒庄园，罗马尼亚的 Vincon 葡萄酒庄园、Murfatlar 葡萄酒庄园、Cotnari 葡萄酒庄园，保加利亚的 Katarzyna 酒庄、Terra Tangra 酒庄、Santa Sarah 酒庄、Boyar 酒园等。

9. 中东欧哪个国家以出产水晶闻名？

答：捷克。数百年来，捷克波希米亚（Bohemian）水晶玻璃制品在全世界拥有首屈一指的品牌地位。其中，莫塞尔（Morsell）水晶玻璃厂最负盛名。

10. 中东欧哪个国家以出产琥珀晶石闻名？

答：波兰。全世界约一半的琥珀产自波兰，波兰的格但斯克更被誉为"琥珀之都"。格但斯克濒临波罗的海，以琥珀成色好、品质佳享誉世界，是世界最大的琥珀集散地，每年举办两次国际琥珀节。在格但斯克古城区各处，琥珀店比比皆是，格但斯克琥珀街更是闻名遐迩。

11. 中东欧哪个国家的森林资源最丰富？

答：波兰。其森林资源十分丰富，拥有广阔的原始森林。波兰最主要的森林为北部的图霍拉森林、诺特茨森林、皮斯森林，西部的下西里西亚密林，南部的苏台德山林和西南部的喀尔巴阡山林，其中许多为阔叶林和混交林（阔叶乔木与针叶乔木混杂在一起的树林），主要树木种类有：松树、云杉、冷杉、落叶松、雪松等，其面积约占全国林地总面积的80%左右。波兰的目标是，到2020年，全国森林覆盖率达到30%，2050年达到33%。在波兰，保护生态环境的意识已深入人心，各种环保活动在全国蔚然成风。

12. 中东欧哪个国家的矿产资源最丰富？

答：波兰的矿产资源最丰富，主要有煤、硫磺、铜、锌、铅、铝、银等。煤炭储量居欧洲第三位，居世界第八位。琥珀储量丰富，储量价值近千亿美元，是世界琥珀生产大国，拥有数百年的开采琥珀历史。

13. 中东欧国家有哪些历史文化名人?

答:中东欧国家文化名人主要有阿尔巴尼亚的民族英雄斯坎德培,捷克的文学家弗兰兹·卡夫卡,匈牙利的音乐家李斯特,波兰的哥白尼、居里夫人、肖邦,等等。

14. 中东欧有哪些国家已加入欧盟?

答:波兰、匈牙利、捷克、斯洛伐克、斯洛文尼亚、爱沙尼亚、拉脱维亚、立陶宛、罗马尼亚、保加利亚、克罗地亚。

15. 中东欧有哪些国家已加入经济合作与发展组织 (OECD)?

答:捷克、匈牙利、波兰、斯洛伐克、爱沙尼亚、斯洛文尼亚。

16. 中东欧国家经济体制如何?

答:20 世纪 90 年代以来,中东欧国家逐渐摒弃了运行不良的中央计划经济体制,建立了市场经济体制。转轨初期,中东欧各国经济经历了阵痛式的剧降,到 1996 年前后,一些转轨启动较早的国家基本完成了企业改制目标,市场经济运转机制初步确立。与发达国家相比,当前中东欧国家市场经济的成熟度尚有一定距离。2008 年国际金融危机爆发后,一些中东欧国家遭到严重冲击,一些国家不得不接受国际货币基金组织和欧盟的救助,这促进了中东欧国家经济体制转轨。

17. 中东欧国家贸易体制如何?

答:中东欧多数国家自 1990 年以来实行贸易自由化,除少数商品受许可证和配额限制外,其余商品贸易不受限制。由于中东欧已有 11 个国家加入欧盟,新成员国与非欧盟国家的贸易受欧盟共同的贸易政策约束。新成员国适用共同体的非关税措施,包括反补贴、反倾销、保障措施、数量限制和进出禁令等。进入新成员国市场的产品必须符合欧盟的技术标准。尚未加入欧盟的中东欧国家均以加入欧盟为目标,其贸易体系日益开放,贸易体制与欧盟逐步接轨。中东欧非欧盟成员国，其贸易政策不受欧盟的约束，尚保持着贸易政策的权能。

18. 中东欧国家进出口贸易状况如何？

答：近几年，中东欧 16 国的贸易状况均为贸易逆差，16 国经济在很大程度上依赖国外经济发展，外商在中东欧 16 国的贸易和投资受欢迎并有着良好的发展前景。详见表 1—1。

表 1—1　2015 年中国、欧盟及中东欧 16 国贸易统计表　　　单位：万美元

国家（地区）	进出口额	出口额	进口额	累计比去年同期增减（％）		
				进出口	出口	进口
中国	395690073	227494984	168195089	−8.0	−2.9	−14.2
欧洲	61836566	36345596	25490970	−7.5	−3.9	−12.1
欧盟	56475484	35587590	20887894	−8.2	−4.0	−14.5
中东欧 16 国	5623585	4216160	1407425	−6.6	−3.5	−14.7
巴尔干 9 国	1133314	841151	292163	−6.8	−3.8	−14.7
新入盟国家（11 国）						
波兰	1708988	1434575	274413	−0.6	0.6	−6.5
捷克	1100772	822621	278151	0.3	2.9	−6.9
匈牙利	806937	519803	287134	−10.6	−9.8	−11.9
斯洛伐克	503238	279508	223730	−18.9	−1.2	−33.7
罗马尼亚	446028	316288	129740	−18.9	−1.2	−33.7
斯洛文尼亚	238108	209154	28954	2.5	5.0	−12.7
保加利亚	179261	104382	74879	−17.1	−11.4	−24.0
立陶宛	134710	120831	13879	−25.8	−27.1	−11.9
爱沙尼亚	118845	95349	23496	−13.4	−16.8	4.2
拉脱维亚	116781	102322	14459	−20.2	−22.3	−1.6
克罗地亚	109739	98560	11179	−2.7	−4.1	11.1
未入盟国家（5 国）						
塞尔维亚	54899	41509	13390	2.2	−2.2	18.8
阿尔巴尼亚	55930	43038	12892	−1.5	13.8	−31.9
马其顿	21966	8651	13315	31.3	12.8	47
黑山	15856	13415	2441	−24.7	−14.6	−54.4
波黑	11527	6154	5373	−64.1	−78.3	44.3

19. 中东欧国家劳动力资源状况如何?

答：中东欧背靠欧盟大市场，有劳动力成本优势，特别是中欧地区，素有"欧洲工厂"之称，可成为中国企业及产品进入西欧市场的桥头堡。在当前中国实施"一带一路"战略之际，中东欧作为西欧与中国之间的重要通道，其作用更为突出。中国许多企业利用中东欧国家优质、廉价的劳动力开办企业，取得了佳绩。

20. 中东欧国家汽配产业状况如何?

答：中东欧国家汽车产业历史悠久，实力较强，目前以捷克、斯洛伐克、波兰、匈牙利、斯洛文尼亚、塞尔维亚六国的汽车工业发展较为成熟。近年来，日本和欧美汽车企业掀起了在波兰、匈牙利、捷克、斯洛伐克等国的投资热潮，奥迪、丰田、大众、现代等国际知名车企均在中东欧六国建厂。中东欧国家汽车产业基本由外资主导，本土企业普遍以生产零部件为主。中国汽车企业在中东欧国家汽配市场还没有形成规模和影响力。

中东欧国家在汽配产业方面具有不少吸引投资者的优势，如税收较低，劳动力素质较高而薪资只有德国水平的约1/5，并且其产品还能够进入欧盟单一市场。

21. 中东欧国家电力产业状况如何?

答：中东欧国家电力基础设施薄弱，技术较落后，需从国外进口高新电力设备以替换老化、低效的设备，对电网进行必要的升级和扩建，以确保国家能源安全。中东欧国家新能源开发起步普遍较晚，有很大发展空间，国家从政策及资金上给予了很大的支持。中国在核电、风电、水电、太阳能发电等清洁电力领域已掌握了关键技术，在与中东欧国家电力产业合作方面有很大的合作空间。

22. 中东欧国家农业状况如何?

答：中东欧国家拥有良好的土地资源、适宜的气候条件、相对完备的农业基础设施以及较为充足的劳动力，为农业发展奠定了良好基础条件。据联合国粮食和农业组织统计，欧盟耕地面积排名前十的国家中，中东欧占据五席（波兰、罗马尼亚、匈牙利、保加利亚和捷克）。罗马尼亚人均农用土地面积达 9.6 亩，高于欧盟的平均水平 6.75 亩；捷克人均耕地面积约 6.2 亩，高于欧盟的平均水平 5.2 亩；波兰、保加利亚农业用地占全部国土面积分别为 61.2％和 51％，均高于欧盟平均水平。

中东欧国家长期向西欧国家供给粮食、蔬菜、水果、畜牧产品等优质农产品。罗马尼亚一直是欧洲主要的产粮国，享有"欧洲粮仓"的美誉，其谷物、蔬菜、水果等种植业的产值约占农业总产值的一半；波兰农业科技较为发达、种植资源较为丰富，是欧洲第二大浆果生产国，也是欧洲主要的蔬菜水果生产国，被称为"欧洲果园"；保加利亚除生产粮食和蔬菜瓜果外，在玫瑰种植及加工领域具有领先优势，被称为"玫瑰之邦"。据联合国粮食和农业组织统计，中东欧国家谷物、蔬菜、水果、油料作物、肉类和水产品产量相当于欧盟总产量的 30.4％、25％、19.7％、32.8％、17.5％和 10.8％。由于近年来中东欧国家对农业领域投资不足，使农业生产发展较慢，因此，资本的流入，对中东欧国家农产品产量增长具有重要意义。

23. 中东欧国家生物与化工领域状况如何？

答：部分中东欧国家在生物技术方面研发实力突出，特别是在污水处理等方面，技术已相当成熟，但这些中东欧国家化工产业基础薄弱，产能不足，产品需求旺盛。相比中东欧国家，他们的生物技术创新能力优势较大，而我国的化工产业技术相对较好，中国企业应抓住机遇前往中东欧有关国家，寻找投资合作的机会。

24. 中东欧国家食品加工状况如何？

答：克罗地亚、罗马尼亚、保加利亚、立陶宛和波黑等国的自然条件优越，食品加工业历史悠久。例如，保加利亚、罗马尼亚等国葡萄产量丰富，品种优质，是世界葡萄酒生产和出口的主要国家；保加利亚的乳制品历史悠久、品种齐全，主要乳制品是牛奶、酸奶和乳酪，是酸奶的发源地。

25. 中东欧国家有哪些高科技优势？

答：波兰在废水和固体废弃物管理、能源效率、生物能源和风能、清洁工业加工和测量等环境技术方面的发展卓有成效；在精密仪器、生物技术、新材料、天然纤维、煤炭开采与加工、矿山机械、造船、农业、食品加工、化工工程、建筑材料等科技领域具有一定优势；在数学、天文学、物理学、生物学、化学和医学等领域的一些研究成果具有世界先进水平，如拓扑理论、半导体各向异性空间理论、高性能液晶材料和新型半磁性半导体材料研究以及心血管学、儿童保健与康复和临床医学等方面都有引人注目的成果；在科技发展的优先学科领域，如新材料、通信与信息技术、生命科学与生物技术、医学科学和农业科学技术等方面的发展水平较高。

捷克的环保设备、特别是污水及工业和城市垃圾处理设备是重要出口产品，其技术工艺水平高、特色鲜明。

匈牙利为世界电子工业重要生产基地，是中东欧地区最重要的电子工业国家；信息通信技术发展迅速，信息通信支出人均指数和占 GDP 的比例均占中东欧国家首位；生物技术行业实力强。

保加利亚在机械制造、信息技术、自动化技术、农业和化工等领域投入较大并形成了相对的发展优势。过去优先发展的电子计算机技术、宇航技术、自动化技术和机器人技术已减少科技投入。

拉脱维亚的化工医药业是其传统产业，拥有一批高级技术人员及良好的科研基础。另外，在药品、石化产品、人造纤维、油漆涂料、家用日化、橡胶塑料、瓷器、农业化学、水泥建材方面的技术具有较强的竞争力。

26. 中国与中东欧国家建立了怎样的合作机制？

答：中国与中东欧 16 国已建立起较完备的"16＋1"合作机制。

在互联互通方面，通过匈塞铁路和中欧陆海快线等项目，使中东欧和南欧对接，实现海陆联运，使中东欧成为中国同欧洲贸易联系的快捷通道，也使得"一带一路"能够水陆合拢。

在产能合作方面，把中国的优势产能同中东欧国家的发展需求、西欧发达国家的关键技术结合起来，充分考虑到中东欧市场其他经济体的利益，实现合作共赢。

在农业合作方面，中国已成全球最大农产品进口国，不少中东欧国家有竞争力的农产品如油、肉、蛋、奶等已进入中国市场。中方与中东欧国家在检疫检验等方面开展合作，对进口质量严格把关。

在金融合作方面，中方通过设立 100 亿美元专项贷款、建立"16＋1"多边金融公司等方式，促进中国与中东欧国家开展本币互换、本币结算、金融监管等合作。

"16＋1"合作机制是继中国—东盟"10＋1"合作之后又一成功合作机制，走出了一条跨越不同地域、不同制度的国家间务实合作新模式。

27. 中国在促进与中东欧国家友好合作方面有哪些重要举措？

答：（1）成立中国与中东欧国家合作秘书处。秘书处设在中国外交部，负责沟通协调合作事宜、筹备领导人会晤和经贸论坛并落实有关成果。中东欧 16 国根据自愿原则指定本国对口部门及 1 名协调员参与秘书处协调工作。

（2）设立总额 100 亿美元专项贷款，其中配备一定比例的优惠性质贷款，重点用于双方在基础设施建设、高新技术、绿色经济等领域的合作项目。中东欧 16 国可向中国国家开发银行、进出口银行、工商银行、中国银行、建设银行和中信银行提出项目申请。

（3）设立中国—中东欧投资合作基金。

（4）中方向中东欧地区国家派出贸易投资促进团并采取切实措施推进双方经贸合作。

（5）根据中东欧国家实际情况和需求，推动中国企业在各国合建 1 个及以上经济技术园区，继续鼓励和支持更多中国企业参与各国已有的经济技术园区建设。

（6）中国与中东欧 16 国积极探讨货币互换、跨境贸易本币结算以及互设银行等金融合作，加强对务实合作的保障与服务。

（7）成立中国—中东欧交通网络建设专家咨询委员会，由中国商务部牵头，中东欧16国本着自愿原则加入，共同探讨通过合资合作、联合承包等多种形式开展区域高速公路或铁路示范网络建设。

（8）举办中国—中东欧国家文化合作论坛，并在此框架下定期举行文化高层和专家会晤及互办文化节、专题活动。

（9）2013—2017年向中东欧16国提供5000个奖学金名额。支持16国孔子学院和相关学者赴16国研修，在华举办中国—中东欧国家教育政策对话等活动。

（10）成立"中国—中东欧国家旅游促进联盟"，由中国国家旅游局牵头，欢迎双方民用航空主管部门、旅游和航空企业参与，旨在加强相互推介和联合开发旅游线路，并探讨开通与中东欧16国更多直航。

（11）设立中国与中东欧国家关系研究基金。中方每年提供200万元人民币，支持双方研究机构和学者开展学术交流。

（12）中方举办中国与中东欧青年政治家论坛，邀请双方青年代表出席，增进相互了解与友谊。

28. 中东欧一些国家"欧盟化"对中国经贸合作有哪些影响？

答：中东欧一些国家的"欧盟化"对中国与中东欧国家的经贸合作存在有利和不利双面影响。

有利影响：

（1）中东欧一些国家的"欧盟化"很大程度上加深了其对外开放的程度，进而也提升了其对中国经贸合作的深度与层次。

（2）中东欧部分国家的"欧盟化"改变了以往的经济制度，学习欧盟国家实行市场经济，开辟了更广阔的国内和国外市场，有利于中国对外经贸合作领域的扩大。

（3）中东欧的"欧盟化"可使中国通过中东欧国家借力欧盟的经济优势，实现与欧盟国家的经济联动。

不利影响：

（1）中东欧部分国家的"欧盟化"在一定程度上受到欧盟国家的政治影响，在某些特定问题上可能会对中国的经贸活动产生一定的阻碍。

（2）中东欧部分国家的"欧盟化"容易受到欧盟整体经济的影响，从而当经济危机来临时，往往难以有效迅速地独善其身。

29. 宁波与中东欧国家贸易状况如何？

答：宁波与中东欧国家贸易规模不断扩大，结构不断优化，发展前景良好。详见表1—2。

表1—2   2015年宁波与中东欧16国进出口贸易一览表   单位：万美元

国别地区	金额			同比（%）		
	进出口	出口	进口	进出口	出口	进口
中东欧16国	223295	202862	20433	−8.6	−7.2	−20.8
波兰	90586	85916	4670	−5.6	−2.4	−40.8
匈牙利	17810	16162	1649	−15.6	−16.0	−10.7
罗马尼亚	18340	14788	3552	−5.9	1.9	−28.7
捷克	20050	17776	2275	−9.5	−11.0	4.0
立陶宛	10561	9204	1356	−22.3	−27.8	60.3
爱沙尼亚	7151	6321	830	−33.6	−30.3	−50.9
斯洛文尼亚	18723	18199	524	−1.5	0.6	−43.7
拉脱维亚	9142	7907	1235	−11.1	−14.8	22.6
保加利亚	9635	7128	2507	−9.2	−7.4	−14.0
斯洛伐克	7861	7235	626	14.3	11.9	51.4
克罗地亚	7130	6746	384	−7.5	−8.0	4.3
塞尔维亚	2754	2354	399	−9.8	−16.9	81.4
阿尔巴尼亚	1791	1697	95	−4.9	−4.3	−13.6
黑山	953	949	4	3.7	3.4	187.6
波黑	496	176	321	−20.7	−27.8	−16.1
马其顿	312	304	8	8.4	6.0	674.5

30. 中国与中东欧国家旅游合作状况如何？

答：中东欧国家历史悠久，旅游资源丰富。借助加入欧盟的有利条件，不少中东欧国家大力拓展国内旅游市场，旅游业获得了快速发展。与此同时，随着中国经济的快速发展，居民收入水平的不断提高，中国出境旅游的消费需求日益旺盛，中东欧地区良好的旅游市场与中国日益增长的出境旅游需求已逐步结合，中国与中东欧国家之间的旅游合作正在逐步扩大。

31. 中国与中东欧国家金融合作状况如何？

答：近年来，中国与中东欧国家金融合作不断加强。2003年，匈牙利中国银行正式开业。2012年，中国工商银行全资子公司工银欧洲在波兰开设分行，中国工商银行华沙分行正式营业。同年，中国银行（卢森堡）有限公司波兰分行开业。2013年，中国人民银行与匈牙利中央银行签署中匈双边本币互换协议，以加强双边金融合作，促进两国贸易和投资，共同维护地区金融稳定。2015年中国工商银行与波兰信息与外国投资局、波兰国家开发银行签署《跨境电商和贸易融资合作协议》《金融和国际产能合作协议》，进一步加强了中国与中东欧国家在金融领域的合作。

32. 中国在中东欧国家投资合作状况如何？

答：近年来，中国—中东欧国家投资合作以机制建设为基础，投资合作关系不断深化，呈现出越来越旺盛的生命力和强大的吸引力。主体上，形成了政府、民间共同参与的模式；渠道上，形成了从中央到地方、从官方到民间、涵盖诸多领域的多元合作交流方式；内容上，覆盖贸易、基础设施、金融、教育、文化等多个领域。

33. 中国建立了哪些中东欧产业园？

答：（1）中东欧（宁波）贸易物流园。位于浙江宁波保税区，2015年6月成立，主要有展示交易、物流配送、跨境电商和综合服务等四大功能，为中东欧特色商品进入中国市场提供仓储、物流、展示、交易、体验、加工等服务；（2）中东欧（宁波）工业园。位于浙江宁波慈溪市，2015年6月筹建；（3）中东欧—保定创新产业园。位于河北省保定市，2016年1月29日揭牌成立，等。

34. 中国领导人在五次中国—中东欧国家经贸论坛提出了哪些观点和建议？

答：2011 年 6 月 25 日时任中国国务院总理温家宝出席了首届中国—中东欧国家经贸论坛并发表讲话，提出五点建议：（1）扩大双方贸易规模；（2）促进相互投资合作；（3）加强基础设施建设合作；（4）深化财政金融合作；（5）拓展教育、文化、卫生、体育、旅游等领域的交流，促进双方人民尤其是青年一代相互了解、加深友谊。

2012 年 4 月 26 日时任中国国务院总理温家宝出席了第二届中国—中东欧国家经贸论坛并发表讲话，提出四点建议：（1）扩大合作规模；（2）拓展合作领域；（3）健全合作机制；（4）夯实合作基础。

2013 年 11 月 26 日国务院总理李克强出席了第三届中国—中东欧国家经贸论坛并发表讲话，提出三点建议：（1）推动贸易规模再翻一番；（2）合作建设一批基础设施大项目；（3）积极扩大企业双向投资。

2014 年 12 月 16 日国务院总理李克强出席了第四届中国—中东欧国家经贸论坛并发表讲话，提出五大观点：（1）基础设施建设蕴含巨大机遇；（2）以装备为重点的产业发展大有可为；（3）构建新的投融资框架服务实体经济前景广阔；（4）提升双方贸易有很大空间；（5）人文交往应进一步加强。

2015 年 11 月 24 日国务院总理李克强出席了第五届中国—中东欧国家经贸论坛并发表讲话，提出四点建议：（1）推动互联互通项目落地；（2）发挥产能合作的引领作用；（3）打造农产品特色贸易新亮点；（4）拓宽渠道解决融资问题。

35. 三次中国—中东欧国家高级别智库研讨会的主题分别是什么？

答：（1）第一届研讨会的主题："中国同中东欧国家关系的新机遇"；（2）第二届研讨会的主题："中国—中东欧国家经贸合作的战略方向"；（3）第三届研讨会的主题："以苏州会晤为新起点：智库交流为'16＋1合作'提供支撑"。

36. 中国—中东欧国家投资贸易博览会在何地举行？

答：首届中国—中东欧国家投资贸易博览会于 2015 年 6 月 8—12 日在浙江省宁波市举行。2016 年 6 月 8—12 日第二届中国—中东欧国家投资贸易博览会继续在宁波举行。

37. 中国—中东欧经贸促进部长级会议在何地举行，取得了哪些成果？

答：2014 年 6 月，第一届中国—中东欧国家经贸促进部长级会议在浙江省宁波市召开。会议围绕"深化务实合作，实现共同发展"主题，就扩大贸易规模，促进贸易平衡发展；增加相互投资，密切经贸合作联系；拓宽融资渠道，加强基础设施建设合作等议题深入交换意见，达成广泛共识，并一致通过《中国—中东欧国家经贸促进部长级会议共同文件》。

2016 年 6 月，第二届中国—中东欧国家经贸促进部长级会议继续在宁波举行，会议依然围绕"深入务实合作，实现共同发展"，这一主题进行了研讨。与会各方达成共识，同意进一步加强各国经贸主管部门之间的交流与合作，力争实现中国与中东欧国家间相互投资较快增长。

二、阿尔巴尼亚篇

38. 阿尔巴尼亚首都在哪里？

答：地拉那。地拉那是阿尔巴尼亚第一大城市，经济、文化、交通中心。地拉那位于中部克鲁亚山西侧盆地，伊塞姆河畔，东、南、北三面环山，西距亚得里海岸线 27 公里，人口约 360 万。

39. 阿尔巴尼亚有哪些主要城市？

答：除首都地拉那外，主要城市还有都拉斯、发罗拉、斯库台等。

40. 阿尔巴尼亚地形有哪些特点？

答：阿尔巴尼亚位于东南欧巴尔干半岛西岸，北接塞尔维亚与黑山，东北与马其顿相连，东南与希腊相邻，西濒亚得里亚海和伊奥尼亚海，隔奥特朗托海峡与意大利相望。海岸线长 472 公里。山地和丘陵占全国面积 3/4，西部沿海为平原。东部为迪纳拉山脉南延部分，一般海拔 1000～2000 米，最高峰耶泽尔察山，海拔 2694 米。

41. 阿尔巴尼亚使用什么货币？

答：列克，1 列克＝0.0599 人民币（2016 年 4 月 1 日）。

42. 阿尔巴尼亚使用什么语言？

答：官方语言为阿尔巴尼亚语。主要的外语有希腊语、意大利语、德语和英语。

43. 阿尔巴尼亚有哪些主要民族？

答：阿尔巴尼亚族人占总人数的 98％，少数民族主要有希腊族、马其顿族、黑山族、罗马尼亚族等。

44. 阿尔巴尼亚人宗教信仰情况如何？

答：大部分阿尔巴尼亚人信奉伊斯兰教，少部分人信奉东正教、天主教。

45. 阿尔巴尼亚有哪些特色美食？

答：阿尔巴尼亚有大龙虾、螃蟹、水果白酒等特色美食。阿尔巴尼亚龙虾的吃法有很多种，可以烤、煮、油炸及清蒸。阿尔巴尼亚螃蟹肉质鲜嫩，入口爽滑，营养丰富。阿尔巴尼亚的水果白酒多以葡萄、李子等水果为原料酿造，初品时只觉酒味浓烈，入嘴后渐感水果清香直冲入脑，回味无穷。

46. 阿尔巴尼亚有哪些著名景点？

答：有斯坎德培广场、哈奇艾特海姆培清真寺、培拉特与吉洛卡斯特拉历史中心、克鲁亚斯坎德培塑像等著名景点。

47. 阿尔巴尼亚有哪些风俗习惯？

答：阿尔巴尼亚人摇头表示同意，点头表示不同意。见面礼节以握手为主，见面拥抱、亲脸、贴面颊限于亲人、熟人之间，夫妻之间亲吻，父母子女之间亲脸、亲额头，平辈亲友之间贴面颊。在与人交往中，阿尔巴尼亚人通常彬彬有礼，善言辞。阿尔巴尼亚人的午饭时间一般较晚，通常在每天下午三四点钟，而晚饭时间则为晚上九、十点钟。

48. 阿尔巴尼亚有哪些主要节日？

答：阿尔巴尼亚主要节日有新年（1月1～2日）、夏日（3月4日）、内夫路斯节（3月22日）、天主教复活节（4月8日）、东正教复活节（4月15日）、国际劳动节（5月1日）、开斋节（8月19日）、特蕾莎修女节（10月19日）、宰牲节（10月25日）、独立日（11月28日）、解放日（11月29日）、国家青年节（12月8日）、圣诞节（12月25日）。

49. 阿尔巴尼亚是否已加入欧盟？

答：阿尔巴尼亚为欧盟候选国，尚未加入欧盟。

50. 阿尔巴尼亚是否已加入 WTO？

答：阿尔巴尼亚已于 2000 年 9 月 8 号加入 WTO。

51. 阿尔巴尼亚交通状况如何？

答：交通以公路运输为主，公路总里程 1.8 万公里。铁路线总长 447 公里。主要港口有都拉斯港、发罗拉港、萨兰达港和深津港等。地拉那里纳斯—特雷萨修女机场有 33 条国际航线，在该机场起降的航空公司共 18 家。

52. 阿尔巴尼亚铁路状况如何？

答：阿尔巴尼亚与邻国黑山的波德戈里察有铁路连接，与其他国家无铁路相接。阿尔巴尼亚火车最高时速 60 公里，平均时速约 40 公里。近年随着该国公路发展和轿车数量增加，火车运输面临激烈的竞争与挑战。

53. 阿尔巴尼亚港口状况如何？

答：都拉斯港是第一大港口，地处阿尔巴尼亚西部沿海都拉斯湾口北岸，亚得里亚海的东南侧，是阿尔巴尼亚最大海运港口和全国铁路的枢纽，距机场约 35 公里。

发罗拉港是阿尔巴尼亚第二大海运港口，地处亚得里亚海发罗拉湾东北岸，港口开阔，水深，港区主要码头泊位岸线总长 1250 米，最大水深 9.2 米。

54. 阿尔巴尼亚主要港口有哪些？

答：都拉斯港、发罗拉港、申津港和萨兰达港。都拉斯港是阿尔巴尼亚最大港口。

55. 中国人赴阿尔巴尼亚如何选择航空路线？

答：可以从上海或北京乘机飞往希腊雅典，再从希腊的 Kakavia 和 Krystallopigi 转乘汽车至阿尔巴尼亚。

56. 阿尔巴尼亚经济状况如何？

答：近年来阿尔巴尼亚经济总体平稳发展，GDP 增长连续多年保持在 6% 左右，但经济总体水平较低。阿尔巴尼亚的货币政策宽松，实行紧缩财政政策，国际储备不断增加，主权信用评级调升。

57. 阿尔巴尼亚中央银行的利率如何？

答：阿尔巴尼亚中央银行的利率为 1.75%（2015 年 12 月）。

58. 阿尔巴尼亚在外汇管理方面有哪些主要规定？

答：外汇兑换市场由阿尔巴尼亚银行管理，具体从事兑汇业务的是被授权的商业银行和外汇兑换所。公司或个人均可自由买卖外汇。允许外国投资者或法人在阿尔巴尼亚开立银行外汇账户，开立账户时须提供公司注册文件及公司法人身份证或被授权人的身份证件。属于外国直接投资的资金和变卖设备款以及同投资而取得的合法收入，缴纳 10% 利润税和银行手续费后，可自由汇出。个人出入境时可携带 1 万美元以内等值外汇，无须申报。出境时，若所携外汇超过此限，需出示相应的进境外汇申报单或银行出具的有关证明。个人若将外汇汇出，每年累计不得超过 350 万列克等值的外汇金额，超过部分须取得阿尔巴尼亚央行的书面同意。

59. 阿尔巴尼亚物价如何？

答：阿尔巴尼亚的物价水平较低。一个游客一顿饭大约 1000 列克，地拉那地区餐厅里一份意面 400～700 列克，一杯大啤 200～300 列克。街头最普通的小吃烤小香肠一根 20～30 列克。

60. 阿尔巴尼亚农业状况如何？

答：阿尔巴尼亚农业用地面积约 69.9 万公顷，占其国土面积的 24％。出口的主要农产品有：家畜产品、植物（包括草药、种籽）、水产品、瓜果等。

61. 阿尔巴尼亚矿产资源如何？

答：阿尔巴尼亚矿产资源较丰富，主要有石油、铬、铜、镍、铁、煤等。阿尔巴尼亚是全球第三大铬矿生产国，阿尔巴尼亚出口的主要矿产资源为铬矿和石油，探明石油储量约 4.37 亿吨，铬矿储量 3200 万吨。

62. 阿尔巴尼亚主要工业行业有哪些？

答：阿尔巴尼亚主要工业行业有矿山机械、服装、鞋、汽车、化工、钢铁、航空、电子、木材等。

63. 阿尔巴尼亚哪个部门主管国内外贸易？

答：阿尔巴尼亚主管贸易的政府部门为经济发展、旅游、贸易和企业部，负责经济、旅游、贸易和企业政策的制定和执行，多双边经贸协定的执行，政府援助，市场监管，相关特许经营合同的授予和监管，私有化、自由贸易区管理，签发经贸许可证等。

64. 阿尔巴尼亚主要出口哪些商品？

答：纺织品和鞋类，矿产品和燃料，建筑材料及金属，食品、饮料和烟草。

65. 阿尔巴尼亚主要进口哪些商品？

答：机械产品及零配件，食品、饮料和烟草，矿产品和燃料，化工产品和塑料制品，建筑材料及金属。

66. 中国对阿尔巴尼亚主要出口什么商品？

答：中国对阿尔巴尼亚主要出口电机、电器、音响设备及其零附件、机械器具及零件、钢铁制品、药品、有机化学品等。

67. 中国对阿尔巴尼亚主要进口什么商品？

答：中国对阿尔巴尼亚主要进口矿砂、矿渣及矿灰，咖啡，茶，调味香料，食用蔬菜，根及块茎，铜及其制品，塑料及其制品，铝及其制品，机械器具及零件等。

68. 阿尔巴尼亚在吸引中国投资方面签订的协议有哪些？

答：阿尔巴尼亚在吸引中国投资方面签订的协议有《贸易协定》《关于鼓励和相互保护投资协定》《关于避免双重征税和防止偷漏税协定》等。

69. 中国和阿尔巴尼亚经贸合作关系如何？

答：中国是阿尔巴尼亚第二大的贸易伙伴，2015年阿尔巴尼亚对外贸易总量约为64.87亿美元，其中对中国贸易额为4.38亿美元，占全国对外贸易总量的6.75%。

70. 阿尔巴尼亚与贸易有关的法律有哪些？

答：《商人和贸易公司法》《竞争法》《破产法》《反倾销法》等。

71. 阿尔巴尼亚在进出口方面有什么限制？

答：在进口方面，除因健康、安全和公共秩序原因对极少数产品（武器、弹药、有毒废弃物、杀虫剂、种子等）有严格限制外，对其他商品没有配额、许可证或其他非关税措施的限制。在出口方面，除废金属一项禁止出口外，对其他商品的出口没有限制。禁止出口的废金属包括贵金属废碎料，生铁和钢铁的废碎料，铜的废碎料（但废铜例外），其他铸铜和镍的废碎料，铝的废碎料（但进口的铝制包装除外），铅、锌、锡的废碎料。

72. 阿尔巴尼亚主管投资的是哪个部门？其主要职责有哪些？

答：投资发展署（AIDA）。投资发展署是非营利性投资促进机构，该机构的主要职责是促进外国对阿尔巴尼亚投资、创造良好的商业环境特别是投资环境、为外国投资者提供各种服务等。

73. 阿尔巴尼亚对外资吸引力如何？

答：阿尔巴尼亚吸引外国投资的优势：区位位置优越，邻近西欧发达国家，市场广阔，产品销往欧盟市场物流成本较低；劳动力资源丰富，劳动力成本较低；自然条件优越、气候温和，无严重自然灾害等。

74. 外国投资者在阿尔巴尼亚可否获得贷款？其贷款利率如何？

答：可以。阿尔巴尼亚的商业银行均为私人银行，任何外国投资者和法人均可从银行获得贷款，借贷条件由各银行自行规定。阿尔巴尼亚银行贷款利率在 4%～7% 不等。

75. 外国企业可以在阿尔巴尼亚投资的公司有哪些类型？

答：外国企业可以在阿尔巴尼亚投资设定独资公司、无限合伙公司、有限合伙公司、有限责任公司、股份公司、分公司或公司代表处。

76. 外资对阿尔巴尼亚投资主要集中在哪些领域？

答：金融、保险、电信、建筑和矿业等。

77. 阿尔巴尼亚政府鼓励重点投资的领域有哪些？

答：农业、旅游业、加工业、矿业、能源及道路交通、电信基础设施等。

78. 在阿尔巴尼亚有潜力的开发合作领域有哪些？

答：外商在阿尔巴尼亚投资合作具较大潜力的领域有基础设施、通信、能源、交通、矿产、农业、文化、旅游等。

79. 阿尔巴尼亚与投资合作相关的主要法律有哪些？

答：阿尔巴尼亚与投资合作相关的主要法律有《外国投资法》《商业公司法》《商业注册法》《破产程序法》《工业产权法》《劳动法》《外国人法》等。

80. 外国投资者能否在阿尔巴尼亚获得土地？

答：阿尔巴尼亚法律禁止外国企业或个人直接购买阿尔巴尼亚土地，但允许外国投资者或个人在阿尔巴尼亚设立商业公司，并以该公司名义购买或租用阿尔巴尼亚土地，租借期最长可达 99 年。

81. 阿尔巴尼亚对外国公司承包当地工程有何制度？

答：许可制度。外国公司能否承包当地工程主要取决于工程发包人。凡邀请国内外公司参加投标的项目，对外国投标者与本国投标者一视同仁。禁止领域：阿尔巴尼亚对外国公司承包当地工程没有特别的禁止领域。招标方式：既有公开招标，也有邀请投标。具体要求每次各不相同，投标公司需要直接向阿尔巴尼亚招标主管部门咨询。

82. 中国企业在阿尔巴尼亚经商应注意哪些事项？

答：须对阿尔巴尼亚和合作公司进行风险评估并制定应对措施；应注意选择有较高资质的合作公司和承包商；要守法经营，依法为当地雇员缴纳各种税费和社保，为本国派出技术人员办理合法签证和工作许可，依法支付雇员的加班工作报酬等；在签约时要注意商务条款，如工程或产品质量标准等；合同中须有对合作公司预付款、按工程进度付款的约束条款；须防范合作方借故推迟出具工程测试通过的认证证书；须重视工程和雇员的生产安全问题，重视雇员劳保；须充分了解当地市场行情，如材料费用状况等；对项目尾款的回收要制定保障措施；工期在 3 个月以上的项目，必须在办妥劳务、居留许可后方可派出国。

83. 在阿尔巴尼亚投资经商遇到风险该如何求助？

答：（1）寻求法律保护。按阿尔巴尼亚法律，在阿尔巴尼亚依法注册登记的外国企业，拥有法人资格，受阿尔巴尼亚法律的保护。遇到困难时，可请公司律师或聘请当地律师事务所出面，依法维护企业和人员的合法权益。（2）寻求当地政府帮助。（3）寻求当地投资署帮助。阿尔巴尼亚政府重视引进外资，投资署有协助外资企业解决相关问题的义务。（4）寻求地拉那工商会帮助。

84. 在阿尔巴尼亚进行对环境可能产生影响的商业活动时，需获得哪个机构的许可？该机构的联系方式是什么？

答：应向阿尔巴尼亚国家许可证中心（QKL）申请环境许可。

地址：Rruga "Papa GjonPali Ⅱ"，Nr. 3，Kati Ⅲ，Tiranll

电话：00355－42229416，00355－42274499

传真：00355－42239957

电邮：info@qkl. gov. al

85. 阿尔巴尼亚有关环境保护的法律有哪些？

答：《野生动物保护和狩猎法》《化肥监控法》《防止空气污染法》《防止海洋污染法》《环境保护法》《环境影响与评估法》《农田保护法》《植物保护法》《噪声管理与评估法》等。

86. 在阿尔巴尼亚注册企业的机构是哪个？

答：在阿尔巴尼亚成立商业公司须在阿尔巴尼亚"全国注册中心（NRC）"注册（联系电话：00355－4－2250066；邮箱：info@qkr. gov. al）。

87. 商业公司在阿尔巴尼亚是否可以先展开商业活动再办理注册？

答：可以。根据阿尔巴尼亚法律，自然人、简单合伙人、外国公司的分公司和代表处可在开展商业活动后办理注册。法人可在组成后的 15 天内（除非法律另有规定）进行注册，其他强制注册可在组成或成立后 30 天内办理注册。

88. 阿尔巴尼亚企业的税收有什么种类？

答：阿尔巴尼亚的税收分为中央税和地方税两类。其中中央税为国家财政收入的重要来源之一，中央税又可以分为直接税和间接税；地方税主要涉及餐厅、广告、清洁和流动小商业。

89. 阿尔巴尼亚在知识产权保护方面有哪些法规？

答：阿尔巴尼亚在知识产权保护方面的法规有：《集成电路设计保护法》《版权法》《工业产权法》等。

90. 阿尔巴尼亚对专利的保护期限如何？

答：阿尔巴尼亚专利商标局负责办理专利申请手续。发明专利权期限为自申请日起 20 年，实用新型专利期限为 10 年，使用者需每年支付专利费。工业设计受到 15 年保护，每 5 年办理一次登记。

91. 阿尔巴尼亚对外劳务需求如何？

答：解决本国就业是阿尔巴尼亚政府优先考虑的问题，对外籍劳务需求不大。据统计，在阿尔巴尼亚登记工作的外国人主要分布于建筑、商贸、教育、银行、服装和电信行业等领域。

92. 阿尔巴尼亚在劳动就业方面有哪些规定？

答：（1）劳动合同签订方面的规定。劳动合同须在开始工作之日起 30 天内以书面形式签订，内容包括：缔约双方名称、工作地点、工种描述、开始工作日期、合同期限、节假日补贴、合同终止的通知期限、工资、通常每周工作小时数。合同可规定有 3 个月或更短的试用期。（2）劳动合同终止请参见劳动合同终止的规定。

93. 阿尔巴尼亚对劳动合同终止有哪些规定？

答：无期限劳动合同的终止：雇员须提前至少 30 天通知对方，通知合同终止时间。有期限劳动合同的终止：合同中规定的期限期满时合同终止。试用期的终止：就业的前 3 个月为试用期，期间通知期为提前 5 天。合同立即终止：有合法理由任何时间可立即终止合同。相互协商合同终止：只要双方同意，可随时终止合同。

94. 阿尔巴尼亚对雇员工作时间有哪些规定？

答：每天正常工作不超过 8 小时，18 岁以下不超过 6 小时；每周正常工作不超过 40 小时，法定假日遇周末顺延到下周一；雇员的法定带薪休假每年不少于 28 天，正式职工每天超过 8 小时为加班时间，每周可加班 10 小时。

95. 外国人在阿尔巴尼亚可使用什么信用卡？

答：信用卡在阿尔巴尼亚还没有被广泛使用，地拉那的某些国际饭店和主要银行可接受的信用卡有 Visa、Diners Club、Master Club 和 American Express 等。

96. 阿尔巴尼亚对外国人在当地工作有哪些规定？

答：外国人在阿尔巴尼亚工作不超过 3 个月不需要社会福利和青年部的许可；工作申请表可从该部的移民司、阿尔巴尼亚驻各国使领馆和地方劳动办公室获得；签发或拒绝劳动许可的决定由相关当局在申请者递交申请和有关文件后 30 天内做出。对外国人有 3 种不同的工作许可：对学生和刚开始申请者签发"限制性许可";自创业者、每个外国人至少雇佣 2 个阿尔巴尼亚居民者及已获得限制性工作许可至少 3 年者可获得"无区域或工种限制许可"。许可的有效期通常为 1 年,可延长至 5 年,延长手续不超过 1 个月;在阿尔巴尼亚工作 5 年者可申请"永久许可"。

97. 在阿尔巴尼亚是否可以学习汉语言文化?

答:阿尔巴尼亚政府在全国中小学推广汉语课。地拉那大学已开设汉语教学,并和北京外国语大学合办了孔子学院。

98. 赴阿尔巴尼亚如何办理签证手续?

答:(1)具体材料清单(如经济证明、准假信、户口簿、身份证复印件、护照签证等)和签证服务费请咨询客服。

(2)使馆的签证费和申请时间以申请时使领馆的相关规定为准。

(3)受理全国护照、外国人护照和港澳台护照。

(4)签证需至少提前 2 周预约(旺季需更早)。

99. 如何与阿尔巴尼亚驻华大使馆取得联系?

地址:北京市光华路 28 号(No. 28,Guang Hua Lu,Beijing)

电话:65321120

传真:65325451

电子邮箱:emalb@public. bta. net. cn

100. 如何与中国驻阿尔巴尼亚外交机构取得联系?

(1)中国驻阿尔巴尼亚大使馆

地址:RrugaSkenderbe. 57,Tirana,Albania

电话:00355—4—2232385

传真:00355—4—2233159

电子邮箱:chinaemb _ al@mfa. gov. cn

（2）中国驻阿尔巴尼亚大使馆经商处叁处

地址：NO. 57 Skenderbej Road，Tirana，Albania

电话：00355－4－2253505，2232077

传真：00355－4－2232077

电子邮箱：al@mofcom. gov. cn

三、波黑篇

101. 波黑首都在哪里？

答：萨拉热窝，为波黑第一大城市，也是东西方经济文化交汇的城市，为波黑政治、经济和文化中心，著名的历史文化名城，位于波黑中东部，地处丘陵地带，群山碧绿环抱。

102. 波黑有哪些主要城市？

答：除了萨拉热窝，还有巴尼亚卢卡、莫斯塔尔等主要城市。

103. 波黑使用什么货币？

答：马克（Convertible Mark，国际代码 BAM），也通称为波黑马克。波黑马克与欧元实行固定汇率，1 欧元＝1.95583 波黑马克。

104. 波黑有哪些主要民族？

答：波什尼亚克族约占总人口 43.5％，塞尔维亚族约占总人口 31.2％，克罗地亚族约占总人口 17.4％。

105. 波黑人宗教信仰情况如何？

答：波什尼亚克族多数信奉伊斯兰教，塞尔维亚族信奉东正教，克罗地亚族信仰天主教。

106. 波黑使用什么语言？

答：官方语言为波斯尼亚语、塞尔维亚语和克罗地亚语，三种语言互通。少数人讲英语、德语或法语。

107. 波黑有哪些特色美食？

答：波黑人正餐以味道醇香的波斯尼亚餐为主，包括贝伊汤、土豆焖小牛肉、烤羊肉、煎烤混合肉等。此外还有波斯尼亚火锅，冷盘有熏肉、香肠、奶皮及奶酪等。波黑极具特色的大众传统风味小吃有"切瓦比""布雷格"馅饼，来波黑的外国人如未品尝过这两种大众小吃，则被视为未到过波黑。

108. 与波黑人打交道需注意什么饮食要点？

答：应注意波黑人宗教信仰中的一些饮食禁忌，并且波什尼亚克族有不食猪肉、少饮酒的特殊习惯。

109. 波黑有哪些著名旅游景点？

答：亚得里亚海海滨区、萨拉热窝普林西普桥、萨拉热窝博物馆、ArsAevi 现代美术馆、波黑历史博物馆等。

110. 波黑的主要媒体有哪些？

答：波黑全国共发行各类报刊 138 种。主要有《独立报》《每日之声报》《解放报》《塞族之声报》《自由波斯尼亚周刊》。主要电视台有波黑电视一台、波黑联邦电视台、塞族共和国电视台、萨拉热窝电视台、巴尼亚卢卡电视台等。专业网络媒体主要有波黑联邦的 ONASA 和 FENA，塞族共和国的SRNA。

111. 波黑主要节假日有哪些？

答：主要节假日有新年（1月1日）、塞族东正教新年（1月7日）、独立日（3月1日）、国际劳动节（5月1日）、国家日（11月25日）等。

112. 波黑的气候如何？

答：波黑北部属温和的大陆性气候，南部和西南部为地中海式气候。北部1月平均气温为−1℃至−2℃，7月平均气温为20℃至22℃；南部1月平均气温为5℃至7℃，7月平均气温为24℃至27℃。

113. 波黑政府主席团怎样构成？

答：波黑政府主席团由三人组成，一人担任主席团主席职位，其余两人为成员。每人各属一个民族，任期四年，四年中每人轮流就任八个月主席团主席的职位。主席团成员由人民直选，其中波黑联邦选出波什尼亚克/克族成员，塞族共和国选出塞族成员。

114. 波黑的基础设施状况如何？

答：波黑基础设施较落后，战争期间基础设施遭严重破坏。第二次世界大战后，在国际社会援助下，遭受破坏的公路、铁路、电站、通信及供水系统等90%得到恢复和重建。2010—2020年，波黑计划内的基础设施建设项目有100多个，总投资规模达218亿欧元。其中，泛欧洲5C高速公路项目、巴尼亚卢卡至多博伊高速公路项目、波黑南部铁路改造项目、斯坦纳里燃煤电站、乌戈列维克燃煤电站、卡卡尼燃煤电站及图兹拉燃煤电站等被列入国家重点建设项目。

115. 波黑有没有港口？

答：波黑南部濒亚得里亚海有近20公里长的出海口，但目前还没有港口。

116. 中国人赴波黑可选择什么合理线路？

答：可在北京首都机场乘坐飞机到萨拉热窝的布特米尔机场，中途需在伊斯坦布尔转机，乘机时长约14个小时。

117. 波黑的医疗保险机构是怎样的？

答：波黑实行医疗保险制度，雇主和雇员都需依法交纳医疗保险费用。但波黑的两个实体（波黑联邦和塞族共和国）的医疗保险情况和交纳的比率有所不同。主要医疗保险机构为萨拉热窝大学中心医院、阿卜杜拉纳卡什医院。

118. 在波黑用水是什么价格?

答:以萨拉热窝为例,波黑居民用水价格约为 1.17~1.95 马克(0.6~1 欧元)/立方米/月,另外每月还需支付 2.34 马克基本用水费用;居民用天然气约为 0.952 马克(0.49 欧元)/立方米。工业用水价格每立方米 1.95 马克(合约 1 欧元),在此基础上每月固定缴纳 4.68 马克基本费用。

119. 波黑有哪些主要产业?

答:能源产业、旅游产业、林业和木材加工业、金属加工业、农业及食品加工业等。

120. 波黑工业状况如何?

答:林业和木材加工业为波黑经济的主要产业之一;金属加工业占波黑制造业比重 20%;燃煤发电具有很大的开发潜能,水力发电厂也在进行改造和扩建。

121. 波黑农业状况如何?

答:波黑发展农业的自然条件优良,农产品和食品加工出口在总出口额中占很大比重。波黑农业用地占土地总面积约 50%,约 240 万公顷,其中,120 万公顷为大田作物耕地。另外,还有 85 万公顷山地牧场,35 万公顷土地专用于果园、葡萄园以及用于种植生产医药保健品的草药和香料香草等。

122. 波黑葡萄酒产业状况如何?

答:波黑有两千多年的葡萄栽培和酿酒历史,南部的黑塞哥维那地区是葡萄酒主产区之一。

123. 波黑有哪些自然资源?

答:波黑矿产资源丰富,主要有煤、铁、铜、锰、铅、汞、银、褐煤、铝矾土、铅锌矿、石棉、岩盐、重晶石等，其中煤炭蕴藏量达 38 亿吨。图兹拉地区食用盐储量为欧洲之最。波黑拥有丰富的水力资源，潜在的水力发电量达 170 亿千瓦。森林覆盖面积占波黑总面积的 46.6%。

124. 波黑融资条件如何？

答：外企与当地企业在融资方面享受同等待遇。企业向银行申贷的基本要求包括：在当地依法注册的公司证明、企业资质和信誉证明、近五年来的经营状况、财务状况、不动资产及投资性质和规模等。波黑央行确定的贷款基准利率为 7.14%，商业银行的贷款利率平均为 10%（2013 年）。波黑的开发银行属于政策性信贷银行，对企业贷款给予一定优惠。

125. 《波黑发展战略》的目标是什么？

答：保持宏观经济稳定，保障财政预算；大力吸引外资，加强基础设施建设，增加生产性投资，扩大出口，解决就业困境；积极发展旅游业，同外国建立各类旅游合作；节约财政开支，紧缩银根；修订行业法规，与欧盟的法规匹配一致。

126. 波黑主管对外经济和贸易的是哪个部门？

答：波黑对外贸易和经济关系部。

127. 波黑联邦和塞族共和国的贸易主管部门是什么部门？

答：联邦贸易部、塞族共和国经济关系和地区合作部。

128. 波黑对外经济和贸易部门主要有哪些职能？

答：负责制定国家对外经济和对外贸易发展规划及相关政策、海关法及关税税则，吸引外资法规和政策以及波黑有关新能源、环保及旅游产业的战略规划，促进双边经贸合作、国际经贸合作等。

129. 波黑主要出口哪些商品？

答：再生能源、电力及文化娱乐类产品等。

130. 波黑主要进口哪些商品？

答：矿产品及石油、通信产品、农产品以及工业制成品等。

131. 中国对波黑主要出口什么商品？

答：船舶及浮动结构体；皮革制品，旅行箱包，动物肠线制品；机械器具及零件；电子、电气、音像设备及其零附件；钢铁制品；针织或钩编的服装及衣着附件；鞋靴、护腿和类似品及其零件；非针织或非钩编的服装及衣着附件；无机化学品，贵金属等。

132. 中国从波黑主要进口什么商品？

答：有机化学品；非针织或非钩编的服装及衣着附件；机械器具及零件；木及木制品，木炭；鞋靴、护腿和类似品及其零件；家具，寝具等，灯具，活动房；针织或钩编的服装及衣着附件；其他纺织制品；车辆及其零附件，但铁道车辆除外；电机、电器、音像设备及其零附件。

133. 波黑对中国企业投资合作有什么保护政策？

答：中国与波黑签署的双边投资保护协定，中国与波黑签署的避免双重征税协定，中国与波黑签署的《中华人民共和国与波斯尼亚和黑塞哥维那经济贸易合作协定》以及其他相关保护政策。

134. 产品出口到波黑需要什么产地证？

答：产品出口到波黑需办理产地证 C.O.（CERTIFICATE OF ORIGIN 又称一般产地证，是原产地证的一种），但是不享受关税优惠。产地证适用范围：征收关税、贸易统计、反倾销和反补贴、原产地标记、政府采购等。

135. 波黑进出口贸易有哪些安全检测规定？

答：进口。波黑外贸和经济关系部为进口管理机构。波黑对工业生产和生活消费类商品的进口无限制，但禁止进口损害人体健康或者影响环境的商品，如废弃轮胎、7～10 年以上的车辆等。波黑对武器、弹药、军用设备、动植物药品等特殊商品的进口有严格限制，需向波黑外经贸部申办进口许可证。

出口。波黑外贸商会内设的波黑出口促进局为出口管理机构。波黑鼓励本国产品出口，对出口无限制，但需严格遵守与欧盟及东南欧等国家签署的自由贸易协定。

136. 波黑外国投资促进局主要职能是什么？

答：推动并促进外国投资；为现有的或潜在的投资者提供服务；向投资者提供波黑商情信息；为外国投资者提供相关法律咨询和相关项目投资咨询等服务；为改善经商环境，向政府提供修改或废除不利于外国投资法规的建议并参与新法规的制定等；为外商提供波黑最有潜力的投资领域信息；提供FIPA 网络地图便于外商寻找波黑投资的商机；建立并加强与中东欧地区外资促进机构的合作。

137. 波黑外国投资者协会有什么职能？

答：该协会是非盈利性的民间组织，为在波黑的外资企业和未来打算到波黑投资的外国企业提供帮助，收集和研究波黑投资法规及其投资环境情况，就外资企业遇到的问题与政府建立对话渠道，建立为外资企业服务的信息网络，促进外国对波黑的投资。

138. 波黑投资环境有什么特点？

答：地理位置优越；波黑是进入欧盟的门户，为东南欧自贸区成员，金融与货币稳定；波黑 80％的银行是以欧盟国家为主的外贸银行，波黑货币马克与欧元挂钩，汇率固定不变；劳动力素质较高，劳务成本低；拥有丰富的自然资源，主要有森林和水资源，煤炭、铝矾土及铁矿等矿藏；全球竞争力较低。

139. 对波黑投资，投资者可向哪些机构申请风险担保？

答：可向欧盟波黑投资信用基金、世界银行多边投资担保机构申请，也可以申请美国国际私人投资机构的担保。

140. 波黑对外国投资审批规定的时限多长？

答：对外国投资的审批有严格的时限，波黑审批部门应在收到外资申请后 30 天内做出是否批准的决定，并通知申请人。如果审批部门认为需要延长外资审批时间，审批部门应在 30 天内通知申请人，并自收到申请之日起 90 天内完成审批。如果审批部门在收到申请后的法定期限内未做出决定，外国投资被视为自动获得批准。

141. 波黑对外企进入具有哪些有利条件？

答：波黑可以作为外企进入广阔的欧盟市场及中欧市场的战略门户；波黑拥有一批高素质劳动力队伍，且工资水平较低；波黑拥有与欧元挂钩且较为稳定的金融体系；外国投资者享有与本国公民同样的权利，投资便利；波黑政府提供外国投资保障基金；波黑地方政府的鼓励外资政策主要体现为免费或优惠提供土地，适度减免地方税等。

142. 外资企业如何在波黑获得土地？

答：波黑外国投资法规定，到波黑直接投资的外国企业（无论是独资还是合资），均要以波黑国内法人实体的地位进行注册登记。因此，根据国民待遇同等原则，外国投资企业在波黑的经营活动与波黑国内的企业法人和自然人一样，享有包括土地产权和房屋所有权在内的同等国民待遇。

143. 波黑对外国公司承包工程有何规定？

答：许可制度：根据波黑法律，外国公司在波黑承包工程要获得许可。

禁止领域：外国承包商不能承揽军工等行业的工程项目。招标方式：《波黑公共采购法》规定商品采购、提供服务及工程承包项目需按照 5 种方式进行，具体为公开招标方式、资格预审有限招标方式、发布招标通告谈判议标方式、不发布招标通告直接议标方式、按初步方案（意向设计）竞标方式。

144. 哪些机构能给中国企业提供在波黑开展投资合作的咨询服务？

答：中国驻波黑大使馆经商参处、波黑中资企业协会、波黑驻中国大使馆、波黑投资促进机构、中国商务部研究院海外投资咨询中心等。

145. 波黑中国商会是一个什么样的组织？它有什么作用？

答：波黑中国商会是根据波斯尼亚黑塞哥维那有关社团之法律，由旅波中国人自愿组成的群众民间社团组织。其作用为促进旅波中国人事业的发展，帮助旅波中国人适应居住的社会环境，为旅波中国人提供经济科技、投资合作等有关信息；维护、促进和发展中波友好关系，促进中国的现代化建设及居住国的建设。

146. 在波黑投资设立企业的形式有几种？

答：在波黑投资设立企业的形式主要有 4 种，具体为无限共同责任公司、有限责任公司、联合股份公司、有限合伙公司。

147. 在波黑注册企业有哪些主要程序？

答：起草成立公司的决定并制定合同（由当地公证处办理）；在当地银行支付创办公司的资本；在当地法院注册登记；刻制公司印章；在当地商业银行开立公司账户；在税务局登记公司和员工情况；领取公司经营许可；新公司开始营业。

148. 波黑在保护知识产权方面有哪些规定？

答：波黑主要有《地区知识产权国际协定》《专利法》《设立知识产权投

诉机构法》《商标法》《版权法》《工业产权法》等法律法规，任何违反波黑知识产权保护规章的行为，要受到法律的制裁。

149. 企业在波黑如何申请专利？

答：波黑标准、度量衡和知识产权协会是负责专利申请的主管部门。申请专利要填写和提交 P－01 申请表（一式三份），同时还需要提交专利的描述、略图、要求、概要、技术问题等。专利获批准后，将取得专利注册证书和许可证。

150. 外资企业与波黑企业向银行申请贷款有什么规定？

答：外资企业与当地企业在融资方面享受同等待遇。要求包括：在当地依法注册的公司证明、企业资质和信誉证明、近五年来的经营情况、财务状况、不动资产及投资性质和规模等。

151. 波黑有哪些重要的银行？

答：波黑的银行多为私人或外资银行。在波黑的主要外资银行有意大利联合圣保罗银行波黑分行、奥地利大众银行、奥地利中央合作银行、奥地利联合信贷银行、土耳其泽拉特银行、伊斯兰波斯尼亚国际银行、奥地利阿尔卑斯亚德里亚银行、德国信贷银行等。

152. 波黑税收制度如何？

答：波黑税收实行分级管理。波黑间接税管理局代表国家一级负责征收增值税、海关税、消费税和公路税。波黑实体、州及市一级税务局代表地方负责征收个人所得税、企业所得税、不动产税、社会福利金税以及地方行政税。波黑的间接税收入需在国家机构和实体政府间依法按比例进行二次分配，而直接税是地方收入，全部留存在地方政府。

153. 波黑的企业所得税是多少？

答：波黑联邦、塞族共和国及布尔奇科特区均为 10%。

154. 企业在波黑报税需办理哪些手续？

答：报税时间：每月 10 日前。报税渠道：由企业会计自行到公司所在地税务局报税。报税手续：纳税人（一般由企业会计代办）每月 10 月前将增值税材料报波黑间接税局，根据该纳税人应付税计算出税款。报税资料：货物来源地、销售单据、应付税款和已预付的增值税清单，以及退税申请表。

155. 波黑外汇管理有什么规定？

答：根据波黑《外汇管理法》，在波黑注册的外国企业可在波黑境内的银行开设外汇账户，用于进出口结算、企业经营和投资。企业经营及其收益所得外汇、个人合法税后收入所得外汇通过银行账户汇出境外无限制，不纳税，但银行要按比例收取汇款手续费。

156. 人民币可以直接兑换波黑马克吗？

答：人民币与波黑马克不可直接兑换。

157. 波黑的信用卡使用情况如何？

答：信用卡在波黑使用比较普遍，除当地银行发行的信用卡外，中国商业银行发行的国际通行信用卡维萨卡（Visa）和万事达卡（Master）在波黑也可以普遍使用。

158. 波黑对个人携带外币现金出入境有什么限制？

答：对本国居民和外国人的限额均为 1 万欧元。携带外币现金超过 1 万欧元，需向边境海关申报。

159. 波黑证券交易对外企参与有何规定？

答：萨拉热窝证券交易所和巴尼亚卢卡证券交易所的交易分为官方市场和自由市场。官方市场是大盘蓝筹股进行交易的市场，对上市条件和信息披露有较为严格的限制；自由市场进行其他股票交易，对上市条件和信息披露等较为宽松。根据波黑法律，在波黑注册的外国公司参与证券交易（包括股权并购）与当地公司享受同等待遇。

160. 波黑劳动力状况如何？

答：波黑劳动力资源较充裕，劳动力素质较高，日平均净工资为830马克。

161. 波黑对外籍劳务的需求如何？

答：波黑外籍劳务市场规模较小，实施工程承包项目通常要雇用本地劳务施工。外籍劳务市场主要招聘专门行业的少量高新技术人才，且要凭波黑官方认可的劳资证书上岗。

162. 外国人在波黑获得合法工作权有哪些程序？

答：外国人首先须获得永久居留许可或临时居留许可；雇主须依据规定外国人在波黑的工作许可范畴，向主管部门提交工作准证申请表；工作准证通常为半年，最长期限为1年，期满后可申请延期。在波工作期限视工作种类确定；外国劳务的资质须符合所申请工作职位资质的要求，且在波黑公民中无法找到能满足该职位的人选时，才能向外国人发送相应的工作准证。外国劳务凭工作准证和居留许可同雇主签订劳动合同。

163. 如何获得波黑国籍？

答：年满18岁；已在波黑境内最少居留8年；熟悉一种波黑的主要语言；不曾被波黑司法机构以珍爱国家平安为由解散出境或谢绝出境；自提交请求之日之前8年内，没有因刑事犯法被判处超过三年以上徒刑者。除原国籍国与波黑签署有认可两重国籍协议者外，取得波黑国籍后自动摒弃原国籍。

164. 办理波黑商务签证需要注意哪些要点？

答：波黑商务签证需本人亲自递交并参加面试，万国通会提供波黑商务签证面试指导。建议所有波黑商务签证申请材料的原件带齐，以便签证官及时核查。波黑商务签证需邀请方提供经波黑外国人事务局认证的邀请函原件。波黑驻华大使馆签证处只在周二和周四的下午 1∶00 至 4∶00 接收波黑签证申请材料并进行面试。波黑签证通过面试后，一般情况下，当天可以签发签证。波黑商务签证的有效期一般不会超过 30 天，波黑驻华使馆签证官会根据邀请函内容决定签发签证的最多停留期。中国香港、中国澳门护照持有人前往波黑免签。

165. 如何与波黑驻华大使馆取得联系？

地址：北京朝阳区塔园外交人员办公楼 1 单元 5 楼 1 号

电话：010－65326587，65320185

传真：010－65326418

电子邮箱：info@bhembassychina.com

网址：www.bhembassychina.com

166. 如何与中国驻波黑大使馆及经商参处取得联系？

（一）中国驻波黑大使馆

电话：00387－33－263450，215107

传真：00387－33－215107，215108

电子邮箱：chinaemb _ ba@mfa. gov. cn

网址：http：//ba. chineseembassy. org/chn/

（二）中国驻波黑大使馆经商参处

电话：00387－33－263450，215107

传真：00387－33－215107，215108

电子邮箱：ba@mofcom. gov. cn

网址：http：//ba. mofcom. gov. cn

四、保加利亚篇

167. 保加利亚首都在哪里？

答：索非亚，是保加利亚最大的城市，得名于智慧之神"圣索非亚"。

168. 保加利亚有哪些主要城市？

答：除首都索非亚，还有普罗夫迪夫、瓦尔纳、布尔加斯等主要城市。

169. 保加利亚使用什么货币？

答：列弗。1 欧元＝1.9738 列弗（2016 年 5 月 9 日）。

170. 保加利亚使用什么语言？

答：官方语言为保加利亚语，主要少数民族语言为土耳其语。

171. 保加利亚有哪些主要民族？

答：保加利亚主要民族为保加利亚族，占 84％；土耳其族占 9％，罗姆族（吉卜赛）占 5％，其他（马其顿族、亚美尼亚族等）占 2％。

172. 保加利亚人宗教信仰情况如何？

答：保加利亚人主要信奉东正教，少数人信奉伊斯兰教。

173. 保加利亚有哪些著名旅游景点？

答：亚历山大·涅夫斯基大教堂、索非亚国家艺术馆、苏维埃军队纪念碑、班亚巴什清真寺、维托沙山、里拉七湖等。

174. 保加利亚有哪些特色美食？

答：黑海烤鱼、红酒、人造凝乳制品等。

175. 保加利亚有哪些礼仪？

答：(1) 旅游礼仪。保加利亚坐小车，一般都让客人坐到司机旁的位置上，以便让客人更清晰地欣赏一路上的风光。(2) 喜丧礼仪。保加利亚人婚礼选定的吉日达 5 天之多，举办的仪式也名目繁多。从星期四到第二周的星期一，婚礼仪式一个接一个，极具风格。(3) 餐饮礼仪。保加利亚人用餐一般用活动的或一边固定在墙上的折叠桌，靠火炉最里边的位置为上座，是家中长者之位，长者旁是其妻子座位，然后才是儿子、儿媳的座位。(4) 相见礼仪。保加利亚人在正式社交场合与客人相见时，一般都施握手礼。亲朋好友相见，一般施拥抱礼和亲吻礼。保加利亚女子对特别尊敬的男子，一般施屈膝礼，并同时伸手给对方，以便对方施吻手礼。(5) 仪态礼仪。保加利亚人在公共场合和社交场合强调姿态端正和端庄，即便在家中，也不能太随便，尤其是有长辈和客人在场时更是如此。在保加利亚流行 OK 手势和 V 手势。前者是用大拇指和食指构成一个圆圈，再伸出其他三指，表示赞扬和允诺之意。(6) 服饰礼仪。保加利亚人穿戴上崇尚简朴实惠，其经常穿着的服装是衬衫、短袖衫等，西服多在正规场合穿用。

176. 保加利亚有哪些著名大学？

答：索非亚大学、大特尔诺沃大学等。

177. 保加利亚有哪些重要节日？

答：新年（1 月 1 日）、三月节（3 月 1 日）、国庆节（3 月 3 日）、东正教复活节（春分月满后的第一个周日，在 3 月至 5 月间）、国际劳动节（5 月 1 日）、建军节（5 月 6 日）、斯拉夫文字节（5 月 24 日）、玫瑰节（6 月第一个周日）、团结日（9 月 6 日）、独立日（9 月 22 日）、国家复活日（11 月 1 日）、圣诞节（12 月 24—26 日）、新年前夜（12 月 31 日）。

178. 保加利亚有哪些重要展会？

答：保加利亚国际水处理展览会、保加利亚国际农业展览会、保加利亚国际医疗及口腔展览会、保加利亚国际矿业展览会、保加利亚国际电梯展览会等。

179. 保加利亚有哪些自然资源?

答：保加利亚自然资源有煤、铅、锌、铜、铁、铀、锰、铬、矿盐和少量石油等，森林面积 388 万公顷，占全国总面积的 35%。

180. 保加利亚有哪些优势产业?

答：纺织服装业、化工业、玫瑰油产业、葡萄酒酿造业、乳制品加工产业、旅游业等。

181. 保加利亚有哪些开发园区?

答：鲁塞工业园区、维丁工业园区、斯维林格拉德工业园区、索非亚—博茹里什泰商业区、布尔加斯工业园区、卡尔洛沃工业园区、雷里什工业园区、瓦尔纳西部工业园区等。

182. 保加利亚交通运输业状况如何?

答：保加利亚的地理位置凸显了其与欧盟的交通一体化的重要性，有良好的国内和国际运输和交通的基础设施，其中有 4 个国际空港。高速公路和铁路直通欧洲中枢，E80 公路成为西欧通往土耳其、中东最直接的跨大陆通道。保加利亚的黑海港口可通往乌克兰、俄罗斯和地中海，经多瑙河还可直接通往中西欧。

183. 保加利亚如何推进公路和轨道交通建设?

答：保加利亚将重建鲁塞—瓦尔纳、普洛夫迪夫—布尔加斯、卡尔诺巴特—辛德尔、索非亚—塞普泰姆夫里等线路，并升级改造维丁—梅德科维茨、索非亚—德拉格曼等线路。这些路段的重建和更新将进一步完善保加利亚与希腊、土耳其和罗马尼亚等周边邻国的互联互通，并改善鲁塞、瓦尔纳和布尔加斯等港口之间的交通。

184. 保加利亚有哪些重要港口？

答：布尔加斯港口和瓦尔纳港口。

185. 中国人赴保加利亚可以选择什么航空线路？

答：中国和保加利亚暂无直航班机，两国往返可经伊斯坦布尔、莫斯科、维也纳或法兰克福等地中转。

186. 保加利亚通信业状况如何？

答：近年来保加利亚的移动网络建设发展较快。2014 年，保加利亚互联网普及率约 56.7%，宽带普及率 56.5%，移动网络覆盖 86% 的保加利亚领土和 98% 的人口。固定电话覆盖 87% 的住宅。企业使用互联网和宽带的比例为91.4%，企业网上购销比例分别为 11.8% 和 9.5%，拥有网站的企业比例为53.7%，个人网上购物比例为 16.6%。个人和企业使用电子政务系统的比例分别为 21.0% 和 89.0%。

187 保加利亚天然气市场有什么特点？

答：保加利亚每年天然气需求量的 99% 依赖进口，政府部分放开天然气市场，法律允许天然气销售商、大企业用户直接和进口供货商谈判，引进竞争，逐步向欧盟要求靠拢。

188. 保加利亚电力行业发展情况如何？

答：保加利亚是东南欧地区能源生产大国，主要出口国为与保加利亚电网相连的希腊、罗马尼亚、塞尔维亚、马其顿和土耳其等周边国家。保加利亚最大的火电站马里查东火电站由 1、2、3 号电厂组成，总装机容量为 2480兆瓦。保加利亚政府正大力发展能源建设项目，除拟新建大型火电站外，还在积极推进贝列内核电项目和科兹洛杜伊新增 7 号核电机组项目等。

189. 保加利亚在农业方面有哪些优势？

答：保加利亚是一个农业国，主要农产品有谷物、烟草、蔬菜等。全国可耕地约占 40％。农产品主要有小麦、烟草、玉米、向日葵等，盛产蔬菜、水果。在农产品加工方面尤以酸奶、葡萄酒酿造技术著名。雪茄烟的输出量以及玫瑰油的产量和输出量均占世界首位。

190. 保加利亚葡萄酒产业有哪些优势？

答：（1）历史悠久。保加利亚是世界上最早开始酿酒的国家之一，经过多年的积淀，保加利亚葡萄酒文化已根深蒂固；（2）原料有保障。保加利亚的土壤和气候都非常适合多种葡萄树的生长；（3）葡萄酒种类较为齐全；（4）成本低廉。尽管保加利亚已加入欧盟，但其土地、原材料、运营成本等都大大低于欧盟其他发达国家。

191. 保加利亚对葡萄酒产业发展有哪些支持政策？

答：（1）支持重建或改造葡萄园政策，该扶持政策主要用于支持葡萄园更换葡萄品种；（2）支持葡萄园建设灌溉系统、藩篱，易地种植、提升葡萄园管理科技含量等方面。

192. 保加利亚奶制品行业状况如何？

答：保加利亚生产的奶制品性价比高，酸奶更是世界闻名。然而，近年来该国奶制品市场受到了邻国产品的冲击，牧场和奶制品企业需按欧盟配额生产，产品须符合欧盟关于食品卫生的 853/2004 标准。

193. 保加利亚烟草业状况如何？

答：保加利亚种植烟叶的历史有 300 多年。在冷战时期，保加利亚是前苏联主导的经济互助委员会成员国。经互会指定保加利亚大量种植烟叶和生产卷烟出口经互会国家，烟草业迅速发展，崛起为全球烟草生产大国。苏东剧变以后，由于全球经济秩序及保烟草体制的转轨，保烟叶产量大减，但仍为欧盟主要的烟叶生产国。

194. 加利亚玫瑰种植业状况如何？

答：保加利亚具备完整的玫瑰油产业链，主要环节包括油料玫瑰种植、采摘、玫瑰油提炼和最终销售等。保加利亚油料玫瑰总产量约 4000 多吨。大约 3～5 吨玫瑰花能提炼出一公斤玫瑰油，多数油料玫瑰由本地企业采购用作玫瑰油生产原料。每公斤油料玫瑰价格在 2.70～3.30 列弗之间。1 公亩油料玫瑰大约需投资 1200 列弗。

195. 加利亚最著名的玫瑰产地在哪里？

答：保加利亚共有 3800 公顷农地用于玫瑰种植行业，主要分布在旧扎果拉（42%）、普罗夫迪夫（41%）和帕扎尔吉克（15%）三个地区，卡赞勒克（Kazanlak）和卡尔洛沃（Karlovo）"玫瑰谷"尤为著名。保加利亚玫瑰种植品种以"大马士革玫瑰"和"罗莎·阿尔巴"类型为主。

196. 中国与保加利亚玫瑰油业有哪些合作？

答：（1）扩大玫瑰油及玫瑰产品进口。玫瑰油产业是保加利亚特色产品，欧美日等传统经济发达国家是其主要出口对象国。中国进口企业可以考虑把这些产品适当再包装后引进到中国，以满足中国市场的消费需求。（2）建立合资合作企业。通过合资合作，可进一步了解和掌握种植技术特点，拓展产业链，保证国内生产企业的原材料来源。（3）建立协会间联系渠道，在行业内搭建信息交流平台。据保加利亚国家精油、香水和化妆品协会反映，经常接到来自中国企业的电子邮件、电话、传真，对玫瑰油询价并希望购买玫瑰油产品。

197. 保加利亚出口主要商品有哪些？

答：按杂料分类的制成品、机械和运输设备、矿物燃料和润滑油等材料、食品和活禽、化工产品、饮料和烟草。

198. 保加利亚进口主要商品有哪些？

答：机械和运输设备、矿物燃料和润滑油等材料、按材料分类的制成品、化工产品、除燃料外非食用原材料。

199. 中国对保加利亚主要出口什么商品？

答：机电产品、家具、玩具、化工产品等。

200. 中国从保加利亚主要进口什么商品？

答：贵金属及其制品、铜制品、矿产品等。

201. 保加利亚非关税壁垒主要有哪些？

答：（1）标准、测试、标签和认证；（2）产品注册和定价程序缺乏透明度；（3）政府公开采购；（4）私有化程序不规范，缺乏透明度。

202. 保加利亚关于贸易的相关法律和政策主要有哪些？

答：（1）法律：《关于建立欧盟海关法典的第（EEC）2913/92 号法规》《卫生法》《植物法》《行政法》《刑法》《民法》《增值税法》《增值税实施条例》。（2）政策：保加利亚一贯奉行自由贸易政策，反对贸易保护主义。入欧盟后，保加利亚全面执行欧盟共同贸易政策。

203. 保加利亚最主要的贸易伙伴有哪些？

答：德国、俄罗斯、意大利、土耳其、罗马尼亚、希腊、西班牙、法国、比利时、中国。

204. 保加利亚与中国经贸合作关系如何？

答：1952 年中保签订了两国政府间第一个贸易协定，实行政府间记账贸易方式。从 1991 年开始改为现汇贸易方式。1985 年，中保两国成立了政府间经济、贸易及科技合作委员会（自 2007 年第 13 届改为经济合作委员会）。保加利亚加入欧盟后，全面执行欧盟共同贸易政策，关税降低和贸易规范化为中保双边经贸关系稳定发展奠定了坚实基础，但由欧盟发起的针对中国的贸易救济措施（反倾销、反补贴、保障与特保措施）也限制了部分中国产品进入保加利亚市场。2014 年以来，中保经贸关系继续稳定发展，双边贸易不断扩大，该国特色商品在中国的知名度不断扩大，经济合作形式不断丰富，合作领域不断扩大，合作项目进展顺利，地方政府、企业间的经贸代表团互访不断增加，沟通和理解不断加深。

205. 保加利亚投资合作环境如何？

答：保加利亚投资合作环境良好，主要表现在：宏观政治经济环境稳定，税赋负担较低，劳务成本合理，企业运营成本较低，地理位置较为优越，政府投资促进措施较多等。

206. 外资主要流向保加利亚哪些行业？

答：交通、仓储、通信、批发零售、修理和制造业。

207. 保加利亚针对外国投资有何优惠政策？

答：（1）行业鼓励政策；（2）地区鼓励政策：高失业地区的税收优惠、生产企业享受的税收优惠、抵税优惠措施、保税区；（3）其他支持政策：增值税优惠措施、旅游业的特殊规定、对雇佣弱势群体的支持政策等。

208. 在保加利亚承揽工程项目有哪些程序？

答：（1）获取信息。保加利亚各部委网站不定期公告工程项目，如经济部、能源部等，感兴趣的企业可直接从有关部委的网站获取信息。（2）招标投标。保加利亚工程招标程序为发布招标公告、购买标书、投标、评标和开标。（3）获取许可手续。在保加利亚投标需申请许可，向招标单位递交以前完成的工程业绩、企业资质证明，在招标单位注册后方可参与投标。

209. 保加利亚有哪些较大的中资企业？

答：华为技术保加利亚公司、中兴保加利亚公司、国家开发银行保加利亚工作组、中材建设保加利亚公司、合肥海润保加利亚公司、天津农垦保加利亚公司、湘电集团保加利亚公司、天华阳光保加利亚公司等。

210. 保加利亚确定最成功的企业名单主要用哪些指标？

答：销售收入、利润、纳税额和公司固定资产。

211. 保加利亚有哪些非营利性中介服务机构？

答：保加利亚工业联合会、保加利亚中小企业促进署、保加利亚商工会等。

212. 保加利亚经济表现如何？

答：（1）宏观经济政策较为稳健；（2）投资竞争力较强；（3）人口素质较高；（4）劳动成本相对较低；（5）物美价廉，经营成本较低。

213. 保加利亚有哪些重要的银行？

答：保加利亚联合信贷银行、欧洲银行、阿尔法银行有限公司索非亚支行、花旗银行索非亚支行等。

214. 保加利亚有哪些重要的保险公司？

答：保加利亚社会保险公司、疾病保险公司等。

215. 保加利亚主要有哪些税赋？

答：企业所得税、个人所得税、增值税等。

216. 保加利亚证券市场的发展情况如何？

答：保加利亚股票市场交易所成立于 1997 年 10 月，是保加利亚唯一的股票交易场所，其宗旨是组织证券交易，提高资本市场流动性；维护证券交易系统正常运行；确保证券交易的公正和透明。

217. 外国公司参与保加利亚当地证券交易有何规定？

答：保加利亚股票交易所鼓励外资公司参与证券交易，给予外国公司国民待遇，只需在有资质代理商处登记即可参与交易。

218. 保加利亚关于保护知识产权的法律法规主要有哪些？

答：《专利法》《工业设计法》《版权法》《保护集成电路知识产权》《保护工业产权巴黎公约》《商标国际注册马德里协定》《保护原产地名称及其国际注册里斯本协定》等。

219. 在保加利亚如何申请专利？

答：保加利亚国家专利局是审批专利的管理机构，申请专利时根据专利种类，并按相关法律要求向保加利亚国家专利局提交申请，申请专利的主要文件包括申请书、发明人的详细介绍和专利的详细描述文件等。

220. 在保加利亚解决商务纠纷的主要途径及适用法律？

答：在保加利亚解决商务纠纷的主要途径有自行协商、法院诉讼、仲裁和国际调解等。主要适用的法律包括保加利亚《民事诉讼法》《国际私法》《国际仲裁法》等。作为欧盟成员国，欧盟关于商务纠纷解决的一系列理事会规定在保加利亚也适用。此外，保加利亚签订的其他关于纠纷解决的多双边国际条约和协定也是解决投资贸易纠纷的国际法依据。

221. 保加利亚劳工法律有什么特点？

答：在签订合同方面，保加利亚《劳动法》规定，雇主和雇员必须签订用工合同，否则将施以罚款。保加利亚的劳动合同分为不定期和定期两种，一般情况下签不定期合同，以书面形式明确表达希望签订定期劳动合同者除外。(1)定期合同：定期劳动合同时间不得超过 3 年（含 3 年），由雇员提出或为完成临时、季节、短期工作或为替代缺席员工可以签订定期合同。(2)试用合同：如工作岗位需特殊技能人员，需要通过试用期来选择适应该工作岗位的雇员，或员工希望通过一段时间的工作来判断工作岗位是否适合其本人，在这两种情况下，可以签订试用合同，期限为 6 个月。试用合同提出方可以在期满前单方终止劳动合同。在终止合同方面，如无充分理由雇主不能随意辞退员工（非高级管理层），员工有权对不公平解雇所导致的损失提出上诉。员工在病假、怀孕、哺乳、服兵役期间不得辞退。

222. 外国人能否在保加利亚购置土地和房产？

答：能。

223. 申请保加利亚移民有哪些条件？

答：(1)申请人无年龄、学历、语言要求，无经商及经商经验等要求；(2)申请人的配偶及年满 18 岁以下子女可同案申请；(3)申请人及其配偶合计拥有 100 万欧元的净资产；(4)无犯罪记录。

224. 中国公民前往保加利亚签证程序如何？

答：持中国护照，且有有效的申根（单次、两次和多次）签证的旅客，可免保加利亚签证进入保加利亚，在申根签证的有效期之内停留于保加利亚，但是每 6 个月之内停留不能超过 90 天。持有单次入境申根签证者，可在申根签证有效期之内进入保加利亚，或者在进入申根区国家之后进入保加利亚。持有两次入境申根签证者，可在申根签证有效期之内两次进入保加利亚。持有多次往返申根签证者，可在申根签有效期之内多次进入保加利亚。同样，持中国护照，拥有有效的罗马尼亚、克罗地亚、塞浦路斯签证者，可按上述同等条件进入保加利亚。

225. 如何与保加利亚驻华大使馆及上海总领事馆取得联系？

（1）保加利亚驻华大使馆

地址：北京市建国门外秀水北街 4 号

电话：010－65321946

传真：010－65322826

商务办公室电话：010－65324925

网址：http：//www. chinaembassy. bg/chn/

（2）保加利亚驻上海总领事馆

办公处：上海市仙霞路 317 号，远东国际广场 B 座 5 层 512

电话：3621－62376183，8621－62376187

传真：3621－62376189

电子邮箱：Consular. Shanghai@mfa. bg

网址：http：//www. mfa. bg/en/82/

226. 如何与中国驻保加利亚大使馆取得联系？

地址：STR. ALEXANDER VON HUMBOLDT 7，SOFIA 1113，RE-PUBLIC OF BULGARIA

邮编：1113

国家地区号：00359－2

政治处：9713106

武官处：9733874

文化处：9733894

经商处：9710294

领事部：9733947

办公室：9733910

传真：9711081

网址：h-tp：//www. chinaembassy. bg

电子邮箱：chnemb _ bg@live. cn

五、克罗地亚篇

227. 克罗地亚首都在哪里?

答：萨格勒布，是克罗地亚政治、经济、文化中心，也是克罗地亚全国、西欧、地中海和东南部欧洲的重要交通枢纽。位于克罗地亚的西北部，是中欧历史名城，整个城市分为三部分：由教堂、市政厅等古建筑组成的老城；由广场、商业区、歌剧院组成的新区；第二次世界大战后发展起来的现代化市区。

228. 克罗地亚有哪些主要城市?

答：萨格勒布、利特、里耶卡、奥西耶克等主要城市。

229. 克罗地亚使用什么货币?

答：库纳。1 库纳（HRK）＝0.8929 人民币（2016 年 4 月 4 日）。

230. 克罗地亚人主要使用什么语言?

答：官方语言为克罗地亚语，英语较为普及，会讲德语和意大利语的人较多。

231. 克罗地亚主要有哪些民族?

答：克罗地亚族是克罗地亚主体民族，占克罗地亚总人口的 90.42%。塞尔维亚族是人口最多的少数民族，占克罗地亚总人口的 4.5%；其他为波斯尼亚族、意大利族、匈牙利族、阿尔巴尼亚族、捷克族等。

232. 克罗地亚人宗教信仰情况如何?

答：86.28%的居民信奉罗马天主教，少数信奉东正教、伊斯兰教、基督教、希腊天主教和犹太教。

233. 克罗地亚有哪些重要的旅游资源？

答：克罗地亚是地中海旅游胜地，重要的旅游资源有亚得里亚海沿岸及1000个岛屿，8个国家公园（著名的有普利特维采湖、十六湖国家公园等），10个自然公园，受联合国教科文组织保护的历史文化遗产（杜布罗夫尼克古城堡）等。

234. 克罗地亚有哪些较闻名的特色美食？

答：烤羊肉、烤乳猪、斯拉奥尼亚粗香肠、达尔马提亚熏肉、帕戈羊羔和奶酪等。

235. 克罗地亚人与不同客人见面礼仪有什么不同？

答：他们会与被介绍过的客人一一握手，并报出自己的名字；与至亲好友见面施以传统拥抱礼，与女士见面施以吻手礼。

236. 克罗地亚人民喜欢的颜色与图案是什么？

答：克罗地亚人特别喜欢蓝色，因为他们认为蓝色代表宁静、纯洁、坚贞、永恒、忠诚。他们特别喜欢的图案是红白相间的类似棋盘的图案，常见于克罗地亚国徽、运动员球衣和饰品上等。

237. 克罗地亚有哪些法定节假日？

答：新年（1月1日）、三圣节（1月6日）、劳动节（5月1日）、反法西斯斗争日（6月22日）、国庆节（6月25日）、胜利日（8月5日）、圣母升天节（8月15日）、独立日（10月8日）、万圣节（11月1日）、圣诞节（12月25—26日）。

238. 克罗地亚的主要媒体有哪些？

答：克罗地亚最大的通讯社是克罗地亚通讯社。最大的电视媒体是克罗地亚国家电视台。最大的广播媒体是克罗地亚广播电视台。主要报纸有《晚报》《信使报》《新报》等。克罗地亚主要报刊均有网络版。

239. 克罗地亚有哪些主要港口？

答：里耶卡港、扎达尔港、杜布罗夫尼克港、斯普利特港、西班尼克港和普罗切港等。

240. 克罗地亚有哪些重要的机场？

答：克罗地亚有萨格勒布、斯普利特、杜布罗夫尼克、扎达尔、里耶卡、普拉、奥西耶克等 7 个国家机场，还有布拉奇、洛什尼、弗尔萨尔等 3 个小型商用机场。

241. 中国出发赴克罗地亚可选择什么航空线路？

答：中国至克罗地亚无直达航班，但经法兰克福、维也纳、布达佩斯转机至克罗地亚首都萨格勒布比较方便。

242. 克罗地亚主要有哪些电信运营企业？

答：克罗地亚主要有 8 家主要电信运行商：T-mobile、VIPNET（奥地利电信公司全资）、Tele2 3 个移动通信运营商，T-Harvatski Telecom（德国电信公司持股 51%）、Optima Telekon、H1 Telekom、Metronet 4 家固话及网络运行商，B. net Croatia 则提供有限电视和网络数据服务。

243. 克罗地亚的科技发展在哪些领域具有一定的优势？

答：克罗地亚科技基础较好，在海洋科技方面具有传统优势，在地震科研与技术、兽医药研究及生产管理、造船技术、化工、电子、机械制造等领域均有一定特色。

244. 克罗地亚有哪些特色产业？

答：旅游业、造船业、食品加工业、制药业等。

245. 克罗地亚农业发展状况如何?

答:受气候、地形的影响,克罗地亚农产品种类丰富,从工农业作物到葡萄园经济作物以及温带、热带的水果蔬菜等一应俱全。克罗地亚主要产粮区在北部的平原地区,中部地区和南部沿海地区适于发展畜牧业和种植水果,特别适宜葡萄的培育。克罗地亚农业污染程度较低,具有良好的发展绿色农业的条件。克罗地亚主要农产品为小麦、玉米、黄豆、葵花籽、烟草、苹果、橄榄、葡萄等。克罗地亚农业占 GDP 比重约为 5%,农业就业人数占总劳动力人口数的 2%。

246. 克罗地亚主管贸易的部门是哪个? 其主要职责是什么?

答:克罗地亚主管贸易的政府部门是外交部,其主要职责是根据克罗地亚政府的经济政策,与其他部门合作确定并执行贸易政策,提出外贸政策立法建议,保护克罗地亚贸易利益,跟踪欧盟贸易政策立法的变换情况并使本国贸易政策立法与之相适应,协调制定出口监督体系及双边经济关系等。

247. 克罗地亚主要出口产品有哪些?

答:石油产品、机械设备、电力设备、加工食品、金属产品、药品、农林渔产品、木材及家具、交通设备。

248. 克罗地亚主要进口产品有哪些?

答:采矿产品、加工食品、化学制品、机械设备、电子产品、石油产品、金属制品等。

249. 克罗地亚从中国主要进口什么商品?

答:机电产品、纺织品、服装及鞋类等。

250. 中国从克罗地亚主要进口什么商品?

答:锯木板材、建筑用石材、牛皮及牛革制品、聚乙烯、橡胶或塑料成型机器等。

251. 中国与克罗地亚签署了哪些主要协定?

答:1992 年签署了《经济贸易协定》,1993 年签署了《中华人民共和国和克罗地亚共和国政府关于相互鼓励和保护投资协定》,1995 年两国政府签署了《中华人民共和国政府和克罗地亚共和国政府关于对所得税避免双重征税和防止透漏税的协定》,2009 年签署了《经济合作协定》。

252. 克罗地亚与贸易相关的法律有哪些?

答:《贸易法》《海关法》《海关税率法》《外汇经济法》等。

253. 克罗地亚《环境保护法》对贸易的各个经济主体有什么要求?

答:经济主体必须采取必要措施消除对环境的有害影响,有效利用能源;如经济主体被证实对环境造成危害,必须缴纳相关环保补偿金。

254. 克罗地亚主管国内外投资的是哪个部门?其主要职责是什么?

答:克罗地亚主管国内投资和外国投资的政府部门是经济部,其主要职责是审批投资项目,为国内投资者提供技术和咨询服务,与其他部委和地方经济主管部门共同商定、实现具体的投资项目,并解决项目实施过程中出现的问题;从事与《鼓励投资法》相关的工作,如涉及鼓励措施、税收优惠、关税优惠、完善法律、改善投资环境等事宜。

255. 克罗地亚外资主要分布在哪些行业?

答:克罗地亚外资主要分布在金融业、批发零售业、房地产业、电信业、化工业等,其中金融业和批发零售业约占外资投资总额的一半等。

256. 中国对克罗地亚直接投资主要集中在哪些领域？

答：中国对克罗地亚直接投资主要集中于固定资产、批发零售业和宾馆餐饮业。

257. 克罗地亚政府吸引投资有哪些鼓励措施？

答：（1）提供租赁、提供建筑权、按商业或更优惠的条件出售或提供使用不动产及其他基础设施，包括其无偿使用；（2）协助建立新的就业岗位；（3）协助进行专业培训；（4）创造新的就业岗位的优惠享有者可从国家基金就每个新工人获得 15000 库纳的一次性资助，但新工人的工作年限不得低于 3 年；（5）如投资者对就业人员进行专业培训，可从国家基金获得 50% 培训资金的资助。国家基金会按照克罗地亚劳动和社会福利部的建议决定鼓励措施的实施。

258. 克罗地亚对外国投资有哪些税收优惠政策？

答：投资 100 万欧元以下，创造 5 个就业岗位的，将给予 10 年内减免 50% 所得税；投资 100 万～300 万欧元，创造 10 个就业岗位的，将给予 10 年减免 75% 所得税；投资 300 万欧元以上，创造 15 个就业岗位的，将给予 10 年减免 100% 所得税。保持投资项目的期限不能短于享受鼓励措施的年限，大型企业至少保持 5 年，中小型企业至少保持 3 年。

259. 克罗地亚鼓励哪些行业优先发展？

答：克罗地亚鼓励优先发展的行业包括基础设施建设、新能源的使用和开发、旅游设施建设等。

260. 克罗地亚有哪些主要园区？

答：克罗地亚境内主要园区有 13 个，主要分布在沿海地区，包括瓦拉日丁园区、不耶洛瓦园区、奥西耶克园区、萨格勒布园区、库克雅诺瓦园区、普拉港园区、斯普利特港园区、乌科瓦尔园区、里耶卡港园区等。

261. 克罗地亚园区适用的法律有哪些?

答:园区适用的法律为《自由区法》《关税条例》《投资促进与改善投资环境法》《增值税条例》等。

262. 克罗地亚园区有哪些优惠政策?

答:(1)园区内克罗地亚公民、外国公民个人或法人团体(外资公司)可在克罗地亚境内按《克罗地亚公司法》注册公司;(2)境内货物及境外货物均可进入自由区内,无存储时间限制;(3)享受税收优惠政策。

263. 克罗地亚哪些项目的投资建设需通过国际公开招标获取?

答:矿山开采、港口扩建、公路建设、国有农业用地的使用、狩猎权、海港的使用、电信服务、占用无线广播频率、国有自然保护公园的开发和利用、水资源和水道的使用、铁路建设等。

264. 克罗地亚对外国公司承包当地工程有何规定?

答:按克罗地亚法律规定,外国承包商在克罗地亚承包工程需获得许可。克罗地亚工程建设需要实行严格的公开招标制度,不进行公开招标的项目需要特别说明。对外国人参加当地工程承包无禁止领域。

265. 在克罗地亚注册企业的条件有哪些?

答:(1)注册人是自然人,需要出示公证过的护照复印件;注册人为法人即商业公司,需要出示公证过的公司注册证书及其翻译件。(2)单个注册人需要在公证处书写公司注册声明;多个注册人需要在公证处签订公司注册合同。(3)注册人需将注册资金存入克罗地亚一家银行的个人账户里,作为公司周转资金。一旦注册完毕,这笔资金即可取出。(4)注册人须出示三份证明:是否曾在克罗地亚注册过公司;在克罗地亚养老保险、健康保险部门有无未清款项；在克罗地亚税务部门有无未清税务。这些证明可从克罗地亚上述主管部门获得。

266. 在克罗地亚注册企业的主要程序是什么？

答：由自然人或法人向地方商业法院的商业登记处申请注册。向克罗地亚驻本国使馆申请旅行签证；在公证处办理相关手续，并在商业法院注册公司；公司经理或董事长向克罗地亚内务部申请经营许可，经营许可相当于临时居留和多次往返签证；公司其他人向克罗地亚内务部申请工作许可和临时居留。

267. 在克罗地亚解决商务纠纷的途径及适用哪国法律？

答：在克罗地亚解决纠纷依据合同相应条款，适用当地法律，如克罗地亚《民法》规定了克罗地亚的自然人之间、法人之间及自然人和法人之间的财产关系，为私有财产提供保护；《商业公司法》对商业公司的成立、组织、运作、解散、转让和变更做出了规定，对公司的类型进行了划分，对商业公司的章程进行了规范；《海关法》规定了商品进入克罗地亚关境以及运出关境的原则和方式，进行商品外贸活动的人及海关机构的权利和义务。如与克罗地亚企业出现商业纠纷，可与克罗地亚经济商会调节中心联系。

268. 克罗地亚有哪些重要的银行？

答：克罗地亚中央银行、萨格勒布银行、萨格勒布商业银行、斯普利特银行、克罗坦亚邮政银行、ERSTE 和 STEIERMARKISCHE 银行、Raiffeisen 银行等。

269. 克罗地亚《外汇法》对外汇进出有什么要求？

答：根据克罗地亚《外汇法》规定，在克罗地亚注册的外国企业可以在克罗地亚银行开设外汇账户，用于进口结算。外汇进出克罗地亚需要申报。外汇汇出克罗地亚无须缴纳特别税金。个人携带外币现金出入境需向边境海关申报，对本国居民和外国人的限额均为 1 万欧元。

270. 克罗地亚《海关税率法》有哪些重要规定?

答：根据克罗地亚《海关税率法》规定，每年要公布新的海关税则表，在税则表中要列出普惠关税和优惠关税两种不同的税率。优惠税率只适用于与克罗地亚签署优惠贸易政策的国家。

271. 克罗地亚实行什么税收制度?

答：克罗地亚实行属地税法。目前克罗地亚已经建立了以所得税和增值税为核心的税收体系。除了地方税上的差异外，克罗地亚实行全国统一的税收制度。外国公司和外国人与克罗地亚的法人和自然人一样同等收税。

272. 克罗地亚主要有哪些税赋?

答：个人所得税、企业利润税、增值税、消费税等。

273. 在克罗地亚企业报税需提交哪些资料?

答：企业报税需要提交纳税申请表、企业财务报表、收益和亏损账单等材料。

274. 克罗地亚欠税者申请税收减免需满足什么条件?

答：家庭人均收入应低于 1250 库纳或现正接受社会救助；个人负债（不含利息）总额应小于 3.5 万库纳，且债务逾期超过 1 年导致银行账户被冻结；能提供无存款、无房产（不含自住普通住房）等证明文件。欠税减免申请获批前，税务机关还将对申请人情况进行实地核查。

275. 在克罗地亚如何申请专利?

答：克罗地亚国家知识产权局是负责专利、商标事务的主管部门，企业申请专利、商标需通过当地相关代理向国家知识产权局提交申请。18 个月后其申请将被刊登在国家知识产权公报，这个阶段无须做调查报告。经公布后，申请人可以要求对专利进行实质性审查。专利的实质审查可由国家知识产权局或其他专利局进行。在科技领域任何具备新颖性、发明性及工业适用性的发明，均可享有为期 20 年的专利保护，经协商的专利有效期可为 10 年。自专利申请公开后 6 个月内，任何当事方可对该专利提出异议。

276. 在克罗地亚商标注册的有效期及过期后的续展如何？

答：商标申请人向克罗地亚国家知识产权局提交申请之时起即获得对此商标的优先权。商标的注册有效期为 10 年。有效期满可以重新注册，每重新注册一次，可获 10 年保护。反复申请注册，可以使商标获得长期保护。

277. 克罗地亚涉及知识产权和工业产权保护的法规主要有哪些？

答：《版权法》《商标法》《专利法》《工业设计法》《原产地标识法》等。

278. 克罗地亚劳动力状况如何？

答：克罗地亚劳动力素质较高，除旅游旺季劳动力紧张外，其他行业劳动力资源比较充裕。外籍劳务市场规模较小，并受克罗地亚政府年度外籍劳务配额制度的限制，年度配额中以建筑业、造船业和旅游业的外籍劳务居多。

279. 克罗地亚《劳动法》对劳动报酬有什么规定？

答：劳动关系的法律基础是劳动合同。劳动合同分为有限期和无限期两种。克罗地亚《劳动法》规定，禁止雇佣 15 岁以下未成年人。对于加班、夜间或者节假日工作，雇主应增加工资。法定工作时间为一周不超过 40 小时。根据工龄和工种不同，雇员享有每年最少 20～30 个工作日的带薪休假。

280. 在克罗地亚如何解除劳动合同？

答：解除劳动合同须书面提前通知员工本人。员工工作少于 1 年，须提前两周通知；工作 1 年，须提前 1 个月通知；工作两年，须提前 1 个半月通知；工作 5 年，须提前 2 个月通知；工作 10 年，须提前 2 个半月通知；工作 20 年，须提前 3 个月通知。

281. 克罗地亚对外国人在当地工作有哪些规定？

答：根据克罗地亚《外国人法》，外国人在得到劳动许可或经营许可后，可以在克罗地亚工作。根据业主申请，克罗地亚内务部依据劳动合同发放一定时限的工作许可，工作许可有效期最长不超过 2 年。政府根据移民政策和劳动力市场状况，确定年度外国人劳动许可数额。企业创业者、董事会成员、监事会成员等无须申请劳动许可。经登记的手工业者、自由职业者、企业的领导者和管理者可以申请经营许可。

282. 外国人在克罗地亚有什么样的工作许可制度？

答：外国人在克罗地亚工作，须获得当地警察局签发的工作许可。在克罗地亚实行严格的外国人工作许可配额制度，即克罗地亚政府根据移民政策和劳动市场状况，确定每年向外国人发放工作许可的数量。

283. 外国商人在克罗地亚如何申请工作许可？

答：雇员凭雇主邀请函、雇工证明等文件在克罗地亚驻本国使馆申请旅行签证。雇员抵克罗地亚后，雇主向所在地警察局申请办理工作许可。需提供劳动合同，雇员工作地点、工种、劳动条件等，雇员的专业技能证书，公司注册证书，公司未负债证明公司招工合理性说明等材料。满足上述条件后，只有当该雇员工种配额未满时，才可发放工作许可。

284. 如何与中国驻克罗地亚大使馆及经商参处取得联系？

（一）中国驻克罗地亚大使馆

地址：Mlinovi 132，10000 Zagreb，Croatia

电话：003851－4693014

传真：003851－4637012

领事部电话：003851－4693002

电子邮箱：E. C. OFFICE. CHN@ZG. T-COM. HR

网址：http：//hr. china-embassy. org

（二）中国驻克罗地亚大使馆经商参处

地址：Mlinovi 133A，10000 Zagreb，Croatia

电话：003851－14693636

传真：003851－12421686

电子邮箱：e. c. office. chn@zg. t-com. hr

网址：http：//hr. mofcomg. gov. cn

285. 如何与克罗地亚驻华大使馆或领事馆取得联系？

地址：北京市朝阳区三里屯外交人员办公楼 2－72

电话：010－65326241、65326256

传真：010－65326257

网址：http：//cn. mfa. hr

电子邮箱：vrhpek@public. bta. net. cn

六、捷克篇

286. 捷克的首都在哪里？

答：布拉格，是捷克最大的城市、著名的旅游城市。地处欧洲大陆中心，在交通上拥有重要地位。

287. 捷克有哪些主要城市？

答：除首都布拉格外，主要城市有布尔诺、奥斯特拉发、皮尔森市等。

288. 捷克使用什么货币？

答：克朗。1 捷克克朗＝0.2479 人民币（2016 年 5 月 5 日）。

289. 捷克主要使用什么语言？

答：官方语言为捷克语，主要外语包括英语、德语及俄语等。

290. 捷克主要有哪些民族？

答：捷克主要民族为捷克族，约占总人口的 94％；斯洛伐克族约占 1.9％；波兰族约占 0.5％；德意志族约占 0.4％。此外还有乌克兰族、俄罗斯族和匈牙利族等。

291. 捷克人宗教信仰情况如何？

答：捷克有 39.2％的居民信奉罗马天主教，4.6％的居民信奉新教，少数居民信奉东正教、犹太教。

292. 捷克有哪些著名旅游景点？

答：克鲁姆洛夫、卡罗维拉利、布拉格城堡、圣维塔大教堂、旧皇宫、圣乔治教堂、黄金巷、火药塔、圣乔治女修道院等。

293. 捷克有哪些法定节假日？

答：元旦（1月1日）、复活节（3月或4月）、反法西斯胜利纪念日（5月8日）、康斯坦丁和麦托杰耶传教士纪念日（7月5日）、扬·胡斯纪念日（7月6日）、独立捷克斯洛伐克成立日（10月28日）、自由民主斗争日（11月17日）、圣诞节（12月25日）。

294. 捷克主要有哪些自然资源？

答：（1）捷克褐煤和硬煤资源比较丰富，其中褐煤和硬煤储量约为132亿吨，分别居世界第3位和欧洲第5位。（2）捷克森林资源丰富，面积达到265.5万公顷，森林覆盖率为34%，在欧盟国家居第12位。主要有云杉、松树、冷杉、榉木和橡木等。（3）捷克拥有农用土地420万公顷，其中耕地300万公顷。

295. 捷克主要有哪些重点产业？

答：捷克重点产业有汽车工业、机械制造业、电气电子工业、飞机制造业等。

296. 捷克飞机制造业发展状况如何？

答：飞机制造业是捷克传统优势产业，除传统的喷气教练机、轻型战斗机外，捷克主要生产民用、运动和私人小型飞机，是欧洲仅次于德国的超轻型飞机生产国。超轻型飞机与传统喷气教练机、轻型战斗机、运动飞机、滑翔机以及飞机零配件、雷达配件和机场空管系统，已成为捷克飞机制造业的主流产品。

297. 捷克水路交通情况如何？

答：捷克是中欧内陆国家，有十几个小型内河港口和码头，主要分布在拉贝河（德国境内为易北河）、伏尔塔瓦河和贝龙卡河沿岸，主要通航城市有杰钦、乌斯季、梅尔尼克、布拉格、洛沃西采和科林等，进口货物可通过拉贝河—易北河巷道到达鹿特丹等欧洲港口。

298. 捷克有哪些主要机场？

答：捷克目前共有 91 个民用机场，包括布拉格、布尔诺、奥斯特拉发、卡罗维发利和巴杜比采等国际机场。

299. 中国人赴捷克可选择哪些航空线路？

答：从中国到捷克没有直达航班，较为便利的航线有北京—慕尼黑—布拉格、北京—巴黎—布拉格、北京—阿姆斯特丹—布拉格、北京—维也纳—布拉格、北京—伦敦—布拉格、上海浦东—莫斯科—布拉格、上海浦东—法兰克福—布拉格等。

300. 捷克主要有哪些进口商品？

答：机械产品、电子产品、电信设备、通用机械、石油及其产品、轻工产品、食品等。

301. 捷克主要有哪些出口商品？

答：车辆、机械设备、电子产品、化工医药产品等。

302. 中国对捷克主要出口什么商品？

答：船舶及浮动结构体，皮革制品、旅行箱包、动物肠线制品，机械器具及零件，电机、电子、音像设备及其零附件，钢铁制品，针织或钩编的服装及衣着饰品，鞋靴、护腿和类似品及其零件，非针织或非钩编的服装及衣着饰品，无机化学品，贵金属等的化合物，肥料。

303. 中国从捷克主要进口什么商品？

答：电机、电器、音像设备及其零附件，锅炉、机械器具及零件，光学、照相、医疗等设备及零附件，塑料及其制品，家具、寝具等，灯具、活动房，有机化学品，铜及其制品，车辆及其零附件，但铁道车辆除外，玻璃及其制品，贱金属杂项制品。

304. 捷克机械制造业哪些产品在国际上具有竞争力？

答：机械制造业是捷克最重要的制造行业之一，捷克机床、电站设备、锅炉、矿山机械、食品机械、环保设备、纺织机械及军工产品等在国际上有较强的竞争力。

305. 捷克对进口方面有哪些规定？

答：在进口方面，捷克进口关税相对较低，执行欧盟框架内的进口制度。

306. 捷克在出口方面有哪些规定？

答：在出口方面，仅对少数产品实施出口限制，主要涉及短缺物资、敏感技术、关系国家或社会公共利益、人类和动植物健康等方面的产品，如铀矿、死刑用电椅及其相关设备、武器、军民两用产品和技术等。

307. 捷克海关管理有哪些规定？

答：欧盟成员国间的商品进出口被视为欧盟内部贸易流通，免征关税。非欧盟国家的货物进出口执行欧盟统一关税政策和税率。捷克对出口商品一般不征收关税，还实行退还增值税的政策；对进口商品根据国别分类征税，进口税率主要分为普通税率、最惠国税率、普惠制税率三种。此外，还根据情况加征各和附加税。

308. 捷克的投资主管部门有哪些？

答：工贸部、投资局、国家银行、经济竞争保护局、财政部、劳动和社会事务部、环境部等。

309. 捷克投资主管部门各自的职能是什么?

答:工贸部是主管外国投资的部门,同财政部、劳动与社会事务部和环境部等部门合作制定吸引外资政策,并负责投资项目鼓励方案审批。投资局主要职能是促进捷克吸引外国投资,为投资者提供投资政策和投资与经营环境方面的专业咨询和信息服务,帮助投资者与有关政府部门联系,协助国外投资者与捷克供应商建立合作关系,对投资优惠申请进行初步审核。国家银行主要负责对捷克引进外国投资和捷克对外投资进行统计监测,对证券、资本和外汇市场进行监管。经济竞争保护局负责对工贸部批准的投资鼓励政策是否符合公平竞争的原则进行审查和监督,对政府采购进行监督。财政部负责制定外资企业税收减免政策。劳动和社会事务部负责新就业机会补贴和职工培训补贴。环境部负责外资项目环境影响审查。

310. 捷克鼓励外国企业投资什么行业?

答:捷克政府确立了重点支持的投资领域和优先发展行业,并鼓励内外投资进入这些产业。主要包括:信息与通信技术、工程机械、高技术制造业(电子、微电子、航空航天、生命科学等),商业支持服务(软件开发中心、专家解决方案中心、地区总部、客户联系中心等),技术(设计)中心(创新活动、应用研发等)。

311. 捷克禁止和限制外国企业投资的行业分别有哪些?

答:禁止的行业:涉及化学武器和危险化学物质的行业;限制的行业:军用产品工业、核燃料(铀)开采工业、对环境危害严重的行业(如高耗能、高污染的焦炼和化工生产项目)、资源开采行业。对这些行业投资需经过有关政府职能部门严格审批,同时接受政府严格监管。

312. 捷克制造业领域优惠政策有哪些?

答:(1)免除企业所得税。新建企业享受免征所得税 10 年,已有企业享受部分减免所得税 10%；（2）创业就业补贴。对新增的就业岗位每个补助 10 万～20 万克朗；（3）培训与再就业培训补贴。国家补贴培训费用的 25%～50%；（4）为项目提供有基础设施的优惠用地，以及低价出让土地所有权。

313. 捷克企业需满足哪些条件才可以享受制造业领域投资的优惠政策？

答：（1）投资须是新建工厂或是扩大原有生产；（2）3 年内最低投资额为 5000 万克朗至 1 亿克朗（按所投资地区失业率高低决定，在失业率高于平均失业率 50% 以上区域，最低投资额为 5000 万克朗）；（3）50% 以上的投资额用于购买新机械设备，完成投资后需继续运作此项目 5 年；（4）最少创造 20 个就业岗位。

314. 捷克在企业扩大就业方面有哪些鼓励政策？

答：（1）一般性就业奖励措施。在当地创造超过 100 个就业机会的投资者可申请从地方政府获得创造就业奖、培训和在职培训奖励，以及获得廉价厂房和土地及使用其他基础设施。（2）特殊地区就业扶持项目。主要以扶持某些特殊地区（如北摩拉维亚等高失业地区）就业为目标，在上述地区创造 50 人以上就业机会的公司，可申请捷克工贸部的投资补贴等各项奖励。

315. 捷克在企业技术升级方面有哪些鼓励政策？

答：捷克鼓励企业技术升级的优惠政策有：加工业及高新技术国家补贴、促进高科技二业品出口计划、尖端工业产品技术中心计划、中小企业技术升级计划。

316. 在捷克的企业申请欧盟结构基金需要满足哪些条件？

答：（1）投资领域为制造业；（2）投资所在地为捷克境内（布拉格除外）；（3）至少有 2 期连续完整的纳税记录；（4）财务状况评级至少达到 C+；（5）至少维持投资 5 年（仅针对大型企业）。

317. 捷克对外国公司承包当地工程的招标方式如何规定?

答：捷克法律规定，600 万克朗以上的公共建筑必须通过招标方式实施，小额工程合同可通过内部或小范围议标方式实行。私人建筑工程项目可自主决定是否采用公开招标方式。

318. 国外建筑公司承包捷克的工程需要具备什么条件?

答：参与捷克工程建设招标的外国企业须先在捷克设立公司，在工商登记部门注册并取得相关营业执照，然后缴纳通常为项目建设总额 1% 的竞标保证金，方可公开投标。自然人不能直接承揽工程承包项目。

319. 捷克进行公共采购有哪几种程序?

答：捷克法律规定了五种公共采购程序：（1）公开程序。任何有意向的经济实体均可参与投标。（2）限制程序。任何有意向的经济实体均可申请参与投标，但只有通过预审方可参与投标。（3）协商程序。公共部门通过与入围投标者就价格等合同条款进行磋商确定中标人，分发布性和非发布性两种。（4）竞争对话程序。公共部门通过与入围投标者进行对话决定符合要求的实施方案，并在此基础上由中标人完善方案。这种程序适用于技术难度较高的合同。（5）限额以下简化程序，至少邀请 5 个投标人。

捷克公共采购法规定，限额以上和限额以下公共采购必须进行公开招标，小额公共采购可通过内部或小范围议标方式进行。

320. 捷克的国家战略工业园区主要有哪几个?

答：豪乐秀夫工业园、奥斯特拉瓦—莫斯诺夫工业园、三角工业园、约瑟夫工业园、科林—奥夫卡里工业园及诺沙维采工业园（全部由韩国现代公司入驻）六大园区。

321. 投资捷克工业园区可享受哪些优惠政策?

答：工业园区投资者除能享受《投资鼓励法》优惠政策和欧盟结构基金

各项援助计划外，企业在特别工业园区还可免除 5 年不动产税并享受每个新增就业岗位 30 万克朗的补助。同时，企业还可以获得工业园及其所在地方政府提供的各种优惠措施，如基础设施配套、交通设施便利、全程跟踪式投资服务、土地优惠及特殊就业补贴等。另外，政府还对建立科技园区提供了总金额 50%的补贴，提供科技园区 50%的建设经费。

322. 捷克与投资合作相关的主要法律有哪些？

答：《贸易许可法》《商法》《破产合并法》《外国人法》《劳动法》以及环保和行业法规。此外，收购境外企业还涉及《反垄断法》和《国家安全法》等。

323. 外国企业到捷克投资可向哪些部门咨询？

答：到捷克投资，可向捷克投资局咨询。该局是捷克工贸部直属机构，免费向外国投资者提供投资政策和经营环境等方面的信息咨询服务。另外，捷克外商投资协会（AFI）也为各国投资者提供公司运营方面的有偿咨询服务。捷克法律繁杂并不断修订调整，公司注册手续可委托律师或专业机构办理。

324. 捷克对中国企业投资合作有何保护政策？

答：2004 年签订《中华人民共和国政府与捷克共和国政府经贸合作协定》，2005 年签订《中华人民共和国政府与捷克共和国政府关于促进和保护投资的协定》《中华人民共和国农业部与捷克共和国农业部关于农业及食品加工工业合作的协定》《中华人民共和国林业局与捷克共和国农业部关于林业合作的协定》《中华人民共和国劳动和社会保障部与捷克共和国劳动和社会事务部合作谅解备忘录》，2009 年签订《中华人民共和国政府与捷克斯洛伐克社会主义共和国政府避免双重征税和防止偷漏税的协定》，2014 年签署《中华人民共和国国家能源局与捷克共和国工业和贸易部关于民用核能合作的谅解备忘录》《促进中捷企业双向投资银行间合作协议》。

325. 捷克有哪些环保措施?

答：重大工程项目施工前须进行环境影响评估、对有害气体排放实行配额管理、严格产品有害物质含量标准、规定商品包装的种类、强制对某些废旧商品及其包装实行回收制度，如禁止使用一次性饮料包装，用经济手段促进商品包装简化和回收。发电厂（500MW 以上）、金属及采矿加工、化工、废料处理、造纸等行业均须通过环保部申请综合准证，评估内容涵盖排放、噪音、废物、适用机械、化学物质等。

326. 捷克环保部门对新开设的外资项目进行环境评估需要经过哪些流程?

答：流程主要包括：项目申报，信息披露与公开（10 天），征求公开意见（20～35 天），事实调查（35～45 天），做出结论。有些项目还需根据需要提交环评文件、专家组审核、举行听证会等，所需时间更长。

327. 捷克已加入哪些国际组织?

答：捷克是欧盟成员国，同时也是经合组织、世贸组织、国际货币基金组织、欧洲复兴开发银行和世界知识产权组织等国际组织的成员国。

328. 捷克有哪些重要的银行?

答：捷克国家银行是捷克的中心银行。捷克储蓄银行、捷克商业银行和捷克斯洛伐克商业银行是捷克传统的三大银行品牌，但大股东均是外资金融集团。外资品牌银行有奥和银行、裕信银行、花旗银行和汇丰银行等。

329. 捷克对外汇管理有哪些规定?

答：在捷克注册企业和拥有长期居留许可的个人均可开立外汇账户，来源合法的外汇资金可自由进出。外汇企业在捷克投资收益只要来源合法，汇出不受限制。但是，捷克政府对外汇资金流动实行严格监控。捷克银行对外汇流动有一套完整的监管制度，外汇汇到国外要写明具体用途；个人出入捷克边境携带 1 万欧元现金，须向捷克海关申报。

330. 外国企业如何在捷克进行证券交易？

答：根据捷克证券交易相关法规规定，捷克不区别对待本国投资者和外国投资者，任何公司均可在捷克参与证券交易，享受与本土公司一样的国民待遇。在布拉格证交所上市，须事先报捷克中央银行批准。从事证券交易，须与布拉格证交所任一会员单位达成委托代理协议，并在布拉格证券中心（SCP）登记开户。

331. 在捷克注册企业的主要程序有哪些？

答：（1）准备公司成立文件。主要包括：公司章程、股东无犯罪记录证明、无重名的公司名称、公司营业场所及其证明文件。一些文件需要进行公证；（2）申报经营范围和申领营业执照。向当地工商管理局申报公司经营范围和营业执照；（3）开立注册资本金专用账户。在取得营业执照后，申请人应尽快在捷克银行开立注册资金专用账户存入资本金，在完成最后注册手续前不得支取该资金；（4）在商法院注册登记处申请登记注册。在公司成立或取得营业执照 90 天内，以电子方式向所在地法院提交商业登记注册申请；（5）税务登记。企业获准注册后 30 日内向所在地税务局申请所得税登记；（6）社会保障登记。在雇佣第一个雇员后 8 日内在当地社会保障局为员工办理社会保障登记以及雇主社保登记；（7）健康保险登记。在雇佣第一个雇员后 8 日内在选定的健康保险公司办理雇主和雇员的健康保险登记；（8）劳动用工登记。在获准注册后，应尽快在当地劳动局办理劳动用工登记；（9）刻制公司印章。

332. 外资企业获得捷克土地有哪些规定？

答：根据捷克法律，国家、地方政府和其他机构，公司和个人均可拥有土地。外国企业和居民也可以获得捷克的土地所有权。土地所有者有义务根据土地用途使用土地和依法进行管理。土地所有者须办理土地登记手续，如在建筑用地上修建建筑物，须办理建筑审批手续。

自 2009 年 5 月 1 日起，私人所有土地可自由向外国人或公司转让，不需要外国人有捷克永久居留权或外国公司在捷克注册，但对国有农用土地或森林用地转让有严格的限制。针对农业用地，欧盟居民获得捷克永久居留权的居民拥有优先权。在捷克注册法律实体（无论是外资还是捷克资本）获得农业用地条件很苛刻，须与捷克土地基金进行谈判。森林用地仅能转让给市政府或某些公共机构。

333. 捷克《专利法》有什么规定？

答：该法规定，专利自产权局专利授予公报发布之日起生效，有效期 20 年（自申请提交之日起算）。专利证书签发后，专利权人应缴纳首笔前期专利保护费，此后每年按期缴纳。专利可出售，侵权案件可由法院解决。

334. 国外的自然人或法人如何在捷克申请专利或商标？

答：按照有关法律，外国法人或自然人向工业产权局提出专利或商标注册申请时，须委托捷克当地有资质的专利或商标代理机构作为代理人，某些情况下法律还要求由专业律师代理申请。

335. 外国人在捷克如何申请注册商标？

答：在捷克注册商标应向工业产权局提交注册申请，商标权自在产权局注册、进入该局商标登记库后生效。任何具有法律行为能力的自然人和法人均可提出商标注册申请，申请人既可直接提交商标注册申请，也可委托律师或代理人提交申请，外国人必须通过捷克律师协会或捷克专利代理人协会提交商标注册申请，除非他在捷克开办公司或拥有永久住所。商标注册申请必须以捷克文提交。

336. 在捷克通过哪些途径解决商务纠纷？

答：捷克属大陆法系国家，法律体系上效仿德国，商事纠纷一般通过诉讼或者仲裁两种途径。因仲裁具有一裁终局和专业性，商务合同中双方更偏向采用仲裁解决纠纷。根据捷克《仲裁法》和《国际私法》，当事人可在合同中约定仲裁条款，选择异地、国际仲裁，一般合同中也可以约定适用捷克法律或其他国家法律。实践中，如在捷克仲裁机构仲裁，一般适用该仲裁机构仲裁规则和捷克法律。

337. 捷克实施怎样的税收制度？

答：捷克实行属地税制与属人税制相结合的税收制度。捷克税务体系已基本同欧盟发达国家税务体系接轨，有关法律健全，透明统一，税负较低。捷克的纳税期通常按日历年计算，也允许按财年计算，但须事先向主管税务局书面报告并征得税务局同意。企业和个人纳税人都须在法定报税最后期限之前，向当地主管税务局提交年度报税表，缴清当期应缴税款。纳税人报税时提交报税申请表和财务会计报表等相关材料。

338. 捷克的主要税种有哪些？

答：捷克主要税种有自然人所得税、企业法人所得税、增值税、消费税、道路税、能源税、不动产税、遗产税等。

339. 在捷克有哪些报税渠道？

答：企业需要备妥相关报税材料自行前往税务部门报税，同时也可在网上电子报税。电子报税须事先向税务机关提出申请，经税务机关审核和准许，并获得电子签字或电子印章方可进行。

340. 捷克劳动力状况如何？

答：捷克人口素质和受教育程度普遍较高，技术工人训练有素，是世界上在科技方面研究人员比例最高的国家之一。其劳动力成本远低于西欧国家，但劳动力的熟练程度及劳动生产率却不低。捷克劳动力市场中劳动力的供应比较稳定，在捷克人口结构中，15～65 岁阶段的人数占人口总数的 71.2%。

不同行业和领域的就业人数相差较大，从事第一产业的人数在持续下降，第二产业则在上升，目前第一、二、三产业就业人数的分布格局是第一产业占4.7％，第二产业占40.1％，第三产业占55.2％。

341. 捷克《劳动法》有哪些主要规定？

答：捷克《劳动法》规定，雇员每周工作时间上限为40小时，并规定18岁以下雇员（公民受雇年龄的下限为15周岁）的每周工作时间不得超过30小时。同时新《劳动法》引入了"工作时间账户"的概念，以对工作时间和休息时间进行均衡、合理的分配。此外，新《劳动法》规定，除非得到雇员同意，否则每年加班时间不得超过150小时，每周加班时间不得超过8小时。雇员最低工资不应该低于8000克朗/月或48.10克朗/小时。若加班，需支付110％～125％的工资，若是公共假期加班，则需支付2倍工资。

342. 捷克外来劳务人员主要来自哪些国家？

答：劳务人员主要来自斯洛伐克、波兰、乌克兰、越南、俄罗斯等国家。此外，也有少量来自西欧、北美等发达国家的外籍就业者，一般都拥有较高技能和职业资格，主要从事IT技术等工作。

343. 中国公民到捷克进行工作需要经过哪些程序？

答：中国公民到捷克工作和就业，须先向捷克当地劳动局申请工作许可，再凭工作许可和其他相关文件去捷克驻申请人所在国使领馆申办签证。只有获得有效工作许可和工作居留签证者才可在捷克工作。

344. 赴捷克工作的外国居民申请工作许可证有哪些程序？

答：外国申请人在与捷克雇主进行磋商并取得雇主出具的雇佣承诺函后，可自行向未来工作所在地劳动局提出签发工作许可的申请（申请人需付费500克朗），也可通过授权书书面委托雇主代办工作许可。

345. 能给中国企业到捷克投资提供投资合作咨询的机构有哪些？

答：捷克投资与贸易促进机构、捷克贸易局驻上海代表处、捷克贸易局驻成都代表处、中国驻捷克大使馆经商处、捷克驻中国使（领）馆、捷克驻上海总领事馆、捷克驻香港总领事馆、中国商务部研究院海外投资咨询中心。

346. 如何与捷克驻华大使馆及领事馆取得联系？

（一）捷克驻华大使馆

地址：北京市朝阳区建国门外日坛路 2 号

电话：010－85329500

传真：010－85329590

电子邮箱：beijing@embassy. mzv，cz

网址：www. mfa. cz/bejing

（二）捷克驻上海总领事馆

地址：上海市娄山关路 83 号新虹桥中心大厦 808 室

电话：021－62369925

传真：021－62369920

电子邮箱：caechon@uninet. com. cn

（三）捷克驻成都总领事馆

地址：成都市锦江区东大街下东大街段 99 号平安金融中心 24 楼

电话：028－81476890

网址：www. mzv. cz/chengdu

347. 如何与中国驻捷克大使馆及经商处取得联系？

（一）中国驻捷克大使馆

地址：Pelleova 18；16000 Praha 6-Bubenec；Czech Republic

电话：00420－224311323

传真：00420－224319888

领事部电话：00420－233028898，233028853

传真：00420－233028845

电子邮箱：chinaembassy _ cz@sina. com

网址：http：//www. chinaembassy. cz

http：//cz. chineseembassy. org

http：//cz. china－embassy. org

（二）中国驻捷克大使馆经商处

地址：Pelleova 18；16000 Praha 6-Bubenec；Czech Republic

电话：00420－2－33028871，33028873，33028860，33028861

传真：00420－233028876

电子邮箱：cz@mofcom. gov. cn

网址：http：//cz. mofcom. gov. cn/

七、爱沙尼亚篇

348. 爱沙尼亚首都在哪里？

答：塔林，是爱沙尼亚最大的城市和经济、文化中心，是波罗的海沿岸重要的商港、工业中心和旅游胜地。

349. 爱沙尼亚有哪些主要城市？

答：除塔林外，主要城市有塔尔图、纳尔瓦等。

350. 爱沙尼亚使用什么货币？

答：欧元。

351. 爱沙尼亚使用什么语言？

答：爱沙尼亚语。

352. 爱沙尼亚有哪些主要民族？

答：爱沙尼亚族约占总人口的 68.7%，俄罗斯族占 24.8%，乌克兰族占 1.7%。

353. 爱沙尼亚人宗教信仰情况如何？

答：爱沙尼亚族 1/3 的人信教，基督教、新教、路德教会的信徒约 10.9 万人，俄罗斯族信奉东正教者约 17.7 万人。

354. 爱沙尼亚有哪些特色美食？

答：爱沙尼亚特色美食有腌鳗鱼、波罗的海酸汁鱼、配酸菜的猪肉、血肠等。

355. 爱沙尼亚有哪些特色商品？

答：琥珀、编织物、木刻物等。

356. 爱沙尼亚有哪些著名景点？

答：塔林老城、垒山等。

357. 爱沙尼亚有什么重要的节日？

答：新年（1月1日）、独立日（2月24日）、胜利日（6月23日）、仲夏节（6月24日）、恢复独立日（8月20日）、圣诞节（12月25日）。

358. 爱沙尼亚主要的媒体有哪些？

答：主要的报刊有《爱沙尼亚晚报》《邮差报》《爱沙尼亚日报》《爱沙尼亚快报》，主要的通讯社为波罗的海通讯社，主要的电台有爱沙尼亚电视台，主要的电视台有国家电视台。

359. 爱沙尼亚有什么工会及其他非政府组织？

答：爱沙尼亚工会为非政府组织，爱沙尼亚主要协会有：爱沙尼亚雇主联合会、爱沙尼亚工商会、爱沙尼亚贸易委员会、爱沙尼亚—俄罗斯商会等。

360. 爱沙尼亚主要工业部门有哪些？

答：主要工业部门有机械制造、木材加工、建材、电子、纺织和食品加工业。

361. 爱沙尼亚的交通运输业如何？

答：交通运输业在爱沙尼亚国民经济发展中起着举足轻重的作用。公路总里程16576公里。2014年，公路货运总量3727万吨，铁路总里程2167公里，其中，公共铁路线1540公里，非公共铁路线627公里。2014年铁路客运量为594万人次，同比增长41.4%；货运量为3629，同比减少17%。2014年航空客运量为204万人次，同比增长2.5%；空运货物2万吨，同比减少4.3%。2014年爱沙尼亚港口货物吞吐量4358万吨，同比增长1.6%。主要交通运输企业有：爱沙尼亚塔林港、爱沙尼亚塔林客运公司、爱沙尼亚铁路公司、爱沙尼亚塔林机场、爱沙尼亚航空公司等。

362. 爱沙尼亚航空运输产业状况如何？

答：爱沙尼亚拥有空中航线 3489 公里，全国共有 10 个机场，但大部分只能起降小型飞机。塔林机场是爱沙尼亚最大的客运机场，能够起降包括波音 747 在内的大型客机。爱沙尼亚目前有直航国际航线 12 条。

363. 爱沙尼亚主要机场有哪些？

答：塔林、塔图尔、库雷萨雷、凯尔德拉、帕尔努和维尔杨蒂。

364. 中国人赴爱沙尼亚可选择什么航空路线？

答：中国重庆市与爱沙尼亚开通了直达航线，另外多条经赫尔辛基、莫斯科等地转机的航线也可抵达塔林。

365. 爱沙尼亚有哪些重要港口？

答：塔林港、西由拉迈港、昆达港、北帕尔迪斯基港、帕尔努港。

366. 爱沙尼亚最大的港口是哪个？

答：爱沙尼亚最大的港口是塔林港，主要由 4 个港口组成，包括穆嘎港、南帕尔迪斯基港、老城港、帕亚萨港，这些港口是终年可以通航的深水不冻港。

367. 爱沙尼亚木材加工业状况如何？

答：爱沙尼亚森林覆盖率达 48％，拥有森林面积 200 多万公顷，森林蓄积量 4.1 亿立方米，人均木材拥有量达 178 立方米，居欧洲第三位。松树、杉树、白桦、杨树和桤木等是主要树种，针叶树种占森林总面积的 68％。

368. 爱沙尼亚通信产业状况如何?

答：爱沙尼亚电信和 IT 业发达，在欧盟处于领先地位。2013 年电信及 IT 从业人员 1.9 万，占全国劳动人口总数的 2.6%。Eesti Telekom 是爱沙尼亚最大的电信公司，主要经营固话和手机服务业务。最大的 4 家通信运营商为 EMT、Elisa、Tele2、Bravocom 等公司。

369. 爱沙尼亚农业经济状况如何?

答：农业以畜牧业为主，主要饲养奶牛、肉牛和猪。农业用地 143.31 万公顷，可耕地 111.98 万公顷。主要农作物有：小麦、黑麦、马铃薯、蔬菜、玉米、亚麻和饲料作物等。

370. 爱沙尼亚畜牧业状况如何?

答：爱沙尼亚畜牧业养殖动物主要有牛（肉食牛和奶牛）、猪、羊（绵羊和山羊）、马、兔、鸡和蜜蜂等。其中，奶牛是爱沙尼亚最重要的牲畜品种。

371. 爱沙尼亚旅游业经济状况如何?

答：爱沙尼亚是一个旅游资源丰富的国家，湖泊岛屿星罗棋布，中世纪古城堡、国家公园、海边度假胜地都是游客不容错过的地方。爱沙尼亚也是很多欧洲国家的后花园，尤其是芬兰、瑞典，每天都有数班大型客轮往返于塔林与斯德哥尔摩之间，美丽的客轮也成为波罗的海的一道风景。旅游业在爱沙尼亚国民经济中也占有重要的位置，创造了两万多个就业岗位。

372. 爱沙尼亚贸易主管部门是哪个，其主要职能有哪些?

答：爱沙尼亚经济交通部，主要负责对工业、贸易、能源、住房、建筑、交通、物流等领域制定和实施国家经济政策及经济发展计划等。

373. 爱沙尼亚主要进口什么商品?

答：机器设备、矿产品、农产品及食品、纺织品、交通设备等。

374. 爱沙尼亚主要出口什么商品?

答：机械设备、电子产品及其零部件、矿产品、木材及木制品、五金及其制品、航空、船舶等。

375. 中国对爱沙尼亚主要出口什么商品?

答：通信设备零部件、木材、光学、计量精密仪器及设备、铜和铜废料等。

376. 中国从爱沙尼亚主要进口什么商品?

答：奶粉、红酒等。

377. 爱沙尼亚与中国签订了哪些重要协议?

答：中国和爱沙尼亚政府于 1993 年 9 月 2 日签订了《关于促进和相互保护投资协定》，1998 年 5 月 12 日签订了《关于避免双重征税和防止偷漏税协定》，1992 年 5 月签订了《经济贸易合作协定》，2008 年 9 月 24 日签订了《海运协定》。

378. 爱沙尼亚主要贸易伙伴有哪些国家?

答：贸易额居前五位的依次是：芬兰、瑞典、拉脱维亚、德国和俄罗斯等。

379. 爱沙尼亚海关政策有什么重要规定?

答：（1）入关时有红、绿两种颜色的通道。如有申报物品，即行李内有应缴纳进口税或须经特别许可方能入境的物品，须选择红色通道并填写报关单；如所带物品不受限制，无须填单申报，可选择绿色通道，此时行李仍有可能受海关抽查。选择绿色通道而被查验时，如发现有须缴进口税或须特许才能入境的物品，会被视为携带违禁品入境。如不确定行李物品是否须填单申报，应选择红色通道。（2）物品入境税一日之内超标携带免税物品，则应填写报关单并纳税。单件价值超 5000 爱沙尼亚克朗之物品，应对其全价征收 18％的消费税。总价值超过 5000 爱沙尼亚克朗的一些物品，征税标的物可由旅客本人从其物品中选择。（3）离境。如随身或托运行李中有须经特许才能离境的物品或物件，须填写报关单。建议出境时将私人贵重物品填单申报，以避免回国时被征税。携带物品出境不征税。（4）交通工具。运入爱沙尼亚的交通工具须在报关单中申报。爱沙尼亚交管局的查验文件是进口车辆缴税的依据，旅客应在该文件中向海关指明其居住地并在入境后 10 个工作日之内缴税。

380. 爱沙尼亚有几个海关保税区？

答：穆嘎港保税区、西拉迈港保税区、瓦尔加港保税区。

381. 爱沙尼亚投资管理部门是哪个，其主要职能有哪些？

答：爱沙尼亚投资局，主要负责提供投资机会和资金支持，进行对外宣传、安排谈判等服务性工作。

382. 爱沙尼亚吸引中国投资的优势有哪些？

答：地理位置上的优势：在欧盟国家中，爱沙尼亚是距离中国最近的国家；商业环境优势：爱沙尼亚的企业没有企业所得税；对"丝绸之路的经济带"合作具有较高的热情。

383. 爱沙尼亚对外国投资有什么优惠政策？

答：爱沙尼亚全面推行私有化，实行企业自主经营、公平竞争；对外开放市场，开放金融、保险、电信市场和服务，允许外国银行在爱沙尼亚开设分支机构；取消外汇管制，货币可自由兑换和汇出；实行零关税和自由贸易政策；对外国投资者实行完全的国民待遇；开放劳动力市场，实行就业、养老、医疗社会化等。为顺利实施上述经济政策，爱沙尼亚先后颁布了《企业法》《公司法》《竞争法》《外资法》《企业所得税法》《海关法》《营业税法》《破产法》等一系列鼓励外商直接投资的法律法规。

384. 爱沙尼亚对外国企业开展投资合作有哪些保护政策？

答：根据爱沙尼亚《证券市场法案》规定，允许外资进入爱沙尼亚证券行业。在爱沙尼亚从事证券业务的外国企业需要在爱沙尼亚金融监管局登记注册并提交相应文件，爱沙尼亚金融监管局负责颁发证券行业经营许可证。同时，爱沙尼亚允许外国企业开办从事证券业务的基金管理公司，但需要持有相应的许可证，许可证由爱沙尼亚金融监管局批准和发放。基金管理公司提供如下服务：管理所持有的有价证券、在证券投资方面提供建议、保护客户资金等。

385. 爱沙尼亚与投资合作相关的主要法律有哪些？

答：《商业法》《外国投资法》《税务法》《贸易法》等。

386. 爱沙尼亚对吸引投资有哪些鼓励政策？

答：（1）企业所得税优惠政策：爱沙尼亚实行企业所得税（利润税）零税率政策，进行再投资部分可免征所得税，只有企业的利润出现汇出或者分配时，才征收企业所得税。免征出口产品增值税约20%。申请项目支持金额不得超过启动该项目所需费用的75%，企业自筹部分不得少于25%。（2）职工培训财政支持：提高职工素质；为拓展公司业务而进行的新雇员专业培训；为使生产现代化而进行的新技能、专项培训，支持比例根据公司的规模、场所、培训内容来决定，一般不超过培训总支出的80%。（3）项目咨询支持：政府可对中小企业提供资金支持。（4）研发项目的支持：项目应用研究方面75%的费用、产品开发可行性研究方面50%的费用（最高金额约为13333欧元）可得到政府的资助。（5）展览财政支持：对参加国外举办的国际博览会和大型国际展览会的本国企业，政府在财政上给予一定的支持，如提供机票和展览场地费用等。

387. 爱沙尼亚主要银行有哪些？

答：主要的银行有爱沙尼亚中央银行、瑞典银行、SEB 银行、爱沙尼亚诺底亚银行、爱沙尼亚信贷银行。

388. 爱沙尼亚主要的保险公司有哪些？

答：ERGO 保险公司、Hansapank 保险公司、Salva 保险公司等。

389. 中国人在爱沙尼亚可使用什么信用卡？

答：VISA 卡或万事达卡。

390. 爱沙尼亚外汇政策有什么重要规定？

答：爱沙尼亚对外汇没有管制，外汇可自由兑换、汇出汇入。爱沙尼亚克朗可以自由兑换成其他货币。外国公司根据爱沙尼亚法律要求缴纳各种税收后，其经营利润可以汇往国外。

391. 外国公司参与爱沙尼亚当地证券交易有什么规定？

答：根据爱沙尼亚《证券市场法案》规定，允许外资进入爱沙尼亚证券行业。在爱沙尼亚从事证券业务的外国企业需要在爱沙尼亚金融监管局登记注册并提交相应文件，爱沙尼亚金融监管局负责颁发证券行业经营许可证。同时，爱沙尼亚允许外国企业开办从事证券业务的基金管理公司，但需要持有相应的许可证，许可证由爱沙尼亚金融监管局批准和发放。基金管理公司只能提供如下服务：管理所持有的有价证券，在证券投资方面提供建议，保护客户资金，《投资基金法》规定的其他基金管理内容。基金管理公司的法定地址及经营活动应在爱沙尼亚境内。

392. 在爱沙尼亚如何申请专利？

答：申请人可以以英语、法语和德语这三种官方语言之一向欧洲专利局提出申请。一般在爱沙尼亚多以英文提出申请。申请文件所包括的内容应与中国专利申请文件一致，一般为：说明书、权利要求书、摘要和摘要附图（如需要）。如果通过巴黎公约的途径，在中国先申请的，自申请日起 12 个月内向欧洲申请，若要求中国的优先权，需要提交优先权证明文件。此后，欧专局会发出通知，自该通知发出之日起一个月内，无论申请人是否进行过修改，都可以递交权利要求的修改，但此期限不可延期。

393. 在爱沙尼亚如何注册商标？

答：首先需要的材料有：若申请人为企业则需要企业营业执照副本复印件，若申请人为个人则需申请人身份证/护照复印件；其次需要注册商标相关书面文件：商标图样、商品/服务项目（根据标准的商品/服务分类表选择）、商标代理委托书及商标注册申请书；最后是注册时间、流程：委托代理需 1 个工作日，受理回执需 1 个月，商标审查需 9~15 个月，商标公告需 3 个月。爱沙尼亚商标专用期限：10 年。

394. 爱沙尼亚在劳动就业方面现状如何？

答：爱沙尼亚劳动力非常缺乏，情况很严峻，政府试图用提高工资的办法留住工作人员，这将导致企业的工资将同样上涨，在爱沙尼亚按平均工资找到劳动力都很困难。普通技能劳动者的短缺情况也越来越严重，像清洁工、售货员、建筑工人等，老的一代退休了，年轻的一代更愿意到国外去发展，造成了这些劳动岗位青黄不接的局面。

395. 外国人能否在爱沙尼亚购置土地和房产？

答：可以购置。但如果购买超过 10 公顷面积的土地和森林，需获得土地所在地区的批准。对于购买商用铺面、写字楼、住宅楼在内的不定产无限制。

396. 申请爱沙尼亚签证有哪些流程？

答：（1）直接在在网上填写签证申请表或者在爱沙尼亚驻华使馆网站下载。（2）签证所需材料：从中国出发的往返机票订单复印件、银行活期存折或活期银行卡（信用卡除外）最近3～6个月的进出账单原件、覆盖在爱沙尼亚及其他申根国家所有时间的行程单（英文或者爱沙尼亚语），需明确标注停留的日期、国家、城市、参观景点等具体内容，可附加提供交通方式的预订单、覆盖在申根区整个停留时间的酒店订单复印件（可选）、医疗保险原件及复印件，不低于3万欧元并覆盖在申根区的整个停留时间。（3）到指定地点递交材料并缴纳签证费及服务费。签证费共60欧元，按当时汇率以人民币支付。

397. 如何办理去爱沙尼亚移民手续？

答：移民爱沙尼亚可以考虑通过商业移民进行。如满足以下任何一条均可获得爱沙尼亚居民身份：（1）作为外国公司派驻爱沙尼亚子公司的高管。要求该子公司注册资本不少于6.5万欧元；（2）在爱沙尼亚设立新公司，申请人作为股东并且自雇。要求公司注册资本不少于1.6万欧元。通过以上方案获得爱沙尼亚居民身份第一次是2年有效，之后可以一次性延长5年。累计持有爱沙尼亚身份满5年，可以获得爱沙尼亚永久居民身份，也可以申请获得欧盟长久居民身份，之后可在27个欧盟成员国工作学习定居生活。子女可以在任何一个欧盟发达国家读书和工作。

398. 如何办理去爱沙尼亚工作签证手续？

答：（1）申请人确定赴爱沙尼亚的目的和计划。（2）登陆爱沙尼亚驻华使领馆官方网站，浏览有关签证信息，了解签证申请基本知识和要求。（3）在线下载签证申请表，填写并签字，依据签证要求准备材料。（4）预约签证申请时间。（5）向使领馆签证处办理签证申请手续，包括缴纳签证费。（6）等候签证审理或通知面试或补充材料。

一般而言以投资移民的方式较为可取。移民爱沙尼亚一是以经商的名义投资移民，大约人民币 60 万左右，需要中国的银行出具相关证明。另外还有与爱沙尼亚公民结婚移民以及被爱沙尼亚的公司雇用并由雇主担保下取得的工作签证。还有一种冒险的方法就是以旅游的方式抵达爱沙尼亚然后滞留不归，其后申请难民，但这种情况很少，因为中国与爱沙尼亚关系友好，不太可能给予难民身份。

399. 如何与爱沙尼亚驻华大使馆及领事馆取得联系？

（一）爱沙尼亚驻华大使馆

地址：北京朝阳区燕莎中心办公楼 C618、C619

邮编：100016

电话：010－64637913

传真：010－64637908

电子邮箱：embassy. beijing@mfa. ee

网址：www. beijing. mfa. ee

（二）爱沙尼亚驻上海总领事馆

地址：上海市南京西路 1038 号梅龙镇广场 2108 室

电话：021－51782391

传真：021－51782397

电子邮箱：consulate. shanghai@mfa. ee

400. 如何与中国驻爱沙尼亚大使馆及经商处取得联系？

（一）中国驻爱沙尼亚大使馆

地址：塔林市纳尔瓦大街 98 号（Narva mnt. 98，15009 Tallinn，Estonia）

邮编：15009

电话：372－6015830，6015831

传真：372－6015833

网址：www. chinaembbassy. ee

电子邮箱：www. chinaemb@online. ee

（二）中国驻爱沙尼亚经商处

电话：372－6607867，6607868

传真：372－6607818

电子邮箱：chincoff@online. ee

八、匈牙利篇

401. 匈牙利首都在哪里?

答：布达佩斯，是匈牙利第一大城市，面积 525 平方公里。多瑙河将该城市一分为二，河西岸称为布达，东岸称为佩斯。

402. 匈牙利有哪些主要城市?

答：除首都布达佩斯外，匈牙利的主要城市还有米什科尔茨、德布勒森、佩奇、琼特瓦利等。

403. 匈牙利使用什么货币?

答：匈牙利福林。1 福林＝0.0235 人民币（2016 年 4 月 30 日）。

404. 匈牙利使用什么语言?

答：官方语言是匈牙利语，英语、德语也很普及。

405. 匈牙利主要有哪些民族?

答：匈牙利的主要民族是匈牙利族，约占 90％。少数民族有斯洛伐克族、罗马尼亚族、克罗地亚族、塞尔维亚族等。

406. 匈牙利人宗教信仰情况如何?

答：匈牙利居民主要信奉天主教（66.2％）和基督教（17.9％）。

407. 匈牙利有哪些特色商品?

答：葡萄酒、鹅肝、萨拉米香肠海蓝德、手绘瓷器等。

408. 匈牙利有哪些著名景点?

答：纪念公园、阿格泰列克洞穴、斯洛伐克喀斯特等。

409. 匈牙利人有哪些谈判方式和商业送礼习俗?

答:匈牙利人交谈时喜欢直接称呼对方的职务、头衔或姓氏。他们在谈判中喜欢讨价还价,与匈牙利人进行商务方面的洽谈时应有耐心,一般最后卖方得打点折扣才能推销出商品。如果应邀到当地工商界人士家中做客,可带上一瓶酒和一束花作为礼物。

410. 匈牙利人有哪些特别的禁忌?

答:匈牙利人忌"13"和"星期五",尤其是举行宴会时,不能设 13 个座位。他们认为打破了玻璃和镜子将有倒霉的事发生。不论住店还是用餐,千万别弄碎玻璃器皿。否则,会被人认为是交霉运的先兆,将成为不受欢迎的人。

411. 匈牙利的主要媒体有哪些?

答:(1)报纸:《人民自由报》《匈牙利民族报》《人民之声报》《匈牙利新闻报》《民族体育报》《每日经济报》等。(2)杂志:《世界经济周刊》《布达佩斯时代周刊》等。(3)广播:科苏特、裴多菲、巴尔托克、尤文图斯、多瑙广播电台及新闻台、经济台等。(4)电视台:匈牙利电视台、多瑙电视台、RTL 俱乐部、TV2 电视台等。

412. 匈牙利的主要节假日有哪些?

答:新年(1 月 1 日)、自由斗争纪念日(3 月 15 日)、复活节(春分月圆后的第一个星期日)、劳动节(5 月 1 日)、国庆节(8 月 20 日)、民族节(10 月 23 日)、万圣节(11 月 1 日)、圣诞节(12 月 25 日)等。

413. 中国人赴匈牙利可选择哪些航空路线?

答:从中国乘飞机到匈牙利,如果选乘匈牙利航空 Malev,不用转机即可直达匈牙利首都布达佩斯,飞行时间为 9 个多小时。如果匈牙利航空与北京没有直飞的航班，还可以通过欧洲其他航空公司的班机转机乘坐，欧洲的航班差不多都在 8～10 小时内到达，然后转机。因此，无论你通过那个国家航空公司的航班乘机，都需要通过该国位于首都的机场或者与口国开通直航的国际机场转机。欧洲转乘飞机很方便，转机飞行到布达佩斯一般在 2～3 小时内即可到达。

414. 匈牙利在生物技术产业中的研发主要集中在哪些领域？

答：匈牙利生物技术产业取得迅速发展，规模及技术水平已跃居欧盟新成员国前列，研发的领域包括：土壤和水污染清理、生物质能的生产和处理、再生处理、基因工程、纳米技术、分子化学等。

415. 匈牙利生产的电子产品主要包括哪些？

答：匈牙利是中东欧地区最大的电子产品生产国和世界电子工业主要生产基地。匈牙利生产的电子产品主要有手机、电视机、电脑、电冰箱、电工器材、小家电、汽车电子配件等。

416. 匈牙利有哪些主要产业？

答：汽车工业、电子和通信业、再生能源业、农业、食品加工业等。

417. 匈牙利汽车工业状况如何？

答：匈牙利与其他中东欧国家相比，汽车工业具有基础好、结构完整等优势。其汽车产品主要出口欧盟市场，特别是德国、法国、意大利、中东欧国家和巴尔干地区。汽车工业进口以汽车零部件进口为主，主要从欧盟国家进口。从德国进口最多，2014 年，约占匈汽车零部件进口的 47%；从其余国家和地区的进口一般的不超过 10%，依次为日本、意大利、波兰、奥地利、西班牙、捷克、法国及中国台湾地区。

418. 匈牙利信息通信业状况如何？

答：近年来匈牙利的信息通信市场一直保持强劲增长势头。匈牙利信息通信市场占中东欧国家的 15%。匈牙利是中东欧地区信息通信工业人均支出和该工业支出占 GDP 百分比最多的国家。人均信息产业支出和信息产业占GDP 均为本地区最高。信息业硬件制造也是本地区第一，软件业发展也非常迅速，尤其在信息安全技术、病毒防护、手写识别和生物信息技术方面有出色表现。

419. 匈牙利软件产业状况如何？

答：匈牙利软件市场发展最快，应用软件市场占匈牙利整个软件市场的50%；工具软件占匈牙利软件市场的 23%，在中东欧国家中匈牙利的工具软件最为成熟。匈牙利工具辅助软件非常普及，对与商业有关的工具软件和更优质的工具软件的需求，匈牙利在 IT 安全、病毒防护、文字识别软件和生物信息等方面占有重要的地位。最新的发展方向包括安全软件、商业智能和数据管理、中小企业 ERP 方案等。

420. 匈牙利农业状况如何？

答：匈牙利农业基础较好，国土面积的 62% 为农业用地，土地肥沃，主要农作物有小麦、玉米、向日葵、马铃薯等。农业在匈牙利国民经济中占举足轻重的地位，不仅为国内市场提供了丰富的食品，而且为国家挣取了大量外汇。

421. 匈牙利服务业状况如何？

答：匈牙利服务业近年增长较快，其作用和地位在国民经济中已日益重要。从事服务业的大多是小型企业，它们对市场需求适应性强。服务网点的私有化已经完成。金融服务、不动产、经济服务以及公共服务等占重要经济比重。

422. 匈牙利的教育状况如何？

答：匈牙利国民普遍素质较高，约 1/3 的就业人口受过高等教育。15 岁以上公民有 98.9％的人具有基本教育水平。匈牙利全面实现义务教育制，自 6 岁至 18 岁止。除了公办学校外，还有教会学校、私立学校和基金会学校。匈牙利教育体系分为三个等级：小孩到 6 岁时必须要上小学；小学毕业后可选择就读语言中学、职业中学、职业学校或专科补校；18 岁通过入学考试的学生可就读大学或学院。

423. 匈牙利的法律状况如何？

答：匈牙利各项法律制度相对完善，法律体系长期保持稳定，法律风险不会明显上升。（1）法律体系基本稳定。2011 年 4 月，匈牙利议会通过新宪法《基本法》。该法于 2012 年正式生效，后《基本法》经过多次修改。（2）执法成本较低。以世界银行 2015 年营商环境指数中的合同执行指标来衡量匈牙利的执法成本，匈牙利在 189 个国家和地区中排名 20 位，执法成本较低。（3）退出成本持平。以世界银行 2015 年营商环境指数中的办理破产来衡量在匈牙利投资的退出成本，匈牙利在 189 个国家和地区中排名 64 位，与上年持平。

424. 匈牙利政府采取了哪些鼓励出口的政策措施？

答：（1）政府为出口企业境外参展提供资助；（2）发挥驻外商务机构的作用；（3）政府出面努力平衡贸易赤字等。

425. 匈牙利主要出口什么商品？

答：机电、电气、音像设备及零件，机械器具及零件，车辆及其零附件（铁道车辆外），光学、照相、医疗等设备及零件，塑料及其制品，谷物等。

426. 匈牙利主要进口什么商品？

答：机械设备，加工产品，能源，原料，食品，烟，酒等。

427. 中国对匈牙利主要出口什么商品？

答：电机、电气、音像设备及零件，核反应堆、锅炉、机械器具及零件，光学、照相、医疗等设备及零件，车辆及零附件，家具、寝具、灯具、活动房。

428. 中国从匈牙利主要进口什么商品？

答：通信设备及零部件，化工品，太阳能设备及零部件，葡萄酒等。

429. 中国与匈牙利签订了哪些协议？

答：《□国人民共和国政府和匈牙利人民共和国政府经济技术合作协定》《中华人民共和国政府和匈牙利人民共和国政府关于植物检疫和植物保护合作协定》《中华人民共和国政府和匈牙利人民共和国政府旅游合作协定》《中华人民共和国政府和匈牙利人民共和国政府贸易协定》《中华人民共和国政府和匈牙利人民共和国政府经济合作协定》等。

430. 中国与匈牙利签订了哪个重要合作文件？

答：20□5 年，中华人民共和国政府和匈牙利政府签订了《中华人民共和国政府和匈牙利政府关于共同推进丝绸之路经济带和 21 世纪海上丝绸之路建设的谅解备忘录》，匈牙利成为第一个同中国签署此类合作文件的欧洲国家。

431. 中国企业在匈牙利开展贸易合作需注意哪些事项？

答：（1）处理好政府与议会的关系；（2）妥善处理与工会的关系；（3）密切与当地居民的关系；（4）尊重当地风俗习惯；（5）依法保护生态环境；（6）承担必要的社会责任；（7）懂得与媒体打交道；（8）学会和执法人员打交道；（9）传播中国传统文化。

432. 外商对匈牙利的投资集中在哪些领域？

答：零售、金融、通信、汽车、电子等行业是外商主要投资领域，约占吸收外资总额的 2/3。匈牙利移动通信业、保险业、电力分销企业几乎全部由外资控制。

433. 外资企业投资需获得匈牙利政府批准的行业有哪些?

答：赌博业、电信和邮政、自来水供给、铁路、公路、水运和民航。

434. 匈牙利对于外国投资有何优惠政策?

答：外商投资在匈牙利享受国民待遇。匈牙利的优惠政策主要有 5 种：欧盟基金支持、匈牙利政府补贴、税收减免、培训补贴与就业补贴。需要向匈牙利投资促进局提交相关材料或申请文件，由匈牙利政府或国家经济部审报。其中的行业鼓励政策，匈牙利希望外国投资的重点领域是汽车、生物制药、电子、食品加工、可再生能源及服务业，并在优惠政策总体框架内给予支持。

435. 匈牙利大型基础设施项目的公开招标信息可从哪些网站获得?

答：匈牙利国家发展部网站、匈牙利国家资产控股公司、匈牙利公共采购局网站。可从欧盟网站获得欧盟各国公开招标信息，包括工程项目招标。

436. 匈牙利对外国投资合法的贸易管理有哪些相关规定?

答：自 2004 年 5 月 1 日加入欧盟后，匈牙利开始实施欧盟统一的贸易政策，货物和服务可以自由进口，但对武器、放射性物质、可循环垃圾、有害垃圾、濒危动植物产品和派生物、监视设备、军事工程防御技术等进出口，必须在匈牙利贸易许可办公室办理许可证。此外，匈牙利政府有关部门对药品、化学品、废品、核产品的进出口也做了明确规定。匈牙利仅对于食品和动植物产品进行进口检疫，由匈牙利农业部食物链控制司负责。在欧盟任何一国清关后，货物进入匈牙利不必再缴纳关税。

437. 在匈牙利，与投资合作相关的主要法律有哪些?

答：《外商投资法》《公司法》《注册法》《会计法》《资本市场法》《证券

交易法》《劳动法典》《反歧视法》等。

438. 中国企业在匈牙利开展承包工程项目需注意哪些事项？

答：（1）在全球范围内，利用自身优势与欧盟大型承包工程企业开展多种形式合作，建立良好合作关系，借助其项目实施机会进入匈牙利及欧盟的市场。（2）通过新设或并购匈牙利现有的工厂与当地的企业合作参与投标，以分包形式开展业务从而熟悉匈牙利的市场规则。（3）充分发挥自身在通信、轨道交通、工业生产设施建设方面的技术优势。（4）探索投资与承包工程相结合，开拓匈牙利承包工程市场。

439. 匈牙利华人商会、社团有哪些？

答：匈牙利温州商会、匈牙利青田同乡会、匈牙利福建同乡会、匈牙利明溪商会、匈牙利福清同乡会、匈牙利华人妇女同乡总会等。

440. 匈牙利的经济体制有什么特点？

答：在中东欧地区原社会主义国家中，匈牙利曾开创了改革经济体制的先河。1988年起，由计划经济向市场经济过渡。经济目标是建立以私有制为基础的福利市场经济。

441. 匈牙利的财政收支如何？

答：（1）财政赤字较低。（2）实行财政紧缩政策。匈牙利是中东欧首个向国际货币基金组织申请援助的国家，以及加上来自欧盟的压力，匈牙利实行了财政紧缩政策。政府的主要做法是减少开支及增加税收，特别是增值税税收。

442. 匈牙利主权债务及主权信用评级如何？

答：匈牙利公债和外债规模较高，2014年匈牙利的公债水平接近GDP的80%，外债约占GDP的120%。在紧缩性财政政策的实施下，预计债务水平将会下降，中长期来看债务违约风险不大。2014 年以来，标普与穆迪调升了匈牙利的主权信用评级。

443. 匈牙利的金融体系如何？

答：（1）货币政策宽松。匈牙利央行认为，通过为期 2 年的降息扩张性货币政策，降低利率，使资金从银行流入市场，增加货币的流动性，从而鼓励投资，刺激需求。（2）外资银行处境艰难。匈牙利 2/3 的银行为外资银行，85％的市场份额集中在 10 个商业银行手中。

444. 匈牙利有哪些重要的银行？

答：匈牙利国家银行、盛宝银行、花旗银行、桑坦德匈牙利消费者银行等。其中匈牙利国家银行是匈牙利中央银行。

445. 匈牙利的融资条件如何？

答：匈牙利资本市场资金相对充足，75％的融资来自银行。外国投资者在当地市场融资借贷与当地投资者没有差别。2014 年政府债务规模有所下降，融资成本大幅降低，市场流动性增强，为企业发展提供了良好的融资环境。

446. 匈牙利外汇政策有哪些特点？

答：匈牙利福林自 2001 年起在所有交易中都可以自由兑换。同时，政府公布法令废除所有外汇管制，与欧盟法规一致，并允许资本自由流动，公司及个人自由拥有外汇。

447. 中国人在匈牙利可使用什么信用卡？

答：中国国内银行发行的 VISA、MASTER 等外币信用卡可在有刷卡设施的商户中使用，中国银联发行的银联卡也可在 OTP 银行（OTP 银行是目前匈牙利最大的金融机构）的 ATM 机上和签约商户使用。

448. 匈牙利实行怎样的税收体制?

答:匈牙利的税收体制比较完善。匈牙利税收体制按《税收管理法》执行,该法律将税收分为直接税收和间接税收。直接税收包括公司税、红利税和个人所得税;间接税收包括增值税、消费税、特种税、进口关税以及各种交易税。

449. 匈牙利关于企业税收的规定有哪些?

答:匈牙利的税收体系与欧盟有关法律相互协调,税收管辖权主要采取属人原则,实行中央与地方两级课税制度,税收立法权和征收权主要集中在中央,主管部门为匈牙利国家税务与海关总局。匈牙利对能源、金融、零售、电信等企业征收特别税。针对特殊行业和产品,匈牙利还有消费税、公共健康产品税、环保产品税、能源税、文化税等税种。

450. 在匈牙利注册公司需要准备什么文件?

答:总公司资料,公司注册资本及法人代表资料,公司名称、地址、成立日期及营业范围,公司资产种类、价值及股东名册和股份分配等。以上文件须由匈牙利律师签字。

451. 在匈牙利注册公司的流程如何?

答:(1)由匈牙利律师起草公司成立契约或合伙条件并由合伙人签字后生效。(2)向注册法院递交申请书,申请书必须在公司契约签订后30天内递交。(3)申请办法:新建合资公司,由匈牙利方创建者提出申请;完全为外商所有的公司,由外商提出申请;获得了外国股价的公司,由该原公司提交申请。在匈牙利提交申请书需一式五份,可由其他申请人提交。在由外商提交建立完全为外商所有的公司的申请书时,外商需指定匈牙利人负责接收公文。(4)申请材料应包括以下列内容:匈牙利外籍成员的姓名或公司名称,公司的形式和所在地,未来公司的类型、注册和设立地点,以及对其业务范围的描述；作为原有公司，提交申请时已有资产的规模、新公司的资金及相应的规划资料以及净利润的分配方法、带有评估资料的公司未来业务方针。（5）申请的附件为在匈牙利的合资经营协议；对于原有的公司，需附有上述文件的必要修正件。（6）批准时间。非法人实体批准时间为 30 天以内，法人批准时间为 69 天以内。如未批准，应附说明。如申请因为无效的形式或内容而未被接收，自提交日起三个月内，对缺陷可进行一次补救。在申请后 60 天内，对申请应根据事实给予裁定。注册批准之前，公司只能以"准公司"名义存在，可开展公司经营范围内的业务活动。在此期间，"准公司"不得更改股东或合伙人，也不得对契约进行修改。（7）其他登记部门。注册法院批准公司成立后，公司还需向国家税务局、中央统计局、商会和社会保险局登记注册。（8）公司成立的印花税。印花税为公司启动资金的 2%，最低限额为 6 万福林，最高限额为 60 万福林；成立公司分支机构和代表处的印花税分别为 20 万福林和 10 万福林。此外，在政府公报上发表公司成立的消息还需支付 2 万福林。

452. 匈牙利工业产权的政府主管部门是哪个？

答：匈牙利专利办公室。职能是起草和知识产权有关的法律规定、知识产权的管理和执法等。

453. 匈牙利有关知识产权的环保法律法规有哪些？

答：《专利发明保护法》《商标和地理标识保护法》《设计保护法》《版权法》《实用新型保护法》《海关对工业产权行为的管理措施》等。

454. 匈牙利的劳动力素质如何？

答：匈牙利劳动力素质较高，其劳动人口约 2/3 受过中等教育、技术培训或职业教育，人力资源非常丰富。

455. 什么是匈牙利国债移民？

答：投资 30 万欧元购买匈牙利国债，投资 5 年，无利息、无语言、年龄、经商背景、资产来源等要求。申请人条件：身体健康，无犯罪记录移民。一项申请可以包括多人，申请人包括年满 18 周岁的主申请人、配偶和未满 18 周岁的子女，可同时获得批准。

456. 外国人能否在匈牙利购置土地和房产？

答：能。2014 年匈牙利政府发布《匈牙利公告》，其明确界定了外国人在匈牙利可以购买非农业不动产的条件。在交易不危害公共利益和地方自治政府利益的情况下，外国人方可在匈牙利购买非农业不动产。

457. 在匈牙利如何解除雇佣合同？

答：经双方同意，雇佣和雇员均可通过书面形式解除定期或非定期雇佣合同，试用期内的雇佣合同一经解除马上生效。雇主解除定期雇佣合同需支付剩余期限工资，但最多不超过一年工资。

458. 如何与匈牙利驻华大使馆与领事馆取得联系？

（一）匈牙利驻华大使馆

地址：三里屯东直门外大街 10 号

电话：010－65321431、010－65321432、010－65321433

　　　（17 时后值班 010－65321273、13701382159）

传真：010－65325053

电子邮箱：mission. pek@kum. hu

网址：http://www.mfa. gov. hu/emb/beijing

（二）匈牙利驻上海领事馆

地址：上海市广东路 689 号海通证券大厦 2811 室

电话：021－63410564

传真：021－63410574

（三）匈牙利驻重庆领事馆

地址：重庆市万豪酒店商务楼 6 层

电子邮箱：mission. ckg@mfa. gov. hu

459. 如何与中国驻匈牙利大使馆、领事馆及经商处取得联系？

（一）中国驻匈牙利大使馆

地址：1068 Budapest，városligeti fasor 20—22

电话：总机/礼宾：0036—1—4132401，4132400

传真：0036—1—3229067

电子邮箱：CHINAEMB _ HU@mfa. gov. cn

网址：http：//hu. china-embassy. org

（二）中国驻匈牙利领事馆

地址：1068 Budapest，Benczúr u. 18.

电话：0036—1—4133373，4133377，4133381

传真：0036—1—4133378

电子邮箱：consulate _ hun@mfa. gov. cn

（三）中国驻匈牙利大使馆经商处

地址：Benczúr ut. 18. 1068 Budapest，Hungary

电话：0036—1—4133362，4133363，4133365，4133367，4133369

传真：0036—1—4133368

电子邮箱：hu@mofcom. gov. cn

九、拉脱维亚篇

460. 拉脱维亚首都在哪里?

答：里加，是拉脱维亚最大城市，也是波罗的海地区重要的工业、商业、金融、交通中心和拉脱维亚第二大港口。

461. 拉脱维亚有哪些主要城市?

答：除首都里加外，主要城市还有道加瓦皮尔斯、利耶帕亚市、尤尔马拉市等。

462. 拉脱维亚使用什么货币?

答：欧元。

463. 拉脱维亚使用什么语言?

答：拉脱维亚官方语言是拉脱维亚语，有 93% 的人使用拉脱维亚语，33% 的人可以使用英语，5% 人可以使用德语。

464. 拉脱维亚有哪些主要民族?

答：拉脱维亚主要为拉脱维亚族，约占 57.7%；俄罗斯族占 29.6%。此外还有白俄罗斯族（4.1%）、乌克兰族（2.7%）、波兰族（2.5%）、立陶宛族（1.4%）、爱沙尼亚族和犹太族等。

465. 拉脱维亚有哪些特色美食?

答：啤酒、巧克力、黑面包布丁、牛奶鱼汤、腊肉馅饼、里加鲫鱼汤，其中最有名的是里加黑药酒。

466. 拉脱维亚旅游业状况如何?

答：拉脱维亚旅游景点较多，每年 7—8 月是旅游旺季。近年来，外国游客对拉脱维亚服务质量、商品价格、城市清洁、当地人外语水平等评价不断提升，酒店入住率逐年提高。

467. 拉脱维亚有哪些著名景点？

答：里加老城、尤尔马拉海滨、露天民俗博物馆、希古达和采西斯风景区、隆达列宫等。

468. 拉脱维亚有什么独特的饮食习惯？

答：拉脱维亚的饮食与北欧其他国家类似，肉和蔬菜是拉脱维亚传统主食。当地人很喜欢喝啤酒，里加啤酒可以和任何其他著名品牌啤酒相媲美。在拉脱维亚可以尝到很多根据古老配方烧的汤，如根据不同方式烧好的马铃薯，特别搭配猪肉和鸡肉。

469. 拉脱维亚有哪些商业送礼习俗？

答：拉脱维亚不同宗教的人有着不同的信仰，各自遵守着不同的教规。一般拉脱维亚人习惯在公共场合进行握手礼，对老年人十分尊敬。拉脱维亚人最关心的是生意，在他们眼中生意永远是最重要的，人际关系在他们眼中是次要的。如果要和拉脱维亚人做生意的话一定要非常有耐心，他们的习惯是循序渐进。拉脱维亚受等级制度的影响也十分的严重。拉脱维亚人开会的时候一般不会被打断。

470. 拉脱维亚有哪些特色产业？

答：渔业及鱼加工业、林业及木材加工业、化工医药业等。

471. 拉脱维亚最著名的啤酒公司是哪家？

答：阿尔达利斯啤酒厂，为拉脱维亚最大的啤酒酿造企业，有 133 年历史。

472. 拉脱维亚最著名的巧克力公司是哪家？

答：莱依玛巧克力厂，为拉脱维亚最大的巧克力糖果生产企业，产品出口美国、澳大利亚、德国、希腊、以色列、俄罗斯、哈萨克斯坦、爱沙尼亚、立陶宛等国。

473. 拉脱维亚基础设施状况如何？

答：基础设施不断改善。"波罗的海铁路"连接芬兰首都赫尔辛基和德国首都柏林，是波罗的海地区近年来最大的项目，项目完工后，在拉脱维亚境内长度超过 300 公里。预计 2030 年每年旅客和货物流量分别到达 500 万人次和 1300 万吨。拉脱维亚电力总装机容量 2605 兆瓦，不能实现自足，主要从立陶宛、爱沙尼亚进口。通信方面，2014 年第四季度拉脱维亚平均网速 13.0 Mbps，位居世界第七，峰值网速 60.2M bps，位居世界第十。

474. 拉脱维亚交通状况如何？

答：拉脱维亚交通设施较完善。拉脱维亚全国铁路总长 2380 公里，其中 271 公里电气化铁路，300 公里复线铁路。公路总长 20538 公里。国际航线总长 8400 公里，有一家国际航空公司（波罗的海国际航空公司）。拉脱维亚内河航线全长 350 公里。三大海港设备齐全，为海运提供了方便。

475. 中国是否有直飞拉脱维亚的航班？

答：目前没有中国到拉脱维亚的直航，可以选择北欧航空公司到斯德哥尔摩或者哥本哈根再转机到里加。

476. 拉脱维亚农业状况如何？

答：近年来，拉脱维亚农业从业人员比重下降趋势明显，而农业增加值在 GDP 中的比重较为稳定，表明拉脱维亚农业技术逐步改进，劳动生产率得以提高，正逐步接近欧盟农业发展平均水平。人均拥有的可耕地较多，主要农作物以谷物和动物饲草为主，乳制品是拉脱维亚优先发展的农业门类之一。鱼产品一直是拉脱维亚主要出口产品之一。

477. 拉脱维亚有哪些自然资源？

答：（1）森林。拉脱维亚的森林位于由北方针叶林和南方阔叶林组成的混合林区，多个森林符合天然森林的标准。（2）海岸。绵延波罗的海和里加海湾的 497 公里的海洋和沿海地区是拉脱维亚风景中的重要一部分。沿海捕鱼的传统是拉脱维亚文化的主要组成部分。（3）沼泽。特西国家自然保护区，覆盖面积 19337 公顷，是波罗的海地区最大的沼泽保护区。（4）湖泊和河流。拉脱维亚境内河流超过 12500 条，绵延 38000 公里，另外有湖泊 2256 个，面积均超过 1 公顷，总面积有 1000 平方公里。（5）矿产。拉脱维亚矿产资源贫乏，采矿业规模小，主要有泥炭、金沙矿、石英矿、白云石、石膏、石灰石和粘土等。

478. 拉脱维亚商贸发展占据哪些地理优势？

答：拉脱维亚是在北欧成立公司理想的地方。里加市地处波罗的海地区的中心，是该地区最大的城市。它不仅仅在地理位置上是北欧的中心，同时北欧是拉脱维亚经济腾飞的基础。拉脱维亚是第一个与俄罗斯接壤的欧盟国家，是进行东西方贸易的理想之地。

479. 拉脱维亚主要有哪些出口商品？

答：机电产品、木材及其制品、食品、饮料、烟草、矿产品等。

480. 拉脱维亚主要有哪些进口商品？

答：机械和电子设备、运输工具、金属制品、化工产品、木材及其制品等。

481. 中国对拉脱维亚主要出口什么商品？

答：机械及机械配件，杂项制成品，塑料、橡胶及其制品，基础金属及其制品、纺织产品、化学产品及相关制品、光学设备、钟表、乐器、鞋、帽、伞、石、石膏、水泥、玻璃、运输车辆等。

482. 中国从拉脱维亚主要进口什么商品？

答：木材及木制品、基础金属及其制品、机械及机械配件、矿物产品、蔬菜产品、杂项制成品、化学产品及相关制品、光学设备、钟表、乐器、加工食品、塑料、橡胶及其制品等。

483. 出口拉脱维亚是否需要特殊的单证？

答：需要普惠制原产地证明书（FORMA）。普惠制原产地证书是具有法律效力的我国出口产品在给惠国享受在最惠国税率基础上进一步减免进口关税的官方凭证。清关的时候要办理普惠制原产地证明书，这样客户能清关，而且能享受关税优惠。

484. 拉脱维亚贸易管理有哪些重要规定？

答：拉脱维亚奉行自由贸易政策，反对贸易保护主义。加入欧盟后，执行欧盟共同贸易政策，遵循欧盟在安全和技术标准方面对进口产品的相关规定。对来自欧盟其他成员国的产品免征关税，对来自欧盟以外国家的产品按照欧盟统一税率征收关税。欧盟进口许可制度主要有监管、配额管理和保障措施三类。欧盟海关还利用各种技术要求，如产品标准、卫生和动植物卫生标准等作为进口管理手段。

485. 拉脱维亚的投资促进机构是哪个部门，其主要职责是什么？

答：拉脱维亚投资促进机构是投资发展署，其是拉脱维亚政府批准成立的非盈利合股公司，旨在吸引外国投资，促进拉脱维亚商品与服务的出口，在国内外市场中增加拉脱维亚企业的竞争力，负责欧盟结构基金的分配使用。

486. 拉脱维亚外资引进有哪些鼓励措施?

答：为了吸引外国直接投资，拉脱维亚政府和各地区政府通过与各种商业组织的合作，以多种方式为在拉脱维亚建立企业的公司改善投资的法律环境和管理环境。例如，加快办理公司注册手续的速度和现代化程度，即可在2个营业日内成立一家公司等等。此外，还采取税收优惠政策、经济特区优惠政策、进口增值税和关税优惠政策等吸引外国投资。

487. 拉脱维亚引进外国投资主要有哪些行业?

答：房地产、批发与零售贸易、金融、电信和完全以出口为导向的制造业等。

488. 外国投资者在拉脱维亚享有哪些税收优惠?

答：经营大型的国家支持的投资项目可得到税收补贴，其数额相当于总投资额的40%，经营高技术产品可减税30%，中小企业可减税20%，地方政府可根据当地的发展战略需要批准投资项目的不动产税下调90%等。

489. 拉脱维亚有哪些经济特区?

答：拉脱维亚有4个经济特区：里加自由港、文茨皮尔斯自由港、利耶帕亚经济特区和雷泽克内经济特区。

490. 拉脱维亚经济特区有哪些优惠政策?

答：房地产税减免80%；公司所得税减免80%；仅对非居民代扣的红利、管理费、知识产权使用费纳税减免80%；提高固定资产折旧率到150%～200%；亏损结转后期；区内供货和销售以及出口免增值税；对在本国缴纳了社会安全税的外国投资者免征社会安全税等。

491. 拉脱维亚是否禁止外资企业拥有用地权益?

答：除特定区域外，拉脱维亚不禁止外资企业拥有用地权益。

外资企业不能拥有用地权益的范围为：边境地区土地；受保护的波罗的海和里加湾海岸区以及其他公共水域（当地政府规划允许的建筑地区除外）；当地政府规划的农业和森林用地；国家重要的矿床内土地和自然保护区以及自然保护区内被保护的地域。

492. 中国与拉脱维亚有什么重要合作项目？

答：华为技术在拉脱维亚设有子公司、中兴通讯设有分支机构。2014 年中国企业在拉脱威亚新签承包工程合同 4 份，合同额 1377 万美元，完成营业额 1205 万美元。新签大型工程承包项目包括江苏享通光电股份有限公司承建拉脱维亚通信传输项目等。

493. 拉脱维亚经济有哪些特点？

答：工农业发达，经济实力水平高；港运交通发达；劳动力素质高，生产能力和生产水平居中东欧各国前列。

494. 拉脱维亚金融状况如何？

答：加入欧元区后，有利于拉脱维亚降低资金成本，增强资本市场对拉脱维亚的投资信心。银行体系稳健性增强，银行体系资产质量与流动性得以全面改善。

495. 拉脱维亚有哪些重要的银行？

答：瑞典银行、联合银行、德莱克斯银行、芬兰北欧银行拉脱维亚分行等。

496. 拉脱维亚有哪些重要的保险公司？

答：SEB 人寿保险保险股份公司、CBL 人寿保险股份公司、BALTA 保险股份公司、BALTIC 住房保险股份公司、BTA 保险公司、Baltikums 维也纳保险集团股份公司、Gjensidige 波罗的海保险股份公司、BTA 波罗的海保险股份公司。

497. 中国人在拉脱维亚能使用什么信用卡?

答：在拉脱维亚当地信用卡使用非常普遍。中国国内银行发行的维萨卡（VISA）和万事达卡（Master）在当地可以使用。

498. 拉脱维亚税率如何?

答：拉脱维亚实行单一税收体系，属个人税制，主要税种是企业所得税、个人所得税、房地产税、增值税、国家强制社会保险税、消费税等。企业所得税为 15%，增值税为 21%，雇主所纳社会税为 23.59%。自 2015 年 1 月 1日起，个人所得税税率从 24% 下调为 23%，2016 年进一步下调为 22%。

499. 拉脱维亚有什么工会组织?

答：根据法律，5 人以上可以成立工会。因此，拉脱维亚遍布大大小小各类工会组织，如拉脱维亚雇主联合会、拉脱维亚记者联合会、拉脱维亚科学家联合会等。

500. 拉脱维亚劳动力状况如何?

答：受拉脱维亚经济增长放缓、工作年龄人口下降及地缘政治等影响，2015 年拉脱维亚劳动力市场改善（包括失业率下降和就业人数增加）状况较往年趋缓。2015 年拉脱维亚新增就业人口小幅增长，增幅为 0.5%，新增就业 4800 人。主要岗位领域为面向国内需求的商业服务业和贸易行业。同时，与科学、工程和信息通信领域相比，人文和社科领域劳动力供大于求。政府实施了有效的再教育工程，缓解了各领域间人才不平衡问题。

501. 外国人在拉脱维亚居住和工作有什么规定?

答：拉脱维亚《移民法》规定，签证有效期不得超过一年。除外交、公务和专业签证外，半年内停留时间不得超过 90 天；如停留 90 天以上，必须办理临时居民许可和工作许可。外国人在拉脱维亚就业需有合法的居留许可和工作许可，并按时缴纳当地医疗保险、社会保险和所得税。拉脱维亚企业聘请外国人来拉脱维亚工作的工作许可由拉脱维亚方的雇主办理。有职位空缺时，雇主必须先在当地报纸刊登招聘启事，1个月内没有在当地找到合适的人选方可申请聘请外国人。申请时，雇主需提供该外国人具有从事该项工作资格的证明。

502. 移民拉脱维亚有什么规定？

答：主申请人年满 18 周岁，无犯罪记录，在拉脱维亚里加地区购买 15 万欧元的房产，即可申请移民。最初主申请人及全家人获得一年有效的居留签证，每年无条件续签一次，5 年后可转永久居留身份；如果不想转永久居留，也可续签居留签证。因为拉脱维亚是申根国家，因此取得了居留签证后，即可免签自由进出 24 个欧洲申根国。

503. 申请拉脱维亚签证需递交哪些文件？

答：（1）护照；（2）填写完整的签证申请表；（3）一张白色背景的证件照片；（4）相关的文件，证明签证申请人在不迟于申请日之前 3 个月的时间内收到拉脱维亚内务部国籍和移民事务办公室批准的邀请函；（5）中国国籍的申请人：户口本原件和所有页、加页的复印件；（6）其他国籍的申请人：中国居留许可证的原件、所有页和加页的复印件；（7）身份证；（8）如果是因公出差，出示公司的营业执照；（9）签证费。

504. 外国人能否在拉脱维亚购置房产？

答：可以。拉脱维亚移民有两大购房方式，一是商考购房方式，二是国内购房方式。不管是通过哪种方式，拉脱维亚移民局官方要求投资 15 万欧元以上房产（在一线城市）或投资 7 万欧元以上房产（在其他城市）；移民局无指定房产的可任意选择，购买多套。签约后，安排商考：准备商考签证申请文件（资料收集制作 2～4 周）；客户全家面签，递交使馆审核文件，获一次性考察签证（使馆审核 2～4 周）；考察房产，签订购房手续文件（6 天 5 晚）；拉脱维亚方办理房产证，收集整理制作移民申请材料（2～3 个月）；客户全家面签，向使馆递交申请材料（使馆审核 2～4 个月）；取得短期入境签证（3 个月内登陆）；前往拉脱维亚体检，办理居留许可（1～2 周）。

完成购房手续周期为 5～9 个月。

505. 如何办理赴拉脱维亚签证手续？

答：申请 90 天以上签证，通过拉脱维亚驻华北京大使馆进行办理。申请 90 天（含）以下短期签证，且居住在上海总领事馆管辖区，即上海、浙江、江苏、福建和安徽地区的，需要向匈牙利驻上海总领事馆申请（其他地区请咨询拉脱维亚驻华北京大使馆）。

具体申请步骤如下：（1）申请人在出行前一个月登陆匈牙利驻上海总领事馆签证中心网站 www.huvac.com，参考匈牙利各类签证的申请材料准备申请文件；（2）申请人在准备好所有申请材料原件和复印件后，发电子邮件至 mission.shg@mfa.gov.hu 预约面签时间。邮件内容须包含：申请人中英文全名、申请人联系电话、申请人去拉脱维亚访问的目的（即申请签证的类型）、行程的出发时间和回程时间等，邮件中须声明所有签证材料原件和复印件均已按要求准备完妥；（3）匈牙利驻上海总领馆在收到申请人的预约邮件后一周左右的时间给予回复；（4）申请人根据邮件回复约定的面签时间去匈牙利驻上海总领馆递交申请材料。

506. 如何与拉脱维亚驻华大使馆取得联系？

地址：北京市朝阳区嘉林路甲 1 号嘉林花园 71 号别墅，100016
电话：（010）64333863
传真：（010）64333810

507. 如何与中国驻拉脱维亚大使馆及经商处取得联系？

（一）中国驻拉脱维亚大使馆

地址：里加市甘尼布丹比斯街 5 号

电话：（00371）67357023，67357024

传真：（00371）67357025

电子邮箱：chinaemb _ lv@mfa. gov. cn

（二）中国驻拉脱维亚大使馆经济商务参赞处

地址：里加市达尔巴街 2 号

电话：（00371）67805475

传真：（00371）67805470

电子邮箱：lv@mofcom. gov. cn

十、立陶宛篇

508. 立陶宛首都在哪里?

答:维尔纽斯,位于立陶宛东南部的内里斯河和维尔尼亚河汇合处,面积 287 平方公里,是立陶宛重要的工业城市。

509. 立陶宛有哪些主要城市?

答:除首都维尔纽斯外,立陶宛的主要城市还有考纳斯市和克莱佩达市等。

510. 立陶宛使用什么货币?

答:立特。1 立特＝2.1349 人民币(2016 年 4 月 1 日)。

511. 立陶宛用什么语言?

答:立陶宛语是立陶宛的官方语言,约 400 万立陶宛人侚用。

512. 立陶宛有哪些主要民族?

答:立陶宛族约占 85.4％,波兰族约占 6.6％,俄罗斯族约占 5.4％,白俄罗斯约占 1.3％,乌克兰、犹太、拉脱维亚等民族约占 1.3％。

513. 立陶宛人宗教信仰情况如何?

答:主要信奉罗马天主教,此外还有东正教、路德教等。

514. 立陶宛人用餐的主要食材有哪些?

答:立陶宛人主要食物有面食、土豆、甜菜、白菜、猪肉、羊肉和奶制品等。火腿、香肠、熏猪肉是传统肉制品。猪肉熏肠也是常用食物。

515. 立陶宛人有什么独特的饮食习惯?

答:立陶宛人在饮食嗜好上有如下特点:(1)菜肴要熟透,菜品要量大油重。（2）口味一般不喜太咸，爱微辣味道。（3）主食以面食为主，肉类爱吃猪肉、牛肉等；蔬菜喜欢土豆、卷心菜等；调料有胡椒粉、番茄酱等。（4）对烧、炸、煎、炒等烹调方法制作的菜肴偏爱。（5）喜欢什锦拼盘、干烧鸡脯、烤肉等风味菜肴。（6）酒水对格瓦斯、葡萄酒、啤酒很喜欢，饮料爱喝矿泉水、果子露等。

516. 立陶宛有哪些重要节日？

答：除夕（1月1日）、国庆日（2月16日）、恢复自力日（3月11日）、五月节（5月1日）、母亲节（5月的第一个星期日）、国家日（7月6日）、万圣节及亡者吊唁日（11月1日）、圣诞节（12月25日）。

517. 立陶宛有哪些著名景点？

答：涅里斯区域公园、考纳斯大教堂、克莱佩达时钟博物馆、格如沓丝公园、帕兰加琥珀博物馆等。

518. 立陶宛的公路交通状况如何？

答：立陶宛拥有发达的公路网，将其同欧洲及独联体国家连成一体。立陶宛国内公路总里程为8.4万公里，其中2.1万公里为国家级公路。

519. 立陶宛的铁路交通状况如何？

答：立陶宛铁路作为前苏联运输网络的一部分，与俄罗斯及其他独联体国家交通十分方便。目前，立陶宛境内铁路总里程1767.6公里。纵贯南北的1号铁路干线和横跨东西的9号铁路干线铁路网使立陶宛成为连接东西欧的重要货物运输走廊。

520. 立陶宛的航空交通状况如何？

答：立陶宛航空运输便利，主要有四个国际机场，分别位于维尔纽斯、考纳斯、首莱、帕兰加，其中维尔纽斯国际机场是立陶宛最重要的航空客运枢纽。

521. 中国人赴立陶宛可选择哪些航空线路？

答：从中国至立陶宛没有直达航班，较为便利的航线有北京—莫斯科—维尔纽斯、北京—法兰克福—维尔纽斯、浦东—法兰克福—维尔纽斯、浦东—莫斯科—维尔纽斯等。

522. 立陶宛的水路交通状况如何？

答：立陶宛具备较好的海运基础，克莱佩达港位于立陶宛西部，地理位置优越，是波罗的海东岸最北部的不冻港之一，克莱佩达港是一个多用途深水港，有 33 个专业码头，可以处理各类货物，年吞吐能力 6000 多万吨。

523. 立陶宛有哪些港口？

答：维尔纽斯港、考纳斯港、克莱佩达港等。

524. 立陶宛有哪些特色产品？

答：琥珀是立陶宛的特色产品，全球琥珀蕴藏量 95％在加里宁格勒和立陶宛一带，在沿海地区，琥珀有时被海水冲上岸，在沙滩俯拾即是。立陶宛限制琥珀输出，但少数作为纪念品或礼品的项链就可以，只要价格不超过 250 美元。携带者要先得到立陶宛文化部的许可证，若欲输出 50 年前的艺术品则需支付 10％～20％的税。

525. 立陶宛有哪些优势产业？

答：食品加工、木材加工、交通物流、生物技术、激光技术等为立陶宛的优势产业。

526. 立陶宛有哪些大企业？

答：连锁零售超市集团、立陶宛铁路公司、立陶宛能源公司、Mnitel 电信公司、Telekomas 电信公司（移动通信运营）、Lietuva Statoil（汽油连锁零售）、MG Baltic Trade（酒类生产及批发贸易）等。

527. 立陶宛卫生医疗状况如何？

答：立陶宛独立后，对国有综合性医院、专科医院以及各级国有诊所进行了较大程度的维修和改造，引进更新了医疗设备，提高了医护人员的专业水平。立陶宛设立了包括医疗保险在内的社会保障基金，每月由工作单位为劳动者缴纳，数额为劳动者月工资的 34％。劳动者可凭社会保险本在居住地的国有诊所及其指定的上一级国有医院免费就诊，药费和手术费由个人支付，但可享受一定的国家补贴。

528. 立陶宛酒店住宿业状况如何？

答：立陶宛旅游业是其酒店住宿业发展的主要动力，著名酒店有 Kempinski 酒店、Nordic Choice 酒店、Accor 酒店等，集中在维尔纽斯、考纳斯、克莱佩达和德鲁斯基宁凯等立陶宛主要旅游景点。

529. 立陶宛工业状况如何？

答：工业是立陶宛的支柱，主要由矿业及采石业、加工制造业以及能源工业三大部门组成。工业门类比较齐全，以食品、木材加工、纺织、化工等为主，机械制造、化工、石油化工、电子化工、金属加工等也发展迅速。

530. 立陶宛木材加工业状况如何？

答：立陶宛木材加工业具有一定的优势，木材资源比较丰富；区域内国家木材加工业水平普遍上升较快，木材产品附加值有待进一步提高，产业比较优势不突出，面临国际市场的竞争压力。立陶宛境内采伐的木材近半数销往国外，导致本国企业高价从国外进口木料，制约了木材加工和家具行业的发展。

531. 立陶宛纺织服装业状况如何？

答：纺织服装业是立陶宛历史悠久、最发达的产业之一，是该国制造业中就业人数最多、产值居第二的产业。全国共有 1000 余家纺织服装企业，其中纺织企业 300 多家，服装企业 700 多家。

532. 立陶宛的矿产资源情况如何？

答：立陶宛的矿产资源比较贫乏，主要有西部地区和波罗的海大陆架的石油、煤炭、建筑用石膏、石灰石、黏土和砂石等，在东南部有铁矿和花岗岩，还有白云石、矿泉水、地热等资源。

533. 立陶宛能源行业状况如何？

答：立陶宛国土面积较小，自然资源相对匮乏，其国内所需石油、天然气基本都从俄罗斯进口，能源供给来源单一，对俄能源依赖性较大。为保证国家能源安全，立陶宛历届政府高度重视能源行业的发展。2014 年立陶宛进口能源占全国能源消费的 77.9%，对外依存度仍高居欧盟 28 国前列。

534. 立陶宛森林资源情况如何？

答：立陶宛的森林资源较为丰富。森林面积 200 多万公顷，森林覆盖率为 32%，人均森林面积 0.61 公顷；木材蓄积量为 4 多亿立方米，人均木材蓄积量为 115 立方米。自然保护区、国家公园及其他保护地占全国面积的 12%。

535. 立陶宛就本国的能源现状具体发展战略是什么？

答：为了减少对俄罗斯能源依赖，保障国家长远的能源安全，确保可靠稳定的能源供应，稳定和降低能源价格，保障消费者利益，立陶宛政府制定了能源发展战略。主要内容为提升本国能源产能（包括建设新核电站），实现能源进口渠道多样化，发展可再生能源，以期在 2020 年前形成合理的能源结构。将从俄进口的能源比例从 2010 年的 80% 降至 2020 年的 24%，将从其他国家进口的能源比例从 2％提高至 24％；将可再生能源的比例从 18％提高至 23％；新建现代化核电站，争取使其份额占到全国能源结构的 29％。

536. 立陶宛主要有哪些出口商品？

答：矿产品、机电产品、化工产品、家具、玩具等。

537. 立陶宛主要有哪些进口商品？

答：矿产品、电机产品、化工产品、运输设备等。

538. 立陶宛自中国进口的主要商品有哪些？

答：机电产品、纺织品及原料、贱金属及其制品、家具玩具等。

539. 立陶宛出口中国的主要商品有哪些？

答：木材及制品、家具、玩具、机电产品、光学钟表及医疗设备等。

540. 立陶宛商品主要进出口国有哪些？

答：主要进口国为俄罗斯、德国、波兰、拉脱维亚和荷兰。商品主要出口国为俄罗斯、拉脱维亚、德国、波兰和爱沙尼亚。立陶宛进出口额分别占欧盟总额的 64.8％和 57.3％，进出口额占独联体国家总额的 34％和 25.8％。

541. 中国与立陶宛经贸合作关系如何？

答：两国自 1991 年建交以来，双方高层交往频繁，经贸交流日益密切与深化。近几年来，立陶宛经济总体保持良好复苏势头，对外贸易快速回升，双边贸易额呈快速增长态势。2015 年中国和立陶宛双边货物进出口额达到 10.2 亿元，增长 17.3％。

542. 中国和立陶宛签署了哪些贸易合作条约？

答：《中华人民共和国政府和立陶宛共和国政府经济贸易合作协定》《中

华人民共和国政府和立陶宛共和国政府关于互免签证协议》《中华人民共和国
政府和立陶宛共和国政府关于鼓励和相互保护投资协定》《中华人民共和国铁
道部和立陶宛共和国交通部铁路科技和经济合作协议》《中华人民共和国政府
和立陶宛共和国政府关于对所得和财产避免双重征税和防止偷漏税的协定》
《中华人民共和国和立陶宛共和国引渡条约》等。

543. 立陶宛有哪些主要投资来源国？

答：瑞典、德国、丹麦、爱沙尼亚、荷兰、拉脱维亚、波兰、芬兰和俄
罗斯等。

544. 立陶宛法律规定的外国投资方式主要有哪些？

答：立陶宛法律规定的外国投资方式主要有：（1）设立公司或收购一个
正常经营的公司部分或全部的所有权；（2）购买各类证券；（3）创造、获得
或者增加长期资产的价值；（4）通过提供资金或其他资产的方式获得一个公
司的控股权；（5）缔结转让或租赁协议等。

545. 立陶宛在外商投资方面有哪些规定？

答：立陶宛于 1999 年颁布实施《投资法》，该法适用于国内和外国投资。
根据该法，外国投资者和立陶宛本国投资者享有同样的权利。除了涉及国家
安全及国防领域以及彩票行业之外，外国投资者可以进入立陶宛各个经济领
域不受限制。

546. 在立陶宛投资不动产有哪些规定？

答：（1）在立陶宛共和国，投资者有权购买并拥有所有形式的不动产。
（2）投资者可依据立陶宛共和国民法典所规定的程序，对隶属于国家的土地
进行租赁。（3）外国有权依据《立陶宛共和国关于外国使团和领馆购买和租
用土地的程序和条件法》所规定的程序，购买并拥有土地。

547. 立陶宛对外国投资者有什么特殊规定?

答:(1)投资活动可针对《投资法》和立陶宛共和国其他法律所规定的限制领域外的所有合法经济和商业项目。(2)外国投资者不得投资于国家安全和国防安全保障领域(但立陶宛选定的符合欧洲和泛大西洋一体化原则,且国家国防委员会给予支持的经营主体投资除外)。(3)如果拟成立的经营主体的投资依据行业法规实行许可证管理,则经营主体必须依据相关法律和法规所规定的程序取得经营许可证。

548. 立陶宛为投资商提供的优惠政策主要有哪些?

答:(1)投资额超过 100 万欧元的企业,前 6 年免缴利润税,随后的 10 年利润税减半征收(税率为 7.5%);(2)免征不动产税;(3)免征外方股东的股息税。

549. 在立陶宛对投资者权利和投资保护有哪些政策?

答:(1)立陶宛投资者和外国投资者享有平等的经营条件。投资者的权力和合法利益由立陶宛共和国法律加以保护。(2)在遵守立陶宛共和国法律和其他法规的前提下,投资者有权管理、使用、支配立陶宛共和国境内的投资客体。(3)投资者依据立陶宛共和国法律照章纳税后,有权将其拥有的利润(收入)不受限制地兑换成外币和(或)汇出境外。(4)外国投资者有权以外币或者立陶宛本币的形式,将资金汇入经营主体资本金。

550. 立陶宛对中国企业承揽工程项目有什么规定?

答:立陶宛对承揽工程项目的企业资质乃至项目管理者均有明确的要求,中国企业在参与当地工程项目时,应明确项目对专业资质等各方面的要求,并在施工过程中遵守当地有关环保、安全等方面的规定。我国企业应积极利用保险、担保、银行等保险金融机构和其他专业风险管理机构的相关业务来保障自身利益，包括贸易、投资、承包工程和劳务类信用保险、财产保险、人身安全保险和各类担保业务（政府担保、商业担保、保函）等。

551. 立陶宛知识产权的负责部门主要职能是什么？

答：立陶宛专利局是负责知识产权有关工作的政府机构，其主要职能包括专利、工业设计、公司名称、商标等知识产权的注册和保护。此外，立陶宛文化部负责知识产权的立法工作。

552. 立陶宛关于知识产权的法律主要有哪些？

答：《民法》《商标法》《工业设计法》《专利法》《进出口商品知识产权保护法》等。

553. 立陶宛在知识产权保护方面有哪些法规？

答：1990 年立陶宛独立后，即着手将前苏联式的知识产权保护体系向现代化的、有效的保护私有知识产权制度转变。立陶宛已加入了世界知识产权组织（WIPO），立陶宛国内立法已完全符合《与贸易有关的知识产权保护协定》（TRIPS）的有关要求。此外，立陶宛有关知识产权保护的法律法规与欧盟的相关法律法规保持高度一致。

554. 立陶宛关于知识产权侵权的相关处罚有哪些？

答：在立陶宛以《商标法》《著作权法》《专利法》为主体的知识产权保护法律体系中，针对侵权行为，主要规定了民事、行政、刑事三种责任形式。

555. 立陶宛有哪些经济自由区？

答：克莱佩达、首莱、考纳斯自由经济区。

556. 立陶宛在拓展国际市场方面有什么重要措施？

答：立陶宛于 2001 年 5 月加入世贸组织。立陶宛是欧盟成员国，执行欧盟统一的对外经贸政策，并遵照欧盟同第三国达成的有关协议同欧盟以外国家开展经贸合作。同时在欧盟总体法律框架内，立陶宛有权同别的国家签订双边协定，立陶宛已签订 70 余个双边协定、27 个三边协定和 5 个多边协定。另有波罗的海国家理事会，成立于 1992 年 3 月，其目的是进一步加强波罗的海沿岸地区的稳定、安全与合作。理事会每年举行一次外长会议，该理事会下设经济合作工作组，讨论各国的经济合作问题。

557. 立陶宛对商业贿赂有何法律规定？

答：《联合国反腐公约》《反腐败刑法公约》《禁止在国际商业交易中贿赂外国公职人员》《预防腐败法》《特别调查局规定》《政党及竞选资金财务控制发》《游说法》等。

558. 立陶宛有哪些重要的银行？

答：维尔纽斯银行、汉莎—立陶宛储蓄银行、立陶宛农业银行、斯诺拉斯银行等。

559. 立陶宛信用卡的使用情况？

答：立陶宛共发行信用卡超过 50 万张，占全部银行卡总额的 12％。其中万事达卡占总数的 59.6％，VISA 卡占 36.1％，AMERICAN EXPRESS 卡占 4.2％。借记卡是立陶宛国内主要的支付卡种类，总数超过 370 万张，占全国银行卡总数的 87％；其中 VISA 卡借记卡占 69.8％，万事达卡占 30.2％。中国国内发行的 VISA、万事达外币卡可在当地使用。

560. 立陶宛黄金外汇储备及债务状况如何？

答：截至 2013 年底，黄金外汇储备 80.13 亿立特，同比增长 20％。国家债务总额 131.63 亿立特（占 GDP 的 26.3％），其中外债 91.78 亿立特，内债 39.85 亿立特。

561. 立陶宛有哪些税务管理部门？

答：立陶宛税务系统由财政部下属税务监察局管理，并设有 10 个地区税务监察局。另外，海关署、环境部等部门参与相关税费的征缴管理工作。

562. 立陶宛的主要税种有哪些？

答：个人所得税、企业所得税、房地产税、土地税、增值税、消费税、遗产税及博彩税等。

563. 立陶宛税的申报时间如何计算？

答：立陶宛计税期一般按自然年度计算，特殊类型的企业可以根据季节计算，但总时长不能超过 12 个月。企业所得税应在每年 5 月 1 日前申报。个人所得税按季度申报，申报时间应为每季度结束后 20 个自然日之内。增值税应在每月 15 日前申报。企业应直接向立陶宛税务监察局申报。

564. 立陶宛的劳动力资源如何？

答：立陶宛劳动力供应基本充足且素质较高，各大专院校每年都有大批技术工人和专业研究人员完成学业，劳动力成本相对低廉。

565. 立陶宛在劳动合同方面有哪些规定？

答：立陶宛《劳动法》对劳动合同的订立、时长、工时、加班、工资、休假等均有明确规定。劳动合同必须符合《劳动法》确定的格式，且必须签订书面合同。合同内容必须包括合同有关方必须遵守的条款，如工作地点、工作内容、合同时限，固定工作内容的合同不得确定雇佣时间。此外，雇佣双方必须在合同内明确工作报酬。

566. 立陶宛在终止劳动合同方面有哪些规定？

答：立陶宛《劳动法》规定，只有在如下情况下方可终止劳动合同：（1）

雇佣方破产且不再继续经营；（2）被雇佣方死亡；（3）雇佣双方就解除雇佣合同达成协议；（4）雇佣合同到期；（5）雇佣方提前通知；（6）被雇佣方提前通知等。在被雇佣方无过错的情况下，雇佣方也可出于善意终止雇佣合同。但雇佣方必须在终止雇佣关系前 2 个月书面通知被雇佣方。

567. 立陶宛对外国人在当地工作有哪些规定？

答：欧盟以外国家的非立陶宛常住人口可在立陶宛临时工作，但必须得到立陶宛劳动交易所颁发的劳动许可。欲在立陶宛工作 3 个月至半年的外国公民必须获得临时居留许可。外国公民可向立陶宛各驻外使领馆申请居留许可，已合法进入立陶宛境内的外国公民可直接向立陶宛内务部下属的移民局提交申请。持有立陶宛短期访问签证的外国公民不能申请居留许可。

568. 立陶宛引进外籍劳务人员的程序及相关要求有哪些？

答：立陶宛用人单位在雇佣非欧盟国家的劳务人员之前，应在欧盟统一的劳务网站上刊登相应岗位的人员招聘信息。用人单位申请劳动许可应在申请表上注明劳务人员的工种和职位，该劳务人员从事本专业工作时间不得少于 5 年，有关职称和技能证明需要经过认证。立陶宛劳动交易所应当自受理用人单位申请之日起 3 个月内完成审核工作，并根据立陶宛劳动市场的供求情况决定是否颁发劳动许可。

569. 立陶宛对外籍劳务人员的劳动期限有什么要求？

答：劳动许可期限一般为 1 年，最长不超过 2 年，期满后外来劳务人员需出境重新申请。

570. 立陶宛签证类别有哪些？

答：旅游签证、商务签证、探亲签证、访友签证等。其中访友签证需要面试，商务签证需要邀请函。

571. 办理赴立陶宛商务签证需提供什么材料？

答：（1）个人资产证明：护照、身份证（原件＋正反面复印件一份）、户口本（原件＋全家户口本复印件一套）；（2）资产证明材料：活期对账单（必选）、房产证明或车辆证明（可选）；（3）工作证明材料：营业执照（营业执照/机构代码/事业单位法人证书副本复印件并加盖公司公章）、工作单位派遣函；（4）邀请函：邀请函原件（经立陶宛移民局审批）、外方的营业执照（外方企业的营业执照和其复印件）等。

572. 如何与立陶宛驻华大使馆取得联系？

地址：北京市朝阳区霄云路 18 号京润水上花园 B-30 （100016）

电话：010－84518520

传真：010－84514442

电子邮箱：emlituan@public3. bta. net. cn

573. 如何与中国驻立陶宛大使馆及经商处取得联系？

（一）中国驻立陶宛大使馆

地址：ALGIRDO G－36，VILNIUS，LITHUANIA ALGIRDO
　　　G-36，VILNIUS，LITHUANIA

邮编：03218

国家地区号：00370－5

网址：http：//www. chinaembassy. lt
　　　http：//lt. china-embassy. org
　　　http：//lt. chineseembassy. org

电子邮箱：chinaemb _ lt@mfa. gov. cn

（二）中国驻立陶宛大使馆经商处

地址：BLINDZIU G－34，VILNIUS. LITHUANIA

邮编：08110

电话：2722375

传真：2722161

网址：http：//www. chinesecomoffice. lt

　　　　http：//lt. china-embassy. org

　　　　http：//lt. chineseembassy. org

电子邮箱：chinesecomoffice@tdd. lt

网址：http：//www. investlithuania. com

（5）中国商务部研究院海外投资咨询中心

地址：北京市东城区安外东后巷 28 号

电话：010－64515042，64226273，64515043

传真：010－64212175

电子邮箱：kgjyb@126. com

网址：http：//www. caitec. org. cn

十一、马其顿篇

574. 马其顿首都在哪里？

答：马其顿的首都是斯科普里，是马其顿最大的都市，也是马其顿政治、经济、文化中心。

575. 马其顿有哪些主要城市？

答：除了首都斯科普里外，主要城市还有比托拉、库马诺沃、普里莱普等。

576. 马其顿使用什么货币？

答：第纳尔。1 人民币＝8.3614 马其顿第纳尔（2016 年 4 月 1 日）。

577. 马其顿使用什么语言？

答：马其顿官方语言为马其顿语，在某些地区，阿尔巴尼亚语也是主要语言之一。许多马其顿人会讲英语、法语、德语、俄语、意大利语等。

578. 马其顿有哪些主要民族？

答：马其顿拥有人口 206 万，是一个多民族的国家，其中，马其顿族约占 65％，阿尔巴尼亚族约占 25％，土耳其族约占 4％，吉普赛族约占 3％，塞尔维亚族约占 2％。

579. 马其顿人宗教信仰情况如何？

答：马其顿民众大多信奉东正教，占总人口的 67％；信奉伊斯兰教的人口占 30％；信奉其他宗教人口占 3％。

580. 马其顿有什么独特的饮食习惯？

答：马其顿人在饮食上以面食为主，其口味偏重，不怕油腻，爱吃辣味食品。大多数人喜欢喝土耳其咖啡，也有人爱喝红茶、葡萄酒、果子酒和矿泉水。

581. 马其顿有哪些特色美食？

答：布雷克、马萨卡、烤豆、卷心菜卷、炖肉汇等。

582. 马其顿有哪些著名景点？

答：地震博物馆、圣南姆修道院、普雷斯帕湖等。

583. 马其顿在习俗上有哪些注意事项？

答：马其顿人热情好客，如被邀请到私人家里做客，不要迟到，可以带花、葡萄酒或巧克力作为小礼物。送花时，注意送单数，表示喜庆。送双数花通常用于葬礼。在下午 5 点前拜访或打电话是不礼貌的。马其顿人喜欢到餐厅、酒吧、咖啡厅过夜生活，周末通常要娱乐到很晚才休息。

584. 马其顿的节假日有哪些？

答：主要节日有新年（1 月 1 日和 2 日）、东正教圣诞节（1 月 7 日）、复活节、劳动节、依林登起义日（8 月 2 日）、独立日（9 月 8 日）、国庆节（10 月 11 日）。

585. 马其顿有哪些特色产业？

答：建筑业、农业、酿酒业等是马其顿的特色产业。

586. 马其顿有哪些重要的展会？

答：马其顿斯科普里教育及就业展、马其顿斯科普里消费品展、马其顿斯科普里汽配展等。

587. 马其顿气候条件如何？

答：马其顿气候以温带大陆性气候为主，大部分农业地区夏季最高气温达 40℃，冬季最低气温达 -30℃；西部受地中海气候影响，夏季平均气温 27℃，全年平均气温为 10℃。

588. 马其顿基础设施状况如何？

答：马其顿公路网较发达，地处两条泛欧交通走廊（8 号走廊和 10 号走廊）的交汇处，贯通亚得里亚海、爱琴海和黑海。境内有南接希腊、北连塞尔维亚的欧洲 75 号公路，并有多段高速公路。马其顿最主要的国际铁路干线由贝尔格莱德经过马其顿首都斯科普里向南连接爱琴海上的塞萨洛尼基港。马其顿拥有两个国际机场，分别位于斯科普里和奥赫里德。境内水路运输不发达。电信业实行全面开放政策，主要移动通信运营商包括马其顿全球移动通信业务公司和奥地利电信公司 VIP，通信便利。

589. 马其顿交通状况怎样？

答：马其顿位于东南欧的中心，是面向欧洲市场理想的转运中心和配送中心。便捷的公路与铁路交通能在 3 小时内到达马其顿的每个城镇。马其顿公路里程为 9000 多公里，铁路里程为 900 多公里。马其顿有首都斯科普里与奥赫里德两个国际机场，并开通到达欧洲主要城市的定期航班。

590. 马其顿对铁路建设计划如何？

答：马其顿政府将泛欧 8 号、10 号走廊铁路作为建设规划重点，计划于 2025—2027 年开通境内的全线铁路。10 号走廊自马其顿与塞尔维亚边境的 Tavanovci 至马其顿至希腊边境的 Gevgelija，为南北走向，全长 215 公里。8 号走廊自马其顿与保加利亚边境的 Deve Bair 至马其顿与阿尔巴尼亚边境的村庄 Lin，为东西走向，全长 309 公里。

591. 从中国赴马其顿可以选择哪些出发地点？

答：可以选择从上海、北京、广州这三个地方乘飞机飞往斯科普里。

592. 马其顿有没有港口？

答：有斯科普里港，是巴尔干半岛连接爱琴海和亚得里亚海的重要交通枢纽。

593. 马其顿进口货物主要是通过哪个港口中转？

答：主要是通过希腊塞萨洛尼基港口中转的。由于通往希腊塞萨洛尼基港口的公路和铁路基础设施较好，且运输价格便宜，所以希腊塞萨洛尼基港口是马其顿企业进出口货物的首选港。马其顿企业把阿尔巴尼亚的都拉斯港和黑山的巴尔港作为一种替代选择。

594. 马其顿矿产资源状况如何？

答：马其顿矿产资源品种较多，其中煤的蕴藏量约为 1.25 亿吨，铜矿蕴藏量约为 3 亿吨，森林覆盖率为 38.5%。

595. 马其顿医疗条件怎样？

答：马其顿各城镇均设有医院、医疗站及私人诊所，药店也随处可见。马其顿公民大多享有医疗保险，外国人暂时无法上医疗保险，就医费用较贵。

596. 马其顿农业状况如何？

答：马其顿拥有较充足的农业用地，主要农作物有小麦、燕麦、玉米、水稻、棉花、烟草、向日葵、蔬菜和葡萄等，农业综合产业是马其顿的经济支柱之一，约占 GDP 的 1/6。

597. 马其顿的哪些农产品供应充足？

答：蔬菜、水果、肉类奶制品等供应充足。

598. 马其顿经济部在贸易管理方面的职能主要有哪些？

答：马其顿经济部负责管理对外贸易。该部在贸易管理方面的职能主要包括：制定贸易法律法规，制定并实施贸易政策；与其他国家和国际经济贸易组织就经济贸易问题进行多、双边磋商；做出有关进口禁令的决定；与外国及国际组织进行贸易谈判，解决贸易争端及存在的其他问题；管理全国工商会等商界组织，对全国的商业活动进行指导和监督。

599. 马其顿有哪些主要进口商品？

答：原油、轿车、通信设备、锌、载重汽车、烟叶、女衬衣、药品、香肠和肉制品、食糖、润滑油和重油、冻鸡肉等。

600. 马其顿有哪些主要出口商品？

答：卷烟、鞋、葡萄酒、电缆、男衬衣、药品、鲜和冷冻羊肉、苹果、仪器和零配件、西红柿、女劳保服装等。

601. 马其顿对中国出口的主要货物有哪些？

答：葡萄酒、烟草、车辆机械设备等。

602. 马其顿从中国进口的主要货物有哪些？

答：纺织品、化工材料、数据处理设备以及数控机械等。

603. 马其顿主要的进出口农产品有哪些？

答：主要出口农产品有烟草原料和制成品、葡萄酒、羊肉和园艺产品。主要进口产品包括冷冻和加工肉类、植物油和动物油脂、食糖和小麦等。

604. 马其顿农产品贸易合作国有哪些？

答：马其顿的主要农产品贸易伙伴是欧盟、塞尔维亚与黑山。

605. 马其顿有哪些主要贸易伙伴？

答：德国、英国、希腊、塞尔维亚、意大利、保加利亚、中国为其前七大贸易伙伴。

606. 中国首列出口马其顿动车组产自哪家公司？

答：2015 年 7 月 7 日，中国首列出口马其顿的动车组在中国中车旗下株洲电力机车有限公司竣工下线。

607. 马其顿哪些贸易需要办理出口许可证？

答：有关环境保护、人身健康保护、动植物保护、历史遗产保护和武器装备方面的贸易需要办理出口许可证。

608. 中国与马其顿签署了哪些合作协定？

答：《中华人民共和国和马其顿共和国经济贸易协定》《中华人民共和国和马其顿共和国关于鼓励相互保护投资协定》《中华人民共和国和马其顿共和国关于避免双重征税和防止偷漏税协定》《中华人民共和国和马其顿共和国关于动物检疫及动物卫生的合作协定》《中华人民共和国和马其顿共和国关于植物检疫的合作协定》等。

609. 马其顿对外贸易经济政策不断变化的原因是什么？

答：马其顿于 2003 年 4 月加入 WTO，现在正在积极谋求加入欧盟。因此，马其顿的经济政策在不断调整，为外国企业创造更为良好的投资经商环境。

610. 马其顿外资局的主要职能是什么？

答：马其顿外资局是马其顿负责吸引外资的执行机构，负责吸引外资，向外商提供优质的投资前后的全程服务。

611. 马其顿在外商投资中的能源优势体现在哪里？

答：马其顿有丰富的电力资源和完善的输送系统，电力工业是马其顿政府优先发展的领域，能向外商提供优质的电力供应。

612. 马其顿对外资实行的经济政策中有哪些比较有吸引力？

答：马其顿实行不同程度的经济鼓励政策，包括免除关税、各种税务抵扣和各种特定税种的减税措施。纳税者以在马其顿境内获取的利润进行投资，可以获得较低税基。

613. 马其顿对外商财产获得权益有什么规定？

答：外商通过在马其顿注册公司就可以像当地人一样合法取得当地财产，包括房屋等不动产。经过公开招标才能取得建筑土地，而建筑土地的最低价格由马其顿交通通信部决定。长期租用建筑土地可能对国内外的投资者更有利。通过公开投标最长可取得 99 年的建筑土地租用权。

614. 马其顿关于投资与环境保护的事项有哪些？

答：在马其顿的所有投资合作项目都须符合马其顿有关环保规定。马其顿作为欧盟候选国，其环保标准在逐渐参照欧盟有关环保标准执行。通过环保许可制度与国家环保巡视员的巡查来保证环保工作的落实。如不能达到马其顿的环保标准，任何项目都不允许在马其顿落户。

615. 马其顿有哪些具有潜力和效益的开发合作项目？

答：马其顿具有潜力和效益的开发项目很多，在能源（火力发电、天然气输送）、交通（道路更新改造、新修铁路）、水利（农业灌溉）、通信、环保等方面都有合作的可能性，但多数项目需带资承包。

616. 马其顿出台了哪些优惠政策鼓励自主创业？

答：2013 年马其顿劳动和社会政策部发布了鼓励失业人员创业的优惠政策，以推动年青人自主创业或从事农业种植。29 岁以下拟自主创业的人员，政府可为其提供最高 5000 欧元或每增加 1 个岗位给予 4000 欧元但总额不超过 2.3 万欧元的优惠信贷，贷款期限 7 年，利率为 1%。

617. 马其顿哪些行业有中国投资？

答：纺织及皮革制品、鞋业、水果和蔬菜种植、食品加工和包装、葡萄酒、烟草和香烟、旅游、钢铁和金属加工、化学和医药、汽车和巴士装配、电机及电气设备、建筑、基础设施、银行、电信和其他服务行业等。

618. 马其顿主要中资企业及机构有哪些？

答：华为技术有限公司马其顿分公司、中兴通讯股份有限公司马其顿分公司、中国水电建设集团国际工程有限公司马其顿分公司、中国水利电力总公司马其顿分公司、中元国际工程有限公司马其顿项目部、太平洋建设集团马其顿分公司、中国土木工程集团邮件公司马其顿代表处等。

619. 中国商品如何进入马其顿及周边市场？

答：中国商品想进入马其顿及周边市场，除了中国企业自身的努力外，还要发挥中国驻马其顿大使馆及经商处的中介桥梁作用，多赴马其顿参展、办展，加强与马其顿商家的信息交流。

620. 马其顿有哪些自由经济开发区？

答：马其顿计划在全国建设 6 个自由经济区，包括斯科普里、卡瓦达尔齐、斯蒂普、比托拉、格弗格利加、泰托沃等自由贸易区。

621. 马其顿自由经济开发区有哪些优惠政策？

答：免增值税和消费税；免 10 年所得税和财产税；在自由区的货物、设备和机器免关税；免城市建设费；提供水、电、气、供热和排污服务。土地租期长达 75 年。

622. 马其顿自由经济开发区有哪些雇员优势？

答：公司能容易地招到马其顿员工，有各种高级有用人才供选用；政府提供劳动关系服务。自由经济区受雇人员前五年缴纳的个人所得税优惠50％。

623. 马其顿自由经济开发区有哪些商务优势？

答：外资公司能迅速开始工作；外资公司在开发区能百分之百像当地公司一样运作；允许自由开发区公司的产品销往马其顿国内；公司可利用自由开发区作为再出口中心；官僚作风在自由开发区降到最低；设施齐全的办公室和仓库能在区内短期或长期租借；电信、运输等现代基础设施较为完善；开发区可提供国际运输服务。

624. 马其顿自由经济开发区企业的经营范围有哪些？

答：贸易经营、银行与金融服务、财产与个人保险和再保险，但纺织工业不能进入开发区。

625. 马其顿设立自由经济开发区入驻企业应符合哪些条件？

答：（1）商业投资应该是新投资和现代技术；（2）原材料，半成品和成品都应可确定和可控制；（3）运行必须不对自由经济区的公共安全造成危险，并不能对人的健康造成危害；（4）开发区的使用者应该对资产和雇员进行保险，并防止由于运行不当导致的危险；（5）自由区的企业产品若不出口，则须缴生产和服务的增值税和消费税；（6）公司可在自由区设立自己的仓库；（7）公司可在自由区进行货物批发活动；（8）公司也仅可在自由区进行零售服务。

626. 马其顿申请成为自由经济开发区的总承建人的请求中应含有什么材料？

答：自由经济开发区将由一或多个马其顿国内或国外的公司或法人实体来承建。因此，关于承建自由经济开发区的的书面请求必须提交给自由经济开发区董事会。上述请求中应含以下材料：（1）资金状况与证明拥有自由经济开发区建设经验的书面材料；（2）公司信息；（3）关于自由经济开发区的信息（运作计划书、运作时间、面积需求）；（4）自由经济开发区的基础设施计划；（5）组织结构、工作方法和条件。

627. 马其顿涉外投资税收法律有哪些特点？

答：税收法律制度采用部分的内外资双轨制，是马其顿法律的一个特色。这是长期以来对内外资利益平衡的结果，从早期的完全双轨制，对内资一套，对外资一套，到现在的部分双轨制，最后到未来的完全内外统一的税收制度，体现着马其顿国税收法律制度从不成熟逐步转向成熟。

628. 马其顿有哪些与投资者相关的保险种类？

答：社会安全险、房屋险、车辆基本险和意外险。只有社会安全险与车辆基本险是马其顿政府规定投资者必须投保的，其他险种投保人均可自由选择。

629. 外国投资者能否在马其顿购置土地和房产？

答：可以。外国投资者通过在马其顿注册公司就可以像当地人一样合法取得当地财产，包括房屋等不动产。要想取得建筑土地必须经过公开招标程序，而建筑土地的最低价格将由马其顿交通通信部决定。长期租用建筑土地可能对国内外的投资者更有利，通过公开投标最长可取得99年的建筑土地租用权。

630. 马其顿商会有何职责？

答：马其顿商会作为投资管理指导机构，其主要职责是为国家制定再发展和加强外国投资领域的政策做准备，对改善面前的投资环境的执行计划和保证制度提出建议，监督和评估本国和外国投资的实施。

631. 在马其顿投资经商需注意什么问题？

答：在投资方面，马其顿的开发区起步较晚，基础配套设施正在建设中，行政审批比较烦琐。在承包工程方面，马其顿政府对于部分大型工程项目实行招标制度。在重大工程外包时，马其顿对欧盟公司有潜在偏好。中国公司在当地竞争承包工程时，如果能与当地有实力的公司合作，在招标过程中会具备更大优势。

632. 外商在马其顿需要注意哪些社会事项？

答：马其顿社区治安虽然总体平稳，但居民可合法持有枪支，加之以往动乱造成大量枪支散落民间，存在安全隐患。建议中方人员尽量避免夜间出行，出行时不要携带大量现金。

633. 马其顿与欧盟的关系如何？

答：马其顿把加入欧盟作为对外政策的优先目标之一，大力发展同欧盟国家的关系。1996 年 1 月，马其顿与欧盟建立外交关系；同年 6 月，马其顿同欧盟草签经贸合作协定。1997 年 4 月，马其顿与欧盟正式签署经贸合作协定。2000 年 4 月，马其顿同欧盟签署了《稳定和联系条约》，成为巴尔干国家中第一个签署此类条约的国家。

634. 马其顿对外政策的主要目标是什么？

答：马其顿对外政策的主要目标是维护国家独立、主权和领土完整；致力于加入欧盟和北约；优先发展同大国和邻国的关系。

635. 马其顿有哪些重要的银行？

答：Komercijalna 银行、Stopanska 银行、Tutunska 银行、Radobank 银行、ProCredit 银行等。

636. 马其顿的融资条件如何？

答：由于马其顿资本市场尚未充分发展，市场资本化水平较低，银行便成为筹集资金的主要来源。目前尚未明确针对外国公司融资的规定，但是中资企业和个人在当地均不允许使用人民币开展跨境贸易和投资合作。

637. 马其顿可以使用哪些信用卡？

答：欧洲货币支票和主要信用卡（VISA、Master Card 和美国运通等）均能使用。

638. 马其顿证券市场的发展情况如何？

答：1996 年 3 月 28 日，马其顿证券交易所开张。马其顿证券市场分为官方交易市场和定期交易市场。截至 2014 年 12 月底，有 29 家公司上市。

639. 马其顿物价水平如何？

答：当地物价水平与经济发展水平一致，除房价偏高外，主要基本生活用品价格适中。

640. 马其顿建材价格情况怎样？

答：除石材外，马其顿国内建材市场原料大多依赖进口，价格略高于周边市场。

641. 马其顿实行什么关税制度？

答：马其顿的平均关税按照 WTO 的要求逐年下降，与 10 个周边国家及俄罗斯签订了双边自由贸易协定，对双边进出口的绝大部分商品免征关税，只征收 1% 的海关登记费。马其顿出口欧盟的产品除葡萄酒外都免关税。

642. 马其顿海关主要征收哪些税款？

答：自 2010 年 1 月 1 日起，马其顿海关除征收进口货物关税外，还增加了一项新的职能，即负责征收进口货物消费税。马其顿海关人士表示，新的税收体制有利于对进口货物销售情况的监控，提高了税收征收效率。此项改革对于相关经营公司业务无任何影响，相关公司只需将这部分税收缴纳至海关即可。

643. 马其顿劳动力状况如何?

答：马其顿有丰富的、受到良好教育的人力资源，这对外来投资者是非常有益的。马其顿平均月薪约为 370 欧元。马其顿的教育标准完全参照西方发达国家进行，马其顿人工作后通常会参加各种继续教育，政府鼓励公民参加职业教育，马其顿人大都能说流利的英语，并能说保加利亚语、克罗地亚语、塞尔维亚语、斯洛文尼亚语和希腊语其中的两种及两种以上语言。

644. 马其顿给外商颁发的工作许可证和居住许可证有什么区别?

答：工作许可证和居住许可证都由马其顿内政部颁发，其主要区别在于有效期长短。工作许可证有效时间为 3 个月至 1 年。居住许可证有效时间可长达 1 年。

645. 外商在马其顿注册公司需要向注册机构提供哪些材料?

答：包括公司或代表处的注册名称和注册地点，公司或代表处工作人员、公司或代表处的业务范围、在马其顿的责任和义务，外国公司对代表处领导人及工作人员的任命决定，公司或代表处工作人员的公民资料。

646. 马其顿解决劳资双方争端的相关法律有哪些?

答：《马其顿仲裁法》，包括《马其顿宪法》《马其顿诉讼法》《马其顿公司法》中与争端处理有关的内容。马其顿还签订了关于国际仲裁的《纽约公约》与《日内瓦公约》、关于国际投资争端的《华盛顿公约》和关于国际商务仲裁的《欧盟公约》。根据马其顿的法律，国际法高于国内法。

647. 外国人在马其顿工作有什么规定?

答：外国人来马其顿工作需要根据在马其顿从事工作的性质和时限申请相应的工作许可证。外国公民和马其顿本国公民在工作场所享有同等的权利。

648. 马其顿各种签证有什么区别?

答:(1)入境签证:欧盟、英国和美国公民进入马其顿不需签证,其他外国公民可以从马其顿海外外交机构获得 30 天的入境签证。(2)商务签证:工作在马其顿的外国公民能取得多次出入境的商务签证,其有效期为 1 年。商务签证由马其顿内务部颁发。(3)工作签证:工作签证给那些拟来马其顿寻求工作、教育学习和研究合作的外国公民。外国公民可以从马其顿海外外交机构获得工作签证。

649. 办理马其顿签证中需要注意的事项有哪些?

答:(1)签证审核时间最长为 15 个工作日(根据个人情况不同领事馆有权决定最终审理时间);(2)有效期和停留期由签证官根据申请资料来决定;(3)签证官保留面试的权利;(4)签证官根据不同的个案有权要求申请者增补资料,领事馆有权要求申请人返回中国后到领事馆面谈;(5)特别提示:签证未有结果请不要购买机票,否则一切损失将由申请者自行承担。

650. 如何与马其顿驻华大使馆及领事馆、中国驻马其顿大使馆及经商处取得联系?

(一)马其顿驻华大使馆及领事馆

地址:北京市三里屯外交公寓 3—2—21

电话:010—65326355

传真:010—65327847

(二)中国驻马其顿大使馆及经商处

地址:马其顿斯科普里市索菲斯卡大街 18 号

电话:00389—23069658

传真:00389—23069688

电子邮箱:eco@t_home.mk

十二、黑山篇

651. 黑山首都在哪里?

答:波德戈里察,是黑山政治与经济的中心,人口 16 万,位于黑山东南部斯库台盆地莫拉查河畔。

652. 黑山有哪些主要城市?

答:除首都波德戈里察外,黑山主要城市还有科托尔、布德瓦等。

653. 黑山使用什么货币?

答:欧元。

654. 黑山使用什么语言?

答:官方语言为黑山语,会讲英语和塞尔维亚语的人也很多。

655. 黑山主要有哪些民族?

答:黑山族占 44.98%、塞尔维亚族占 28.73%、波什尼亚克族占 8.65%、阿尔巴尼亚人占 4.91%。

656. 黑山人宗教信仰情况如何?

答:全国大多数人信奉东正教,沿海地区部分人信奉天主教,内陆地区部分人信奉东正教,东部地区部分人信奉伊斯兰教。

657. 黑山旅游业状况如何?

答:旅游业是黑山国民经济的重要组成部分和主要外汇收入来源。自 2006 年独立以来,黑山旅游业发展迅速,主要风景区有亚德里亚海滨和国家公园等。黑山每年到访游客总数上百万人次,主要来自塞尔维亚、俄罗斯、波黑、阿尔巴尼亚等。

658. 黑山有哪些著名景点?

答:杜米托尔国家公园、科托尔老城和索波查尼修道院等。

659. 黑山有哪些特色美食?

答:黑山美食以地中海菜系为主,有特色海鲜烧烤、Burek、烤肉条、亚得里亚海披萨等。

660. 黑山有哪些主要风俗?

答:黑山无特殊风俗忌讳。到黑山友人家中做客,用餐礼仪较为随便。黑山每日三餐时间较中国有所区别,早餐时候约为 10:30 分,午餐时候约为 15:00—16:00,晚餐时候约为 21:00。若对方为穆斯林,需注意不吃猪肉,有些穆斯林人不饮酒。

661. 黑山交通状况如何?

答:黑山的交通运输主要依赖公路和海运。黑山公路总里程达 7353 公里,呈现地区不均衡状况,南部地区交通系统较发达,北部地区相对较差。黑山铁路总长 250 公里,以波德戈里察为枢纽与塞尔维亚相连接。黑山有 2 个国际机场,即波德戈里察机场和蒂瓦特机场,均可直飞至欧洲主要城市。黑山水运较发达,有亚得里亚海区域最深的天然良港——巴尔港口最为重要,该港与许多国家和地区港口通航。

662. 中国人赴黑山可以选择哪些航空线路?

答:北京—莫斯科—波德戈里察、北京—巴黎—波德戈里察、上海—罗马—波德戈里察、上海—莫斯科—波德戈里察等。

663. 黑山工业状况如何?

答:工业较为薄弱,主要工业部门有采矿、建筑、冶金、食品加工、电力和木材加工等，大量工业产品和能源依赖进口。

664. 黑山农业状况如何？

答：全国农业用地 51.6 万公顷，占国土总面积的 37.4%。其中可耕地面积为 18.99 万公顷，播种面积为 3.1 万公顷。主要出产烟草、土豆、柑橘类水果、橄榄、葡萄、绵羊等农产品。因作物较少，主要进口产品为各类蔬菜、谷物、稻米等。

665. 黑山社会保障体系如何？

答：黑山的社会保障主要倾向于医疗方面，医疗条件属欧洲中等水平。国民有医疗保障，但医疗费用较贵。

666. 黑山教育状况如何？

答：黑山具备完整的教育体系，包括学前教育、初等教育、中等教育、高等教育、成人教育和特殊教育等。

667. 黑山有哪些特色产业？

答：旅游业、房地产业。

668. 黑山主要进口哪些商品？

答：粮食、果蔬产品以及石油等。

669. 黑山主要出口哪些商品？

答：铝、煤、铝矾土矿石以及褐煤等。

670. 中国对黑山主要出口什么商品？

答：粮食、石油和电能等。

671. 中国从黑山主要进口什么商品?

答：铝、煤等。

672. 黑山进出口贸易主要是哪些国家?

答：主要出口国依次为克罗地亚、塞尔维亚、波黑和匈牙利等，主要进口国依次是塞尔维亚、希腊和波黑等。

673. 黑山投资促进署如何推动中黑经贸合作?

答：黑山投资署成立了专门工作组负责对华业务，在各个领域吸引外资，加大推介力度，旨在让更多的中国投资者了解黑山的投资环境和政策优势，拓展经贸合作业务。

674. 对黑山经贸投资的潜力在哪里?

答：黑山的旅游业投资潜力巨大，有望成为欧洲旅游热点地区之一。近年来黑山大力发展豪华旅游业，更成为巴尔干半岛中少数有外资流入的国家之一。另外，新码头项目——黑山港将使当地地产市场成为投资热点。该项目已吸引不少国际机构及投资者前往投资。

675. 中国与黑山在经贸领域有哪些合作项目?

答：中轻太阳能电池有限责任公司与黑山共同开发了太阳能路灯项目；上海电力（马耳他）控股有限公司与黑山、马耳他政府合作，在黑山沿海投资兴建风力发电场等。

676. 中国与黑山有哪些重要的合作项目?

答：黑山南北高速公路是黑山共和国政府兴建的首条高速公路，也是黑山政府南北交通规划中最先建设、技术难度和施工难度最大的一条公路。中国路桥公司承建项目全长约 41 公里。2015 年 12 月 16 日，由中黑双方修建的黑山首条自行车道——"北京"道在首都波德戈里察建成并投入使用。

677. 中国企业在黑山投资经商时需要注意什么?

答:需关注黑山政局变动情况和投资合作政策,注意安全防范工作。另外,在基础设施建设、旅游行业发展、私有化进程中寻找商机。

678. 中国和黑山签订了哪些经贸合作文件?

答:《中黑政府经贸协定》《中国旅游团队赴黑山旅游实施方案的谅解备忘录》《中华人民共和国政府和黑山政府关于加强基础设施领域合作协定》《中华人民共和国政府和黑山政府经济技术合作协定》。

679. 黑山有哪些重要的银行?

答:黑山中央银行。

680. 黑山有没有中资银行?

答:黑山设有中国进出口银行。

681. 黑山税收体系如何?

答:黑山逐步下调税率,企业与个人所得税率为9%,总增值税税率为19%,较低的税率使其企业在欧洲极具竞争力。黑山在世界银行2015营商环境指数缴纳税款指标中排名靠前。

682. 黑山劳动力状况如何?

答:劳动力约为40万人,采矿、建筑、冶金、食品加工、电力及木材加工等工业部门从业人员约5.6万,农业从业人口约3.4万,服务业从业人员19万人。黑山劳动力素质较高,成本较为低廉,不少从业人员会多种欧盟国家语言。

683. 黑山在出入境和签证方面有哪些规定？

答：获得申根签证或居留的因公普通护照（现公务普通护照）及因私护照持有者可免签在黑山停留 7 天。香港特区护照和澳门特区护照持有者可免签赴黑旅游并最长停留 90 天。中国台湾旅行者须通告被授权旅行社，经黑山外交部门和欧洲一体化部向警察总署提供个人资料名单后可免签入境游，最长停留 30 天。驾车进入黑山须提交车辆国际保险卡及车辆的相关证件。持有因公普通和普通（因私）护照及美国多次入境签证的中国公民，无须办理黑山签证，可在黑境内停留不超过 7 天。持有因公普通和普通（因私）护照及两次申根签证或英国多次签证的中国公民，无须办理黑山入境签证，可在黑境内停留不超过 7 天。持有因公普通和普通（因私）护照及加拿大和澳大利亚签证的中国公民，仍须办理黑山签证。黑山不实行落地签证制度，签证只能在黑山驻外使领馆申请获得。因紧急人道主义原因并获得黑山国家警察署边境警察局的特许，可在黑边境口岸向外国公民发放黑山签证。

684. 外国人能否在黑山购置土地和房产？

答：外国人在获得长期居留许可后，可以购置土地和房产。

685. 如何办理赴黑山签证手续？

答：（1）持外交和公务护照的中国公民，无须办理黑山入境或过境签证，可于 6 个月内在黑停留不超过 90 天。（2）持有因公普通和普通（因私）护照的中国公民，从黑山过境时须办理 A 类或 B 类签证；入境时则须办理 C 类签证，并可于 6 个月内在黑境内停留不超过 90 天。（3）持有因公普通和普通（因私）护照及美国多次入境签证的中国公民，无须办理黑山签证，可在黑境内停留不超过 7 天。（4）持有因公普通和普通（因私）护照及两次申根签证或英国多次签证的中国公民，无须办理黑山入境签证，可在黑境内停留不超过 7 天。（5）持有因公普通和普通（因私）护照及加拿大和澳大利亚签证的中国公民，仍需办理黑山签证。（6）黑山不实行落地签证制度。黑山签证只能在黑山驻外使领馆申请获得。因紧急人道主义原因并获得黑山国家警察署边境警察局的特许，可在黑山边境口岸向外国公民发放黑签证。

686. 如何与黑山驻华大使馆取得联系？

地址：RadosavaBurića bb，81000 Podgorica，Montenegro

电话：00382—20—609275

传真：00382—20—609296

邮件：chinaemb_me@mfa.gov.cn

chinaemb_me@hotmail.com

网址：http：//me.chineseembassy.org

http：//me.china-embassy.org

687. 如何与中国驻黑山大使馆取得联系？

地址：Radosava Burica 4B

电话：00382—20—609275，648595

传真：00382—20—609275

网址：http：//me.chineseembassy.org

十三、波 兰 篇

688. 波兰首都在哪里？

答：华沙，位于波兰中部平原，坐落在维斯瓦河中游西岸，面积 450 平方公里，是中欧诸国贸易的通商要道，是波兰第一大城市，是全国的工业、贸易及科学文化中心，也是全国最大的交通运输枢纽。

689. 波兰有哪些主要城市？

答：除首都华沙外，主要城市还有克拉科夫、格但斯克、罗兹、弗罗茨瓦夫、卡托维兹等。

690. 波兰使用什么货币？

答：波兰货币为兹罗提。1 兹罗提＝1.7053 人民币（2016 年 4 月 26 日）。

691. 波兰使用什么语言？

答：波兰语是波兰的官方语言。波兰是讲官方语言人数最多的欧洲国家。英语在波兰日益普及，会讲俄语和德语的人也较多。

692. 波兰主要有哪些民族？

答：波兰总人口中波兰族约占 98％，此外还有德意志、白俄罗斯、乌克兰、俄罗斯、立陶宛、犹太等少数民族。

693. 波兰人宗教信仰情况如何？

答：95％的波兰人信奉天主教，5％的人信奉东正教、基督新教和其他教派。

694. 波兰有哪些重要节日？

答：新年（1 月 1 日）、三王节（1 月 6 日）、复活节（春分月圆后的第一个星期日）、劳动节（5 月 1 日）、立宪纪念日（5 月 3 日）、基督圣体节（5 月或 6 月的第一个星期四）、圣母玛利亚升天日（8 月 15 日）、圣人纪念日（11 月 1 日）、独立日（11 月 11 日）、圣诞节（12 月 25 日）。

695 波兰主要媒体有哪些?

答：主要报刊有《事实》《选举报》《每日快报》《日报》，主要通讯社有波兰通讯社和广播新闻社，主要广播电台为波兰广播电台。

696. 波兰有哪些重要展会?

答：波兰波兹南国际食品加工技术展览会、波兰华沙国际食品展览会和波兰波兹南国际工业博览会等。

697. 波兰有哪些主要风俗习惯?

答：切忌在公共场所大声喧哗，切忌随地吐痰；根据会谈、社交、工作和休闲等不同场合，恰当着装，不可赤膊出现在公共场所。不宜打听个人隐私，如个人情感、女士年龄、工资收入等问题；尊重女性，讲求女士优先。用餐中，喝汤不宜发出声响；与波兰人喝酒时随意为佳，不要强行劝酒；不能在街道上喝酒；注意吸烟场合，有女士在场须征求女士意见，波兰法律规定，在餐厅、酒吧等公共场所一般有禁烟区和吸烟区。波兰人忌讳数字"13"和"星期五"，认为"13"和"星期五"是不祥之数和日期，象征着厄运和灾难。在波兰，如与对方见面必须事先约好，贸然到访属不礼貌行为，甚至会被拒绝见面。无论是商务还是私人约会，一定要准时。

698. 波兰有哪些世界名人?

答：天文学家尼古拉·哥白尼、科学家居里夫人、钢琴家弗雷德里克·肖邦、诗人维斯瓦娃·辛波丝卡等。

699. 波兰在哪些科学计数领域实力较强?

答：波兰拥有较雄厚的科学基础和优秀的科学传统，在数学、天文、物理、化学等基础研究领域，以及农业、新材料、新能源、矿山安全等应用研究领域，具有较强的优势与特色。

700. 波兰的气候条件如何?

答：波兰属海洋性气候向大陆性气候过渡的温带阔叶林气候。气候温和，冬季寒冷潮湿，平均气温-10℃至5℃；春、秋季气候宜人，雨水充沛；夏季凉爽，平均温度为15℃至24℃。

701. 波兰交通状况如何?

答：(1) 公路。截止到 2014 年底，高速公路 1482 公里，快速公路 1244 公里。横贯欧洲大陆的 A2 高速公路是波兰高速公路主干网的重要组成部分，波兰政府正在加紧建设南北走向的 A1 高速公路，以打通连接波罗的海国家和中欧国家的交通走廊。在国际货物流通中，公路运输量占 56.9%，来往于西欧与俄罗斯。

(2) 铁路。截至 2013 年年底，波兰运营的铁路里有 1.93 万公里，高于欧盟平均水平，现有 4 条国际铁路运输走廊途经波兰。

(3) 空运。波兰现有 13 个国际机场，其中 12 个为地区级空港，重要空港位于华沙、克拉科夫、格但斯克、波兹南、弗罗茨瓦夫和卡托维兹。

(4) 水运。主要港口包括格但斯克、格丁尼亚、什切青、希维诺乌伊西切等，有内河航道 3659 公里。奥德河及其支流是内河航运的主航道。

702. 波兰有哪些重要港口?

答：格丁尼亚港为北波罗的海最大集装箱港口，什切青—希维诺乌伊西切港是波兰最大轮渡码头，格但斯克（Gdansk）港是波罗的海最大石油中转码头之一。另外还有主要发挥旅游和渔港作用的科罗布塞格、埃尔布隆格、达尔沃夫等港口。

703. 波兰的旅游业状况如何?

答：波兰自然风光优美，历史文化遗产丰富。波兰 2007 年加入申根协定后，跨境旅游更为便利。重点旅游城市包括华沙、克拉科夫和格但斯克等。至今，波兰已有 10 处景观被列入联合国世界文化和自然遗产目录。9 月是波兰最美丽的季节，也是旅游的最佳时期。近年来，赴波兰旅游人数持续增长。2015 年外国游客入住波兰各类酒店、旅馆房间数量为 720 万间，同比增加 6.6％。2015 年全年，波兰酒店、旅馆客房使用总量为 2350 万间，同比增加 9％。

704. 波兰的特色旅游项目有哪些?

答：波兰旅游项目主要有休假旅游、会议旅游、商务旅游、宗教旅游、生态旅游、保健旅游、探亲旅游、购物旅游和蜜月旅游等。受世界旅游市场发展趋势影响，保健旅游是波兰最具特色的旅游项目。波兰具有 200 多年疗养旅游的历史。全国 54 个乡镇具有矿泉和微土等疗养性能，已形成了 4.5 万个疗养胜地和 8 万个疗养中心，主要位于风景秀丽、气候较好和矿物质比较丰富的地区。购物旅游也是波兰特色旅游项目。波兰物价相对于德国和俄罗斯等国来说较低，每年吸引了大批德国和俄罗斯的游客进入波兰边境城市购物。这些游客采购的商品主要有食品、日用品以及建筑材料等。华沙也是中东欧地区较大的服装商品集散地，每年有大量立陶宛、乌克兰等东边国家的服装贸易商前来采购进货等。

705. 波兰有哪些著名景点?

答：有维利奇卡盐矿、奥斯威辛集中营、比亚沃韦扎森林等。

706. 波兰的主要工会有哪些?

答：波兰是有工会运动传统的国家，影响最大的两个全国性工会是团结工会和全波工会协会。波兰主要的行业工会有波兰矿工工会、波兰教师工会、全波护士工会和全国农民工会等。

707. 波兰自然资源如何?

答：波兰拥有丰富的矿产资源，煤、硫磺、铜、银的产量和出口量居世界前列，其中，煤储量有 459 亿吨，铜储量有 15 亿吨。其他自然资源还有锌、铅、天然气、盐、页岩气和琥珀等。

708. 波兰农业状况如何？

答：农业是波兰经济的重要组成部分，农用地面积达 1914 万公顷，占国土面积的 61.2%，居欧洲第三位，是欧洲农业大国。波兰农村人口 1470 万，占全国总人口的 38.5%。波兰历史上曾经是欧洲主要农产品供应国，特别是奶、水果、蔬菜在欧洲市场有较强的竞争力，被称为"欧洲的果园"。波兰农产品以其具有竞争力的价格和良好的品质，对欧盟等国家出口持续稳定增长。

709. 波兰汽车产业状况如何？

答：波兰汽车产业主要特点是外贸企业占主导地位，以汽车装配为主，汽车零部件生产商技术标准高、品种齐全、加工生产增长较快。汽车已成为波兰重点产业、热门出口产业，产品种类多且外需旺。波兰最大的四家汽车生产企业是菲亚特波兰汽车有限公司、通用汽车波兰公司、大众波兹南有限公司和波兰 FSO 股份公司。波兰汽车产业已形成一个从汽车零配件生产到整车装配，从小轿车到小客车、有篷货车、巴士、重型卡车生产等种类较为齐全、配套较为完整的生产体系。

710. 波兰电子产业状况如何？

答：波兰已成为显示器等产品的重要生产地。主要企业有 Jabil Kwidzyn（电子显示器、电子产品）、LG Electronics（TV 显示器和其他通用电子产品）、三家通信设备生产商（西门子、阿尔卡特、朗讯）、Funai、Humax、JVC、Orion、Pronox、Toshiba 和 TPV（平板电视）。波兰电子产品（除电视机外）市场均为国外进口品牌，从事电脑设备生产的大部分是中小企业，以组装为主。

711. 波兰家用电器市场状况如何？

答：波兰是传统的重工业型国家，家电行业基础薄弱，自主研发和生产能力不强，进口依赖性强。波兰家电产品几乎无自主品牌，90％以上为进口品牌。世界知名家电企业，如阿尔卡特、大宇、Flextronics、KimballElectronics、LG、朗讯科技、菲利普、西门子、汤姆逊多媒体公司以及 Vivendi 在波兰均设有电视机、冰箱、吸尘器及其他小家电生产企业，这些跨国公司一般通过自己的供货网络采购关键零部件，在波兰进行组装业务。截至 2014 年 1 月，波兰家电生产、销售和服务企业有近 5000 家，私有化程度达 99％，其中生产企业占 1/3，销售和服务企业占 2/3。在波兰家电企业中，外资企业占比重较大且多为中小型企业；本地企业数量少，规模小，竞争力不强。家电销售渠道由原来家电专销店逐步向大型电器超市转移，目前在波兰已形成了一定规模的大型电器综合超市，如 MEDIAMARKET 和 OFFICEDEPAT 等。由于本地企业无力增加资金投入，跨国企业在波兰投资兴趣不高，导致波兰家电行业投资呈下降趋势。

712. 波兰 2016 年新政府发展规划有哪些?

答：2016 年 2 月，波兰新政府出台《负责任的发展计划》，提出促进经济社会发展的五大支柱。主要内容如下：（1）再工业化。将资源集中于波兰有竞争力、可能取得全球领导地位的产业，如航空、军火工业、汽车零部件、造船、IT、化学工业、家具、食品加工。（2）推动企业创新。制定新商业宪法；促进商业与科学结合，充分发挥现有的技术转让中心、企业孵化器等机构的作用；促进科研机构服务于经济；将创新支持政策纳入产业政策等其他战略。（3）发展资本。资金来源包括：国有企业投资 750 亿～1500 亿兹罗提，其他企业 2300 亿兹罗提；银行融资 900 亿兹罗提；发展基金提供 750 亿～1200 亿兹罗提，BGK 银行发展项目提供 650 亿～1000 亿兹罗提；国际金融机构投资 500 亿～800 亿兹罗提。（4）国际市场推广。欧盟市场对波仍具关键意义，但未来将积极开拓亚、非、北美市场。对亚洲市场主推食品、化学品、木材；对非洲市场主推自然资源、工程机械；对北美主推重型机械和家具。（5）促进社会和地区发展。波兰是欧盟人口出生率最低的国家之一，政府将采取政策提高出生率、增加就业人口；关注小城填、农村地区、家庭农场的发展；促进农业多元化并增加效益，消除贫困和隔绝，有效管理自然资源和文化遗产。（6）落实五大支柱的基础——建设高效政府。发展智能公共采购，制定新的公共采购法；发展数字化行政；稳定公共财政；通过能源政策降低国民能源成本；将交通基础设施发展作为经济的血脉；建立有效和高效的政府运行模式。

713. 波兰的政府机构主要有哪些部门？

答：波兰主要政府机构包括农业和农村发展部、经济部、行政和数字化部、环境部、文化和国家遗产部、财政部、外交部、卫生部、内务部、司法部、劳动和社会政策部、国防部、教育部、基础设施和发展部、科学和高等教育部、体育和旅游部、国库部等。

714. 波兰哪个部门主管对外贸易，其主要职责是什么？

答：经济劳动和社会政策部。该部门除社会劳动保障等领域外，负责制定并具体实施贸易政策，制定贸易法律法规，组织与其他国家和国际组织开展多双边经贸合作，负责贸易促进、投资促进、推动扩大出口，实施反倾销调查并采取相应措施保护国内市场免遭进口产品冲击，对部分进出口商品进行配额和许可证管理。

715. 波兰主要出口哪些商品？

答：机械工业产品、化工品、矿产品、冶金产品、食品和活畜、轻工业产品、木材和纸产品、陶瓷、皮革等。

716. 波兰服务贸易进口主要有哪些？

答：旅游、法律、会计、咨询、社会调查、广告等商业服务、交通运输、通信及信息、金融、建筑、维修保养、保险养老、文化娱乐、制造等。

717. 中国对波兰主要出口什么商品？

答：机械器具、光学仪器、家具与寝具、针织服装等。

718. 中国从波兰主要进口什么商品?

答: 铜及铜制品、电气设备、肉及食用杂碎、非铁道及电车道类车辆及零附件等。

719. 波兰对进出口商品限制如何?

答: (1) 进口限制。波兰对汽油、柴油、燃油、葡萄酒及其他含酒精饮料、烟草制品等进口采取数量限制措施。对枪支、弹药、放射性物质、某些化工产品、含酒精饮料、某些食品和农产品的进口必须申办经营许可证和特许执照。波兰许可证制度与欧盟有所不同,波兰的许可证管理办法主要包括三项内容:自动登记许可证(仅对部分进口商品有此要求)、配额(规定特定商品进入波兰市场的数量或最高限额)、配额的分配原则。

(2) 出口限制。波兰出口中实行的多数限制措施是因外部原因采取的,包括其他国家对波兰出口采取限制措施的补充手段。波兰自主实行的限制只涉及活鹅和鹅蛋的出口,实行出口禁令是为了保护基因材料。

720. 波兰对外贸易有什么特点?

答: (1) 重视多边和区域经济合作。波兰参加了 1948 年哈瓦那宪章的制定,是《关税和贸易总协定》的成员方,世界贸易组织(WTO)的创始成员国和经济合作与发展组织(OECD)的正式成员。波兰加入欧盟后,与其他伙伴缔结了自由贸易协定。

(2) 贸易量较大。2014 年波兰进出口贸易额为 4410.47 亿美元,其中出口 2188.92 亿美元,进口 2221.55 亿美元。贸易伙伴以欧洲国家为主,德国是波兰最大贸易伙伴、最大出口市场和最大进口来源国。中国是波兰第二大进口来源国,俄罗斯是波兰第三大进口来源国。

721. 波兰哪个部门主管国内外投资?

答: 波兰信息和外国投资局是外商投资政策的具体执行机构和外资促进

机构，负责为外国投资者提供法律和政策方面的咨询和信息服务，协助企业选择合适的投资目的地及申请获得大额投资所享受的优惠待遇，并协调解决投资中遇到的各种困难和问题。波兰驻外领事馆也负责提供相关投资咨询服务，并将重要投资项目向波兰外交部对外经济政策司和经济部促进与双边经济合作司报告。

722. 波兰政府鼓励外商投资的重点领域包括哪些？

答：基础设施建设、能创造新就业机会的工业投资以及新兴行业等。

723. 在波兰从事哪些经济活动需要获得特许权？

答：矿藏勘探、矿物开采、在山体中（包括地下矿山巷道内）进行无容器的物质储藏或废料存放，炸药、武器、弹药以及军事和警用产品与技术的制造和经营，燃料和能源的生产、加工、储藏、运送以及销售，人身和财产的安保，航空运输，广播电视节目传输，上述活动必须获得相关政府主管部门的特许，有效期一般不少于 5 年，不超过 50 年。

724. 波兰对外国投资有哪些优惠政策？

答：（1）中央政府财政资助，如馈赠补贴，主要包括对企业的投资补助和就业补助；（2）地方政府资助，如地方税的部分减免、地方政府所属土地的价格优惠、承担投资项目所在地土地基础建设等；（3）经济特区政策；（4）欧盟结构基金。

725. 波兰吸引外资优势主要有哪些？

答：波兰吸引外商投资的优势主要包括：地理位置优越，地处东西欧交汇处，多条国际公路贯穿波兰，可辐射整个欧洲大陆；经济持续增长；人力资源素质高，成本低；优惠政策支持；国内市场较大；波兰重点产业基础雄厚，有农业、矿业和矿山机械工业、钢铁业、汽车工业等。

726. 波兰有哪些主要领域不允许外国公司承包当地工程项目？

答：外国承包商不得承包波兰军工、石化、输变电等行业的工程项目。

727. 波兰有哪些主要经济特区？

答：波兰的经济特区主要有 14 个：米尔莱兹经济特区欧洲园、苏瓦乌基经济特区、卡托维茨经济特区、卡米那古拉经济特区、考斯钦—斯乌比采经济特区、经济特区克拉科夫技术园、莱格尼察经济特区、罗兹经济特区、波麦拉宁经济特区、斯乌普斯克经济特区、斯塔拉霍维斯经济特区、塔诺波莱戈经济特区、瓦波日赫经济特区投资园、瓦尔米亚—马祖里经济特区等。

728. 波兰有哪些初具产业聚集效应的经济特区？

答：汽车工业聚集区：卡托维茨经济特区、莱格尼察经济特区；家电工业聚集区：罗兹经济特区、瓦波日赫经济特区投资园等。

729. 在波兰投资合作需注意什么问题？

答：在波兰投资经商要特别注意事前调查，分析评估相关风险，做好风险规避和管理工作，切实保障自身利益。包括对项目或贸易客户及相关方的资信调查和评估，对项目所在地的政治风险和商业风险分析和规避，对项目本身实施的可行性分析等。企业要积极利用保险、担保、银行等保险金融机构和其他专业风险管理机构的相关业务保障自身利益。

730. 波兰外商投资状况如何？

答：波兰是中东欧地区吸收外国投资最多的国家，其中 50% 以上为其入欧盟后所吸收的，其吸收的外资主要来自欧盟国家。外国投资者投资最多的行业是 BPO。截至 2014 年年底，波兰吸引外资存量为 2451.6 亿美元。

731. 波兰政府主要鼓励哪些行业发展？

答：（1）基础设施建设项目，主要是指高速公路建设、公路干线改造、原有铁路现代化改造和通信网络更新换代等；（2）能创造新就业机会的工业项目，包括投资设立新企业以及对现有企业并购和重组；（3）对国有企业的私有化项目，主要包括金融机构、能源、电力、化工、造船、煤矿、冶金、机械、医药、食品等行业；（4）新兴行业，如 IT 行业等；（5）技术创新投资，指高科技人才培养及对大学、研发机构、科技园区和科研基础设施的投资；（6）环保产业，包括为推行欧盟环保标准所需的投资，为提高再生能源比例、节约能源及原料等的投资；（7）对贫困地区和高失业率地区的投资。

732. 波兰政府对当地中小企业主要有哪些支持措施？

答：（1）设立专门机构。为鼓励和扶持中小企业发展，政府成立了专门促进机构——波兰企业发展局，该局隶属于经济部，并对中小企业在资金、融资担保、技术改造、业务培训、信息咨询、国际市场开拓等方面提供服务支持。

（2）创新地区发展补助。波兰获得的欧盟援助资金，支持中小企业重大创新投资项目、出口贸易、东部地区研发中心基础设施和宽带网络建设、创新企业和研发机构人力资源培训项目等。

（3）出口补助。波兰政府在创新经济操作计划下设立出口促进计划，对出口业务比重不足 30％的中小企业进行补助，包括出口企业境外参展费用、出口许可费用，出口促销会议，研讨会费用和促销刊物出版费等。

（4）出口融资支持。为进口波兰产品和服务的国外客商提供融资信贷支持，融资分长期和短期两种，长期信贷偿还期为 2 年以上，适用于波兰出口促进政策所拟定的出口国别地区；短期信贷偿还期为 2 年以下，适用于欧盟、经合组织以外无市场风险的波兰出口国别地区。

（5）国家投资资助。对 1000 万欧元以上投资项目、50 万欧元以上企业发展和改造投资项目、引入技术创新的投资项目和在工业园和技术园内的投资项目实施国家政府资助，资助形式为馈赠补助和税费减免。前者适用于波兰全境的投资，后者仅适用于经济特区。在经济特区内投资企业可享受投资总额 50％的地区发展公共资助，对中小企业的此类资助为 65％。此外，经济特区内的企业还可享受企业所得税和个人所得税减免优惠。

733. 中国和波兰两国中小企业合作潜力主要体现在哪些方面？

答：中波同属中小企业数量众多的国家，两国政府高度重视中小企业发展。中波两国中小企业在市场、产品、技术、资金、劳动力等方面互补性强，合作潜力大。我国中小企业可加强与波兰企业在汽车制造、化工、农副食品等方面的贸易与投资合作，并且鼓励波兰的高新技术企业和研发机构来华投资落户。波兰中小企业的技术优势与中国劳动力资源和市场优势相结合，有利于促进中国经济结构调整和产业升级，也有利于提升波兰企业和产品的国际竞争力，从而实现互利共赢。

734. 波兰同欧盟的关系如何？

答：2004 年 5 月 1 日波兰加入欧盟。波兰以"依托欧盟促进经济与社会发展、加强在欧盟内部的地位和作用"为外交重点，在应对金融危机、能源安全等方面力主欧盟内部团结和共同行动。波兰高度重视欧盟单一市场建设、能源安全，提倡建设更有竞争力、开放和安全的欧盟；主张强化欧盟机构作用，推动欧盟在国际舞台上发挥更加重要的作用。

735. 波兰有哪些重要的银行？

答：波兰国家银行、国民经济银行、波兰邮政储蓄银行、波兰援助银行、波兰出口发展银行、波兰合作银行，外资银行有花旗银行、汇丰银行等。

736. 波兰是否有中资银行？

答：有。中国银行（卢森堡）有限公司波兰分行是波兰第一家正式对外营业的中资银行，还有中国工商银行全资子公司工银欧洲波兰分行。

737. 波兰货币兹罗提可否与人民币进行直接兑换？

答：不可以。没有直接的人民币和兹罗提汇率，须通过美元或欧元间接兑换。

738. 中国人在波兰能使用什么信用卡？

答：在波兰有银联标志的信用卡基本上都可以使用，且刷卡比付现金还便宜。

739. 波兰证券市场的情况如何？

答：华沙证券交易所（WSE）是波兰唯一的证券交易场所，符合国际标准，是现代化的证券交易所，经营股票、期货、债券、投资凭证、衍生工具和期货交易，是仅次于维也纳证券交易所的中欧第二大证券交易市场。

740. 波兰主要有哪些税种？

答：波兰税收分为国税和地税两大部分。国税的税种包括企业所得税、个人所得税、增值税、消费税、印花税和交易税等。地税的税种包括房地产税、养路税（只含卡车和大客车）、遗产税和赠与税、农业税、林产税。

741. 波兰外汇汇出需要交纳特别税金吗？

答：不需要。根据波兰《外汇法》，在波兰注册的外国企业可在波兰银行开设外汇账户，用于进出口和资本结算，但外汇进出波兰需要申报。

742. 波兰消费市场状况如何？

答：2014 年，波兰工业生产销售总额 11666 亿兹罗提，社会消费总额 13535 亿兹罗提，消费总额较大；2014 年，波兰家庭收入消费结构中，住房、水、电、天然气及其他燃料支出的占比最高，为 21.2%；其次是食品和非酒精饮料，为 18.0%。

743. 波兰的基础环保法律法规主要有哪些？

答：《环境保护法》《水法》《废料法》《部分垃圾经营中的企业责任及生

产费和存放费法》《防止环境损害和弥补法》等。

744. 波兰劳动力状况如何？

答：波兰劳动力资源相对充足，64 岁以下人口比例高于欧盟平均水平。劳动力分布最广的行业分别在工业、农业、贸易、维修业和教育业。波兰本土失业率较高，外籍劳务市场规模较小。2014 年，波兰平均月工资为 3783 兹罗提，同比增长 3.6%。自 2015 年 1 月 1 日起，雇员月税前工资最低为 1750 兹罗提。

745. 外国人或企业能否在波兰购置土地和房产？

答：能。根据波兰《外国人购买不动产法》等的法规，外国人或企业均可在波兰购买土地或通过购买一家拥有土地的波兰公司股份来获得土地的所有权或永久使用权。无论是购买土地还是购买拥有土地的公司股份，均须事先从波兰内政部获得购买许可。但波兰人禁止外国人或外国实体购买位于波兰边境地区的土地。

746. 办理波兰的签证有哪些主要注意事项？

答：（1）申请人须到领事馆提交申请；（2）签证审批时间最长为 15 个工作日；（3）领事馆有权在任何时间要求申请人提供附件材料，所有中文材料须译成英文，所有材料均须提供原件和复印件；（4）签证费为 60 欧元，根据汇率以人民币支付。

747. 如何与波兰驻华大使馆及领事馆取得联系？

（一）波兰驻华大使馆

地址：北京市朝阳区建国门外日坛路 1 号

电话：010－65321235，65323567（领事处）

传真：010－65321745

电子邮箱：polsa@public2.bta.net.cn

网址：www. PolandEmbassyChina. net

（二）波兰驻上海总领事馆

地址：上海市建国西路 618 号

电话：021－64339288，64334735

传真：021－64330417

电子邮箱：cgpl@polandshanghai. org

网址：www. polandshanghai. org

（三）波兰驻广州总领事馆

地址：广州市沙面大街 63 号

电话：020－81219993，81219994

传真：020－81219995/6

电子邮箱：plcgeca@pub. guangzhou. gd. cn

（四）波兰驻成都总领事馆

地址：成都百扬大厦 26 层

748. 如何与中国驻波兰大使馆及经商参处取得联系？

（一）中国驻波兰大使馆

地址：UI. Bonifraterska 1，00－203 Warsaw，Poland

电话：0048－22－8313861

传真：0048－22－6358079

电子邮箱：pl@mofcom. gov. cn 或 commerce@chinaembassy. org. pl

网址：pl. mofcom. gov. cn

（二）中国驻波兰驻经商参处

地址：UI. Bonifraterska 1. 00－203 Warsaw，Poland

电话：0048－22－8313861，0048－22－6358333

传真：0048－22－6358079

电子邮箱：pl@mofcom. gov. cn，commerce@chinaembassy. org. pl

网址：pl. mofcom. gov. cn

十四、罗马尼亚篇

749. 罗马尼亚首都在哪里？

答：布加勒斯特，位于多瑙河支流登博维察河畔，面积 605 平方公里，人口约 228 万，是全国政治、经济、文化和交通中心。

750. 罗马尼亚有哪些主要城市？

答：除首都布加勒斯特外，主要城市还有雅西、蒂米什瓦拉、克卢日纳波卡、康斯坦察等。

751. 罗马尼亚有哪些重要港口城市？

答：布勒伊拉、加拉茨、康斯坦察等。

752. 罗马尼亚使用什么货币？

答：罗马尼亚货币为列伊，不可与人民币直接兑换。1 列伊＝0.2249 欧元（2016 年 5 月 7 日）。

753. 罗马尼亚使用什么语言？

答：官方语言为罗马尼亚语，主要少数民族语言为匈牙利语。主要流行的外语为英语和法语。

754. 罗马尼亚主要有哪些民族？

答：罗马尼亚族约占总人口的 90％，其余为匈牙利族、罗姆族和乌克兰族等。

755. 罗马尼亚人宗教信仰情况如何？

答：东正教，信奉者约占总人口数的 86.7％，其余主要信奉罗马天主教、归正教和路德教等。

756. 罗马尼亚有哪些著名景点？

答：锡吉什瓦拉古城、霍雷祖修道院和多瑙河三角洲。

757. 罗马尼亚有哪些特色美食？

答：萨玛蕾肉菜卷、烤肠、葡萄酒等。

758. 与罗马尼亚商人交谈应注意哪些事项？

答：罗马尼亚商人善于做生意和精于评估，在谈判时既能大刀阔斧，也很注意细节，在访问外商或参加应酬活动时，往往几个人一起参加，极少单独行动，这是罗马尼亚商人的特别之处。

759. 罗马尼亚人生活中特别的禁忌有哪些？

答：罗马尼亚人姓名的排列是名前姓后。亲人之间拥抱亲吻很普遍。"13"是罗马尼亚人忌讳的数字。到罗马尼亚人家中做客，可带些礼品送人，以鲜花为主，送花应除"13"外的单数。此外，罗马尼亚人不论坐车还是在室内，最忌讳同时打开两边窗户，他们认为这样会生病。

760. 罗马尼亚有哪些重要节日？

答：元旦（1月1日）、复活节、劳动节（5月1日）、降临节（复活节后50天）、圣母安息日（8月15日）、国庆节（12月1日）、圣诞节（12月25日）等。

761. 罗马尼亚的主要媒体有哪些？

答：报刊包括《真理报》《自由罗马尼亚报》《全国信使报》《罗马尼亚评论报》《今日报》《每日事件报》《经济论坛》《九点钟报（英文）》《世界杂志》等，主要通讯社为罗马尼亚新闻社，主要的广播电台为罗马尼亚广播公司，主要的电视台为罗马尼亚电视公司。

762. 罗马尼亚有哪些重要展会？

答：罗马尼亚国际农业展览会，罗马尼亚国际农业畜牧展览会，罗马尼亚国际建筑材料、建筑机械和制冷空调展览会，罗马尼亚食品、饮料及工业品展等。

763. 罗马尼亚有哪些特色产业？

答：石油化工、机械、能源、汽车、医药、软件研发、纺织服装、食品加工、葡萄酒酿制、生态农业等。

764. 罗马尼亚新能源建设有哪些重要项目？

答：水力、热能发电、电力输送和电力分配网络改造。

765. 罗马尼亚重点发展哪些产业？

答：农业、葡萄酒酿制、零售业、石化工业等。

766. 从中国赴罗马尼亚可选什么交通路线？

答：（1）北京至布加勒斯特（北京首都国际机场—莫斯科谢列梅捷沃机场（中转）—布加勒斯特奥托佩尼机场）；（2）上海至布加勒斯特（上海浦东国际机场 T2—伊斯坦布尔阿塔图尔克机场 I（中转）—布加勒斯特奥托佩尼机场）；（3）广州至布加勒斯特（广东新白云国际机场—伊斯坦布尔阿塔图尔克机场 I（中转）—布加勒斯特奥托佩尼机场）。

767. 罗马尼亚农业状况如何？

答：农业在罗马尼亚经济中占有重要地位。长期以来，罗马尼亚是欧洲主要粮食生产国和出口国，有"欧洲粮仓"的美誉。主要包括粮食作物、经济作物和各种瓜果蔬菜等。罗马尼亚具备发展传统及生态农业的优越自然条件，是欧洲最具发展绿色环保农业潜力的国家之一，在政府鼓励下，近年来正大力发展生态农业。

768. 罗马尼亚哪个部门主管对外贸易?

答：罗马尼亚经济贸易与商业环境部，负责制定并实施经济、贸易、产业、中小企业及商业环境领域的战略，促进出口，发展国内市场；在国际组织内以政府名义派驻商务代表和机构，同时代表政府与其他部、署、公共机构、非政府组织以及本国或外国法人建立联系，适应加入欧盟需要；负责对经济商务领域相关法规与欧盟规范进行协调。

769. 罗马尼亚主要有哪些出口商品?

答：谷物食品、葡萄酒、建筑材料、木材加工类产品、机械、钢铁、矿产品等。

770. 罗马尼亚主要有哪些进口商品?

答：运输设备和机动车、其他加工类产品、化学及其关联产品、矿物燃料和润滑油、食品、饮料及烟草等。

771. 中国对罗马尼亚主要出口什么商品?

答：电机、音像设备及其零部件，锅炉、机械设备及其零部件，光学、照相设备，医用外科工具及其零部件，针织或勾编服装及其附件，家具、寝具及台灯等，钢铁及钢铁制品，纺织品、刺绣等。此外，还有轻纺产品、矿产品、化工和医药原料、机械电子产品等。

772. 中国从罗马尼亚主要进口什么商品?

答：木材，木制品及木炭，非针织或勾编服装及其附件，铜及铜制品，矿石、矿渣及矿灰，光学、照相设备，医用外科工具，车辆及其零部件，橡胶及橡胶制品，塑料及其制品等。

773. 罗马尼亚对外贸易管理有哪些特殊规定？

答：罗马尼亚加入欧盟后，适用欧盟统一的贸易政策。对具有双重用途的敏感产品（如军民两用产品），采取一些非关税管制措施。罗马尼亚经济贸易与商业环境部负责发放进出口许可证。对实施非关税监管措施的敏感产品，其进口由外交部下属的出口管制总局负责审批。

774. 罗马尼亚海关针对进出口加工有哪些特殊的监管措施？

答：罗马尼亚关税实行从价税，进出口加工货物及保税仓库内的货物不要求缴纳关税，但需提交与相关货物关税金额相当的银行担保。进口货物还应按海关价格的 0.5％ 缴纳清关费。来自与罗马尼亚有贸易优惠安排的地区和国家的进口货物则不需缴纳清关费，来自马其顿的进口货物按 0.25％ 缴纳清关费。

775. 罗马尼亚哪个部门主管外资引进？

答：罗马尼亚贸易和投资中心，主要负责罗马尼亚出口和贸易，并对外商投资进行协调管理。

776. 罗马尼亚吸引中国资本直接投资的行业主要有哪些？

答：高速公路、高速铁路、桥梁、机场、电站清洁能源、旅游业等。

777. 罗马尼亚对外企投资合作有鼓励政策的行业有哪些？

答：《投资促进法》确定的可以给予优惠的投资领域主要包括：加工工业，供电、供气、供暖和空调业，供水、清洁、垃圾回收及有毒物质无害化处理，电信及信息服务业，职业培训、科技创新及研发活动，行政及其相关服务，环保项目等。

778. 罗马尼亚对投资者如何进行国家财政资助？

答：罗马尼亚政府主要以国家资助形式向投资者提供优惠，对购买有形和无形资产是供无偿补助，具体金额根据项目投资领域、投资额、目的、可行性、期限以及产品和服务提供商等标准确定，对在首都布加勒斯特及伊尔福夫县之外欠发达以及失业率较高地区的投资支持力度更大。罗马尼亚政府主要补贴计划包括：可持续经济发展国家补贴计划，地区发展国家补贴计划，可再生能源补贴计划，地区可持续发展和减排补贴计划等。

779. 罗马尼亚对贫困地区投资有哪些优惠政策？

答：为了缓解贫困地区的严重失业现象和鼓励国内外的投资活动，促进经济发展，罗马尼亚政府颁布了以下对贫困地区投资的优惠政策：（1）为实现自己在这一地区的生产所必须进口的原材料、部件免征关税；（2）改变原有用途或旨在实现投资所占用的农田免征相关税费；（3）政府每年从年度特别发展基金中提取部分专款用于该地区经国家批准的专项规划。

780. 罗马尼亚有哪些重要的基础设施建设项目？

答：交通部规划基础设施、住房建设项目、农村发展项目基础设施规划项目；罗马尼亚欢迎外国投资者参与投资其基础设施建设，但必须参加政府组织的公开招标；罗马尼亚相关部门有罗马尼亚外国投资和公私合营促进署和交通部，负责管理铁路、航空和水运项目等投资项目。

781. 罗马尼亚有哪些重要道路建设项目？

答：布运佩斯—布加勒斯特—康斯坦察高速铁路，科马尼克—布拉索夫段、锡比乌—布拉索夫段、皮特什蒂—克拉约瓦段以及布加勒斯特环城高速公路南段等；布加勒斯特地铁 4 号线、5 号线及购买新的地铁车厢等；政府还计划在其他一些大城市如布拉索夫、克鲁日—纳波卡修建地铁线路。

782. 罗马尼亚有哪些港口码头建设项目？

答：康斯坦察港基础设施现代化改造、罗马尼亚境内多瑙河沿岸的多个港口的更新改造等。

783. 罗马尼亚有哪些电信建设项目?

答:罗马尼亚电信领域优先发展重点为增加宽带接入量、提高电信网络性能、增加终端用户的选择权等。政府正大力发展 4G 网络,已对主要运营商发放了 4G 牌照,在部分地区实行 4G 服务试点,并将不断扩大 4G 网络覆盖范围。

784. 罗马尼亚有哪些电力建设项目?

答:自 2014 年以来,罗马尼亚减少了对风能、太阳能等可再生能源发展的鼓励力度。此外,切尔纳沃德核电站 3、4 号机组,塔里塔抽水蓄能电站,罗维纳里火电站 500 兆瓦新机组均为罗国家重点项目。

785. 在罗马尼亚承揽工程项目信息应从何处获取?

答:按照法律规定,公共采购项目招标信息应分别在"公共采购电子系统"和罗马尼亚官方公报上公布;金额超过 518.6 万欧元的项目,其招标信息还应公布在欧盟官方公报上。

786. 在罗马尼亚承揽工程项目需要办理哪些许可条件?

答:(1)外国企业在罗马尼亚承包建筑工程原则上应在罗注册企业;(2)公共部门可对参与公共采购项目投标的经济主体规定资格条件,具体包括企业资信、业务范围、财务状况、技术和专业资质、质量保证标准和环境保证标准等;(3)经济主体提交的各项证书应足以证明其满足资格审查条件的规定并符合欧洲标准;(4)对私人项目,一般由业主同建筑商进行协商,达成一致后即可签订合同并组织实施。

787. 罗马尼亚《投资促进法》的核心是什么?

答:该法所遵循的核心原则是对内外资实行无差别无歧视性的待遇,对外资企业实行国民待遇,内资企业实行与外资企业相同的优惠政策。

788. 罗马尼亚对外商投资方式有哪些规定?

答：罗马尼亚政府对外国企业在合资公司中的持股比例没有要求，允许成立 100％的外商独资企业。需要政府审批的外商投资领域包括国防、国家垄断行业和涉及国家安全的产业。外资企业可以在罗马尼亚买卖不动产，但尚不允许外商个人买卖不动产。除非公众利益的特别需要，罗马尼亚不对外商投资实行国有化、没收、征用等措施，特别情况下采取上述措施的，国家将给予合理的补偿。

789. 罗马尼亚自由经济开发区有哪几种类型？其产业功能定位是什么？

答：罗马尼亚主要有工业园和科技园两种类型。工业园是指具备特殊设施、能够利用当地人力和物质资源进行经济、科研、工业生产、服务及评估科研成果等活动的特定区域。科技园是指严格划定的用于进行教育和科研活动及其成果技术实施的区域。

790. 罗马尼亚在开发区中设立工业园应符合的条件是哪些？

答：设立工业园应具备以下条件：与国家公路或欧洲公路连通；占地至少 10 公顷；申请者拥有土地所有权或 30 年以上土地的使用权；无债务问题及未解决法律诉讼；符合环保要求。

791. 罗马尼亚有哪些重要经济开发区？

答：苏里纳自由区、康斯坦察自由区。

792. 在罗马尼亚工业园投资可享受哪些优惠条件？

答：工业园许可的所有者免缴土地用途变更税；用于工业园内建筑物及其改造、内部基础设施、连接外部公用设施网络等投资金额的 20％可从应税利润中扣减；工业园投入使用前，在工业园内安装公用设施及与外部公用设施网络连接所需的材料和设备可延迟缴纳增值税；地方政府依据地方议会的决定对房地产和工业园用地给予税收减让。

793. 与罗马尼亚开展投资合作应注意哪些问题?

答：（1）熟悉投资法律规定和欧盟的相关法律文件，规避汇率风险，慎选投资项目；（2）认清贸易壁垒，应对签证限制；（3）最好与当地的企业合作，以便获得与欧盟企业同等待遇；（4）办理合法手续，中方人员要通过合法渠道、办理合法手续进入罗马尼亚劳务市场；（5）维护正当权益，中方人员可通过正规渠道维护自身合法权益，防止发生罗方雇主拖欠工资、不为劳务人员办理相应的居住手续等不履约行为；（6）注意和睦相处，要遵纪守法，尊重当地风俗习惯，密切与政府和居民的关系，承担必要的社会责任，保护环境，学会与当地媒体和执法人员打交道。

794. 在罗马尼亚经商需注意什么问题?

答：（1）处理好与政府和议会的关系；（2）妥善处理与工会的关系；（3）密切与当地居民的关系；（4）尊重当地习惯；（5）依法保护生态环境；（6）承担必要的社会责任；（7）懂得与媒体打交道；（8）学会和执法人员打交道。

795. 在罗马尼亚解决商务纠纷有哪些途径?

答：罗马尼亚于 1958 年签订《纽约公约》后，承认和执行外国仲裁裁决。布加勒斯特的国际仲裁机构，与其他国家的仲裁机构一致，遵照诉讼双方承认的仲裁规则，进行商业仲裁。诉讼程序根据新的诉讼程序进行过修订，现与欧盟仲裁委员会和仲裁机构的诉讼程序相一致。

796. 在罗马尼亚注册企业由哪个机构受理?

答：商业注册办公室。

797. 在罗马尼亚设立企业有哪些主要形式?

答：有限责任公司、股份公司、公司代表处、外国企业的分公司、联合体等。

798. 在罗马尼亚设立企业的注册应做什么准备?

答：提交文件及责任声明。办理注册手续，由股东、经理人员或授权代表向商业注册办公室递交申请文件及现行法规要求的相关材料，并就以下内容提交责任声明：3 年内不开展经营活动的责任声明；经营期间遵守消防、卫生环境及劳动保护的声明。

799. 在罗马尼亚注册企业核实材料的程序有哪些?

答：批准商业组织成立以其责任声明为依据。相关部门将对申请材料的准确性进行核对，具体包括：内务部下属消防队负责核准火灾隐患的预防和消除措施，公共卫生部门负责核准卫生标准，动物卫生和食品安全部门核准动物卫生标准，环境管理部门负责核准环境标准，劳动部门负责核准劳动保护标准。为了方便核准工作，商业注册办公室应在接到注册申请 3 天内将申请材料复印转送相关部门。相关部门如发现申请材料有不符合要求之处，应限期更正。在规定期限（3 天）未响应要求的，由相关部门提请贸易注册办公室处理。

800. 罗马尼亚在土地使用方面有什么规定?

答：罗马尼亚实行土地私有化，土地归个人所有，没有年限的限制。只有罗马尼亚公民和法人才能在罗马尼亚购买土地，不允许外国人以个人的名义购买土地。

801. 罗马尼亚有哪些重要的银行?

答：罗马尼亚国家银行为中央银行，罗马尼亚商业银行（BCR）是最大的商业银行，主要外资银行包括 ALPHA BANK、RAIFFEISEN BANK、ING BANK、CITIBANK 等。

802. 罗马尼亚有哪些重要的保险公司？

答：罗马尼亚前五大保险公司依次为安联—蒂里亚克保险公司、阿斯特拉保险公司、奥姆尼保险集团、喀尔巴提克保险公司和安盟保险公司。

803. 罗马尼亚融资条件如何？

答：在融资方面，外资企业与当地企业享受同等待遇。银行贷款一般分为短期贷款、中短期贷款和长期贷款。短期贷款期限不超过 1 年，主要满足企业营运资本需求；商业银行提供的中短期融资工具包括信用证、托收、银行担保和贷款，中短期贷款一般用于具体项目，贷款额度不超过项目投资总额的 75％，贷款可以本币和外币形式发放；长期贷款主要用于支持企业购买设备等固定资产，或者开发房地产等长期项目，贷款额度一般不超过项目投资额的 75％。

804. 罗马尼亚外汇管制规定如何？

答：按罗马尼亚外汇制度规定，除国家银行有特殊规定外，居民和非居民之间经常项目和资本项目的外汇业务可自由进行。非居民有权获得、持有、使用以外汇表示的金融资产，可在罗马尼亚银行开设外汇和本币账户，所持有的列伊和外汇可在外汇市场兑换。在罗马尼亚工作的外国人，其合法税后收入可全部汇往国外。携带超过 1 万欧元或等值外币出入境须向海关申报。

805. 中国人在罗马尼亚可使用哪些信用卡？

答：罗马尼亚信用卡使用比较普遍。中国发行的 VISA 卡和万事达卡在当地可以使用。

806. 罗马尼亚证券市场发展状况如何？

答：罗马尼亚共有 3 个证券交易市场，分别为布加勒斯特股票交易所、

RASDAQ 交易所和锡比乌股票交易所。罗马尼亚上市公司主要是包括国家石油公司和商业银行等在内的大型蓝筹公司。罗马尼亚的股票指数包括：以 10 支最具流动性股票为样本的 BET 指数；以所有股票为样本的 BET-C 指数和以流动性最好的蓝筹公司为样本的 ROTX 指数。

807. 罗马尼亚的主要税赋有哪些？

答：（1）工资税：直接从工资中扣除，由雇主在支付月工资的同时通过银行转账进行纳税，雇主每 6 个月向当地的税务机关汇报一次其每月或每季所支付的工资及相应的税额；（2）增值税：分标准税率和减让税率两档计取，标准税率为 24%，具体以该税率乘以税收基数计税；（3）建筑许可税：按建筑造价的一定百分比计取，在获得建筑许可前缴纳；（4）广告税：税率为广告合同金额的 1.3%。

808. 在罗马尼亚设立企业如何办理税务申报手续？

答：企业在罗马尼亚按年度缴纳所得税，但须按季度预先支付，金额为上年度应纳税额的 1/4，并按财政部公布的通胀率进行调整。支付时间为本季度结束后下个月 25 日前。年度所得税申报时间为次年的 4 月 15 日之前，法人企业须有税务咨询人士的证明。

809. 罗马尼亚对知识产权保护的机构有哪些？

答：罗马尼亚有两个专职机构负责知识产权保护：国家发明和商标局负责工业产权，罗马尼亚国家版权局负责版权和邻接权事务。此外，组织机构中还有内务部、检察官办公室和法院、司法部、海关总署、消费者保护机构、教育部、经济部、国家工业产权顾问委员会等。

810. 罗马尼亚对专利人权力有哪些规定？

答：发明专利权使得所有人有权阻止任何第三方在未经授权的情形下进行下列行为：（1）对于产品进行的制造、交易、要约出售、使用、进口或为了交易、要约出售或使用的储存；（2）对于生产工艺或方法进行使用。

811. 在罗马尼亚注册商标的相关规定有哪些？

答：罗马尼亚是国际保护知识产权公约签约国，主管政府机构是国家专利商标局。在罗马尼亚，只有当受让人向国家专利商标局缴纳维持该专利所需的官方费用时，专利有效性才能在保护期内得以维持。否则，专利失效信息将刊登在罗马尼亚的官方工业产权公报上。

812. 在罗马尼亚使用注册商标的细则有哪些？

答：在罗马尼亚，任何自然人或法人都可申请商标注册。罗马尼亚的《商标法》不要求提交商标使用声明或公告。商标注册自公布之日起生效。国家法定有效期为 10 年。在商标注册失效期前 3 个月内，可申请续展，也可缴费申请获准享有 6 个月宽限期。商标注册证书是对商标持有人权利的确认。个人注册的商标在注册期或续展期内，可转让权利。

813. 在罗马尼亚对著作版权有何特殊规定？

答：自 2013 年 2 月 15 日起，罗马尼亚修订了若干知识产权诉讼程序的规定，其中著作权规定作品的作者终身享有著作权，其继承人享有作者死后有效时间为 70 年的著作版权保护。

814. 罗马尼亚的劳务状况如何？

答：罗马尼亚劳动力素质较高，劳动力人口约为 912 万人。加入欧盟后，劳动力大量进入其他成员国，国内劳动力出现结构性短缺。截至 2015 年年底，约有 300 多万人在西欧和以色列等国打工。劳动力素质相对较高，外语优势明显；高校众多，每年有大量毕业生进入劳动力市场；技术教育发达，IT 和软件人才享誉海内外；与其他欧盟成员国相比劳动力成本相对较低。

815. 罗马尼亚对申根签证持有者实行有条件免签有哪些条件？

答：（1）持有效旅行证件；（2）持两次、多次入境有效申根签证，或持有申根国家有效居留证件；（3）来罗马尼亚免签停留期为任意 180 天内累计不超过 90 天，且在罗停留期不得超过持有的申根签证或申根居留证停留期；（4）随身携带一份申请签证时所提供材料的复印件（如机票、酒店订单、邀请信、旅行确认单等可表明旅行目的的材料），以方便在罗马尼亚通关。

816. 罗马尼亚对中国公民申办签证出台了哪些便利措施？

答：（1）为有实力的大型中资企业人员颁发多次往返商务签证；（2）对持有申根签证的中国公民申办到罗马尼亚旅游、商务短期签证，不必提供经罗移民局备案的邀请信，审批时间缩短为 1～2 个工作日；（3）对无申根签证的中国公民申办罗马尼亚旅游短期签证，审批时间缩短为 5 个工作日；（4）对申办长期签证的中国公民，审批时间从 30 个工作日缩短为 10 个工作日。

817. 罗马尼亚投资的出入境流程需要哪些文件？

答：（1）有效护照，有效期超过签证有效期至少 6 个月；（2）护照照片两张；（3）签证申请表；（4）涵盖整个签证期限境外意外医疗救援保险，且医疗救助保额至少 3 万欧元；（5）酒店订单和往返机票订单；（6）无犯罪公证及其英文译件；（7）整个签证期限内每天 100 欧元生活费或等值其他货币等。

818. 罗马尼亚对商业移民及加入国籍有什么要求？

答：外国人或无国籍人士要求加入罗马尼亚国籍，须年满 18 周岁，或出生在罗马尼亚，或在罗马尼亚至少居住了 5 年或与罗马尼亚公民结婚 3 年，无犯罪行为，并掌握一定水平的罗马尼亚语。父母一方为罗马尼亚公民且未满 18 周岁的儿童可选择罗马尼亚国籍，但须征得父母双方同意；若儿童年满 14 周岁还要本人同意。获得罗马尼亚国籍最终还须得到司法部下属专门审查委员会批准。

819. 在罗马尼亚以后延长居留期需符合哪些条件?

答：（1）罗马尼亚外资署的投资证明；（2）合法的公司地址证明；（3）证明其为某一贸易公司的股东或合伙人并具有领导和管理职责；（4）如果是股东，出示每月不少于 700 欧元的生活保障证明；如果是公司合伙人，需要每月 500 欧元的生活保障证明等。

820. 在罗马尼亚延长居留需准备哪些文件?

答：（1）已获罗外资署批准的投资计划；（2）活动符合投资计划的证明文件；（3）公司全套文件，包括申请人的身份、该贸易公司名称和地址、主要项目、法院批文、公司运行期限；（4）由于贸易公司修改章程而依法进行的备案证明；（5）财政部门根据年报表提供的贸易额、总投资盈亏表；（6）地方劳动监察局提供的雇佣劳动人数或在该部门办理的劳务合同等。

821. 罗马尼亚对外国人在本国获得工作许可设定了哪些制度?

答：（1）罗马尼亚移民部门规定，劳动岗位优先面向本地劳动力市场，只有本地无法雇佣到的职位方可由外国引进；（2）在经罗马尼亚贸易与投资中心认可后，负有管理和行政责任的企业股东或联营伙伴将可获得永久居留签证；（3）赴罗马尼亚工作的外国人需申请工作许可。到期后通常可以延期，更换雇主须申领新的工作许可。此外，没有办妥工作许可前工作属非法行为。

822. 如何与罗马尼亚驻华大使馆及领事馆取得联系?

（1）罗马尼亚驻华大使馆

地址：北京市日坛路东 2 街

电话：010－65323442、010－65323879（中文秘书）、010－65323616（签证处）、010－65323315（商务处）

传真：010－65325728

网址：http：//beijing. mae. ro

电子邮箱：Ambasada@roamb. link263. com

（2）罗马尼亚驻上海领事馆

地址：上海市仙霞路 Sun Plaza 大厦，西楼 305 室

邮编：200336

电话：021－62701146

传真：021－62085105

电子邮箱：SHROMCONGEN@online. sh. cn

823. 如何与中国驻罗马尼亚大使馆及经商处取得联系？

（1）中国驻罗马尼亚大使馆

地址：罗马尼亚布加勒斯特市北方路 2 号（Sos. NorduluiNr. 2，Bucharest，Romania）

电话：2328858/2329674

传真：2330684

（2）中国驻罗马尼亚大使馆经商处

地址：罗马尼亚布加勒斯特市北方路 2 号

电话：0040－21－2333467，2329673

传真：0040－21－2329677

电子邮箱：ro@mofcom. gov. cn

网址：http：//ro. mofcom. gov. cn/index. shtml

十五、塞尔维亚篇

824. 塞尔维亚首都在哪里？

答：贝尔格莱德，地处巴尔干半岛核心位置，居多瑙河和巴尔干半岛的水陆交通要道，是欧洲和近东地区的重要连接点，是全国政治、经济、文化、科研中心。

825. 塞尔维亚有哪些主要城市？

答：除贝尔格莱德之外，塞尔维亚主要的大城市还有诺维萨德、尼什、克拉古耶瓦茨等。

826. 塞尔维亚使用什么货币？

答：塞尔维亚货币为第纳尔币。1 塞尔维亚第纳尔＝0.071 人民币（2016年4月1日）。

827. 塞尔维亚使用什么语言？

答：官方语言为塞尔维亚语，英语较普及，会讲德语和俄语的人也较多。

828. 塞尔维亚主要有哪些民族？

答：83.3％人口是塞尔维亚族，其余有匈牙利族、波斯尼亚克族、罗姆族及斯洛伐克族等。

829. 塞尔维亚人宗教信仰情况如何？

答：全国多数居民信奉东正教，少数人信奉罗马天主教或伊斯兰教，个别人不信教，属无神论者。

830. 塞尔维亚有哪些著名景点？

答：斯梅德列沃、诺维萨德和玛格里奇等处的古城堡，奥普莱纳茨别具一格的白教堂，斯图德尼查修道院和索波查尼修道院，弗尔尼亚温泉、索科温泉、尼什温泉、弗拉涅温泉等。

831. 塞尔维亚有哪些特色美食？

答：土耳其式烘饼夹肉、什锦拼盘、干煎鸡脯、奶油肉卷、脆皮鸡、芙蓉鸡蛋、酸苹果拼肉脯等。

832. 塞尔维亚有哪些著名酒店？

答：塞尔维亚酒店、贝尔格莱德市酒店、玛吉斯迪克酒店、辛塔尔酒店、帕克酒店等。

833. 塞尔维亚有哪些风俗习惯？

答：在亲朋好友之间相见时，习惯施拥抱礼，相互亲吻脸颊。在塞尔维亚约会，一般须事先约定，冒然到访属于不礼貌行为，拜访时相互递交名片。重要节日习惯相互送礼，礼品一般为酒类、鲜花及经典套装系列办公文具等。递交礼品时，要当面拆掉包装纸，展示并介绍礼品内容。塞尔维亚人喜欢邀请熟悉的客人或朋友到郊外或旅游胜地进行游览、休闲活动。期间，一定举行宴请，无论在正式的或非正式的宴请场合，主人都要盛情邀请客人品尝当地酿造的烈性果酒，并相互祝酒。塞尔维亚人饮食习惯以塞尔维亚民族特色的西餐为主，也非常喜欢中餐。

834. 塞尔维亚有哪些重要节日？

答：新年（1月1日）、东正教的圣诞节（1月7日）、塞尔维亚新年（1月14日）、国庆节（2月15日）、宪法日（4月27日）、东正教的耶稣受难日（4月29日）、东正教的复活节（5月1日）、东正教的复活节翌日（5月2日）、劳动节（5月1日）、胜利日（5月9日）。

835. 塞尔维亚主要媒体有哪些？

答：塞尔维亚电视媒体主要有塞尔维亚电视台，主要报刊有《政治报》

《闪电报》《今日报》《消息报》《新闻晚报》《每日日报》《之声报》《消息报》《新闻周刊》《时代》等，主要通讯社有南通社、贝塔通讯社、FoNet 通讯社，主要的广播媒体 B92 广播电台、贝尔格莱德广播电台等。

836. 塞尔维亚有哪些重要展会？

答：塞尔维亚国际农业展，塞尔维亚国际建材展览会，塞尔维亚贝尔格莱德银行展，塞尔维亚贝尔格莱德工业电子技术及科技成果展，塞尔维亚贝尔格莱德纺织，塞尔维亚贝尔格莱德食品展等。

837. 塞尔维亚有哪些重点产业？

答：农业、汽车工业、信息通信技术产业等。

838. 塞尔维亚农业发展状况如何？

答：农业是塞尔维亚传统优势产业之一。塞尔维亚土地肥沃，雨水充足，农业生产条件较好。主要农作物有玉米、甜菜、小麦、向日葵、大豆、苹果、李子及葡萄等。农产品是塞尔维亚出口的主要产品。

839. 塞尔维亚主要机场有哪些？

答：塞尔维亚共有 2 个机场，分别是贝尔格莱德·泰斯拉国际机场和尼什机场。

840. 中国人赴塞尔维亚可选择哪些航空路线？

答：中国与塞尔维亚尚未开通直航，中国到塞尔维亚的较为便利的航线有：北京—维也纳—贝尔格莱德、北京—法兰克福—贝尔格莱德、北京—阿布扎比—贝尔格莱德、北京—伊斯坦布尔—贝尔格莱德、北京—莫斯科—贝尔格莱德、上海—阿布扎比—贝尔格莱德等。

841. 塞尔维亚有哪些重要港口？

答：泽莱尼卡港、贝尔格莱德港、波德戈里察港等。

842. 塞尔维亚哪个部门主管对外贸易？其主要职责是什么？

答：塞尔维亚对外经济和对外贸易的主管政府部门是贸易、旅游和电信部，主要负责电信业发展、内外贸易、商业市场管理与监查、商品质量、安全与检验、物流、消费者权益保护、会展和旅游业等。

843. 塞尔维亚与贸易相关的主要法规有哪些？

答：《对外贸易经营法》《贸易法》《海关法》《商品原产地规则》《租赁法》等。

844. 塞尔维亚主要出口产品有哪些？

答：车辆、电器以及电子产品、谷物、蔬菜、水果等。

845. 塞尔维亚主要进口产品有哪些？

答：车辆、石油及其制品、电器及电子产品、天然气等。

846. 塞尔维亚从中国进口的主要商品有哪些？

答：机械、家电、纺织、轻工、通信设备、办公及自动数据处理设备、工业通用设备、工业专用设备、电气设备及工具、服装、鞋类、纺织原料、金属制品、杂项制品等。

847. 塞尔维亚对中国出口的主要商品有哪些？

答：压缩机、小型碾压机、服装、鞋帽、旅行物品、金属制品、杂项制品等。

848. 中国与塞尔维亚技术引进与合作主要在哪个领域？

答：主要在农业科技领域。中国与塞尔维亚诺威萨德大田作物和蔬菜研究所开展了长期科技合作。主要合作有：向日葵、玉米、甜菜种子改良和杂交技术合作；从塞尔维亚引进向日葵育种新技术，在中国吉林省白城市建立了中塞向日葵培育中心。中塞农业科研人员合作已培育出两个适应中国气候和土壤特点的油用向日葵新良种。

849. 塞尔维亚对外贸易方面有哪些规定？

答：塞尔维亚外贸法规定其境内的企业、法人在与外国法人或自然人进行商品进出口贸易、国际服务贸易时须签订合同，该合同应符合塞尔维亚的法律法规及国际合同法。所有在塞尔维亚境内依法注册的经济实体享有同等的外贸经营权。除个别商品外，国家对进口商品无限制。塞尔维亚取消了进出口配额，基本上实现了自由进出口贸易。

850. 塞尔维亚哪个部门主管国内外投资？

答：塞尔维亚主管国内投资和国外投资的政府主管部门是经济部。塞尔维亚经济部直属机构——外国投资和促进署具体负责向外商投资提供服务和咨询。

851. 塞尔维亚鼓励投资的行业和限制投资的行业分别有哪些？

答：鼓励投资的行业有：汽车产业、农牧业、基础设施建设、通信信息技术产业、电子和家电产业、清洁能源产业。限制投资的行业主要有：博彩业、军工行业等。

852. 外商对塞尔维亚投资主要集中在哪些领域？

答：金融业、制造业、批发零售业等。

853. 塞尔维亚与投资合作相关的主要法律有哪些？

答：《经济公司法》《民法》《贸易法》《海关法》等。

854. 塞尔维亚专项优惠信贷基金资助主要集中在哪些领域？

答：塞尔维亚政府设立了专项优惠信贷基金，用于资助外资和内资企业发展，资助领域主要集中在工业生产、国际营销和服务、贸易和旅游及服务、农业研发等。

855．塞尔维亚对外国投资有哪些优惠政策？

答：塞尔维亚政府对外来投资给予政策优惠，主要内容有：（1）给予外资企业国民待遇；（2）外资可投资任何工业；（3）资金、资产、利润、股份及分红等可自由转移；（4）外资可在对等条件下购买房地产，租用建筑用地期限最长可达99年；（5）投资项目可获得国家主要信用机构、国际信用驻塞尔维亚机构、塞尔维亚出口信用担保；（6）外资还可进一步受双边投资保护协定保护等。

856．外商企业参加塞尔维亚承包工程项目投标需满足哪些基本条件？

答：（1）企业须在塞尔维亚工商注册局申办成立公司的注册登记和经营业务注册登记，申办成立的公司须在塞有合法经营地点；（2）公司5年内无违法、犯罪及经济违规行为；（3）无法院或工商、行政执法机构的强制勒令破产、清算或停业整顿等处罚记录；（4）企业须遵照塞尔维亚法律规定及时纳税；（5）企业须有塞尔维亚工商行政主管机构颁发的从事公共采购业务有效许可，该许可要依据政府行政主管部门的特别规定颁发（外国企业受一定限制）；（6）企业具有足够的经营业务资金和融资能力；（7）企业拥有一定的经营能力和符合法律规定的技术实力（外国专业技术人员的执业资格受到限制）等。

857．投标商参加塞尔维亚承包工程项目投标有什么资质要求？

答：投标商需要提供以下材料：（1）塞尔维亚工商注册局的注册登记证明、纳税证明、营业许可证明、财务年度审计证明；（2）近3年在塞尔维亚经营业绩（新成立公司受到限制）；（3）企业质量保证说明；（4）企业主要工程技术人员和专家、负责质检人员的执业资格和声明（中国公司人员受到限制）；（5）投标商已承揽和实施的主要项目图片及资料；（6）标书要求的技术标准和技术规格及质检认证证明；（7）对工程、生产、服务的保质、能力调查报告；（8）投标商在建筑、水利、能源、交通及通信项目上应用的设计标准、技术标准要取得塞尔维亚各权威机构一致的技术认定；（9）外国投标商还须提供塞尔维亚当地机构对其投标资质的认证和公证等。

858. 塞尔维亚有哪些全国性的工业园区？

答：塞尔维亚有 3 个全国性的工业园区，第一个是位于北部城市因吉亚的通信和信息技术产业工业园，第二个是位于中部城市克拉古耶茨的汽车产业工业园，第三个是位于南部城市皮特罗的电子电器产业工业园。

859. 塞尔维亚自贸区有哪些优惠政策？

答：自贸区用户享受商品和服务进出口自由，且不受数量限制及普通商业政策措施的管控；为来料加工、外发加工或者测试、认证、维修和市场推介等，自贸区用户可在规定的期限内将商品转运至塞尔维亚其他关税区，并免征关税及增值税等进口税；为自贸区用户商业活动及自贸园区设施建设而进行的货物进口免征海关关税以及增值税等进口税；进入自贸区的商品以及该商品的相关的运输、存储等服务免征增值税，商品购买者以及运输、存储等服务接受者享有进项税抵扣权。

860. 塞尔维亚自贸区有哪些鼓励措施？

答：用户使用自贸区基础设施和所在地政府提供的服务低于市场价格；自贸区内部建设可免征用户土地开发补偿金，最大限度减免市政收费以及连接基础设施网络费用，减免区内使用水、电、气等增值税；自贸区用户免征10 年公共事业税、土地使用金及公共设施使用费等；自贸区用户可根据新增就业数量，获得当地政府资金补贴。

861. 塞尔维亚对外签署的区域自贸协定有哪些？

答：《中欧自由贸易协定》《塞尔维亚和欧盟关于稳定与联系协议》（包括

"过渡性贸易协议"）、《塞尔维亚和俄白哈关税同盟自由贸易协议》《塞尔维亚和土耳其自由贸易协议》《塞尔维亚和欧洲贸易联盟自由贸易协议》等。

862. 在塞尔维亚解决商务纠纷的主要途径是什么？

答：由于塞尔维亚法治建设尚不完善，法律程序相对繁琐且效率较低等，中国企业如在投资合作中与塞方合作伙伴产生纠纷，仍应以磋商解决为首选方案，将诉诸法律途径作为最终手段。此外，也可在商务合同中明确仲裁条款，以规避司法体系缺陷所致的潜在风险。

863. 塞尔维亚有哪些重要的银行？

答：塞尔维亚国民银行、伊伏丁那银行、意大利联合银行（意大利）、奥地利奥和银行（奥地利）、裕信银行（意大利）、欧洲银行（希腊）、法国兴业银行（法国）等。

864. 塞尔维亚《外汇管理法》对外汇进出有哪些规定？

答：在塞尔维亚注册的外国企业可在塞尔维亚的外资银行和内资银行开设外汇账户，用于进出口结算、企业经营和投资。企业经营及其收益所得外汇、个人合法税后收入所得外汇通过银行账户汇出境外无限制，不纳税，但须提供相应证件、交易证明（如发票等，证明交易的合理合法），并按比例缴纳手续费等。个人携带外币现金出入境，须向边境海关申报，对本国居民和外国人的限额均为1万欧元。

865. 塞尔维亚实行怎么样的税收制度？

答：塞尔维亚建立了以所得税和增值税为核心的税收体系，全国实行统一的税收制度，主要分8个税种。根据塞尔维亚法律规定，税金估算、征缴、退回等业务的执行权限期为10年，对税务违法行为可终身追溯。

866. 塞尔维亚有哪些主要税赋？

答：工资税、其他个人所得税、高工资年收入税、增值税、企业所得税、企业预提所得税、社会保险福利捐税、财产税等。

867. 在塞尔维亚企业报税应注意哪些问题？

答：在塞尔维亚经商须聘请当地注册会计师，负责报税等相关事务和办理相关手续；企业报税时间为每年1月10日前，一般通过注册会计师向地方税务局上报，由专业注册会计师办理；企业报税的资料主要是企业营业许可、往来账目、纳税号码、进出口登记等。

868. 塞尔维亚在知识产权保护方面有哪些法律法规？

答：《专利法》《版权法》《商标法》《发明法》《反垄断法》等。

869. 塞尔维亚员工与雇主签订的劳动合同内容主要有哪些？

答：雇主名称和地址、雇员姓名和居住地、雇员类别和专业水平、雇员所从事工作的种类和工作内容、工作地点、劳动方式（固定工或临时工）、劳动合同期限、劳动开始日期、劳动时间，基本工资和奖金及补贴、劳动报酬支付期限、劳动规章、每日工作时间等。

870. 外国人在塞尔维亚工作有什么样的规定？

答：外国人在塞尔维亚工作需要向塞尔维亚内务部外国人管理局申办居留许可，居留许可的有效期为1年，每年需申办一次。凭居留许可，再向塞尔维亚国家就业局申办工作准证，工作准证有效期1年。对外来劳务常带有限制条件，但是在高新技术产业、技术外包、软件设计等行业非常需要外来高技术人才。

871. 塞尔维亚对中国公民出入境和居留有什么规定？

答：塞尔维亚对中国公民出入境和办理居留一般按以下做法执行：签证一般为3个月有效，一次性出入境，但有时允许在居留期1~3个月；没有专门的商务签证，经贸团组来访也都按上述原则办理。注册成立公司从事外贸、

内贸和服务业的人员，都是根据申办公司的情况核发居留签证，一般分为 3
个月、6 个月和一年三种，具体由警察局自行掌握，过期再申请延长。对与当
地公民结婚的中国公民，很容易得到居留证明，但有效期为一年，到期延长。

872. 塞尔维亚对中国驾照的使用有什么规定？

答：国际驾照可以在塞尔维亚使用。中国的驾照应在国内翻译后，经当
地公证处公证和外办认证，最后到塞尔维亚驻华使领馆认证。携带经过"双
认证"的驾照翻译件可去塞尔维亚警察局申请塞尔维亚的驾照。

873. 塞尔维亚有哪些华人商会、社团？

答：塞尔维亚华人华侨商业总会、塞尔维亚华人华侨商业总会潘切沃分
会、塞尔维亚华人华侨商业总会南方分会、塞尔维亚华人商业联合会、塞尔
维亚温州商会等。

874. 如何办理塞尔维亚签证？

答：签证可向塞尔维亚共和国在北京的大使馆或上海的总领事馆申请。
签证材料可送，也可寄。由于所有签证须塞尔维亚当局批准，签证申请通常
需要三个多星期的时间。香港特别行政区护照持有人可免签证进入塞尔维亚
共和国并停留最多 14 天。

875. 办理塞尔维亚签证需要哪些材料？

答：（1）有效护照（发签证时护照有效期至少 90 天）。巴基斯坦公民例
外，不需提交护照，只需交护照复印件；（2）填写好的签证申请表（PDF 格
式）；（3）照片（3.5cm×4.5 cm）；（4）邀请函或凭单；（5）居住证明（如果
你不在国籍所在国居住）；（6）在塞尔维亚停留期间有足够资金的证明；（7）
往返机票或行程单（若驾车旅行需国际驾驶执照复印件、保险及名称）；（8）
汇入使馆银行账户 60 欧元/540 元人民币（也可在递交申请时，亲自交付现
金）。若签证申请得到批准，在发签证时需另付 2 欧元/18 元人民币。所有银

行转账费用由申请人承担。

876. 塞尔维亚出入境有什么注意事项？

答：国际旅行者携带个人用品入境无须申报，其中，一升烈酒、一瓶香水或 200 支香烟可归为个人用品。如果个人所带物品总值超过 3000 欧元，须履行清关手续并支付关税。携带现金入关或出关，2000 欧元以下无须申报，超过 2000 欧元需要在入关时申报，并保存好海关出具的入关申报单，以免在出关时出现不必要的麻烦。塞尔维亚对入关食品严格控制，个人携带的食品不能入关。

877. 能给中国企业到塞尔维亚提供投资合作咨询的机构有哪些？

答：中国驻塞尔维亚大使馆经商参处、塞尔维亚中资企业协会、塞尔维亚驻中国大使馆、塞尔维亚投资促进机构、中国商务部研究院海外投资咨询中心等。

878. 如何与塞尔维亚驻华大使馆或领事馆取得联系？

（一）塞尔维亚驻华大使馆

地址：北京市朝阳区三里屯东六街 1 号

电话：010－65323516、65321693、65325413、65321562

传真：010－65321207

电子邮箱：embserbia@embserbia.cn

网址：http://www.embserbia.cn

（二）塞尔维亚驻上海总领事馆

地址：上海市荣华东道 60 弄 1 号里昂花园 801 室

电话：021－62081388

传真：021－62087412

879. 如何与中国驻塞尔维亚经商处取得联系？

（一）中国驻塞尔维亚大使馆

电话：＋381－11－3695057

传真：＋381－11－3695057

电子邮箱：chinaemb _ yu@mfa. gov. cn

（二）中国驻塞尔维亚大使馆经商处

电话：＋381 11 2651630

传真：＋381 11 2650726

电子邮箱：yu@mofcom. gov. cn

网址：http：//yu. mofcom. gov. cn

十六、斯洛伐克篇

880. 斯洛伐克首都在哪里？

答：布拉迪斯拉发，是斯洛伐克经济、文化中心，也是斯洛伐克的石油化工中心。

881. 斯洛伐克主要有哪些城市？

答：除布拉迪斯拉发外，斯洛伐克主要城市有日利纳、科希策、尼特拉、特尔纳瓦等。

882. 斯洛伐克使用什么货币？

答：欧元。

883. 斯洛伐克使用什么语言？

答：官方语言为斯洛伐克语。主要外语为英语、德语和俄语。主要少数民族语言为匈牙利语。

884. 斯洛伐克主要有哪些民族？

答：主要民族为斯洛伐克族，占人口总数的 80.7%；匈牙利族占 8.5%；罗姆（吉卜赛）族占 2%。其余为乌克兰族、日耳曼族、波兰族和俄罗斯族。

885. 斯洛伐克人宗教信仰情况如何？

答：多数居民信奉罗马天主教，其次为斯洛伐克福音教、东正教。

886. 斯洛伐克有哪些著名旅游景点？

答：布拉迪斯拉发城堡、哥特式圣马丁教堂、罗兰喷泉、大主教宫、米哈尔门、高拉特山等。

887. 斯洛伐克有什么风俗习惯？

答：斯洛伐克人热情好客，讲究谦逊礼让和遵守公共秩序，在公共场合不大声喧哗、拥挤。喜爱象征高贵的蓝色和象征热情的红色。喜欢使用数字"8"、"12"、"14"等，忌讳"13"。喜食肉制品和奶制品，不喜海鲜。食用较多的蔬菜水果是西红柿、圆白菜、土豆、洋葱、苹果、香蕉等。送花以单数支为吉祥。小朵菊类花卉多为扫祭使用。认为柳树虽美但枝条低垂象征悲哀。

888. 斯洛伐克的主要媒体有哪些？

答：报纸主要有《真理报》《存在报》《新时代》《经济报》《经济日报》等，通讯社主要是斯洛伐克通讯社，广播电台主要是斯洛伐克国家广播电台，电视台主要有斯洛伐克电视台。

889. 斯洛伐克有哪些重要节日？

答：元旦、建国日（1月1日），三个国王节（1月6日），复活节（4月），国际劳动节（5月1日），反法西斯胜利日（5月8日），斯拉夫文字节（7月5日），民族起义纪念日、国庆日（8月29日），宪法日（9月1日），七伤节（9月15日），万圣节（11月1日），争取自由和民主日（11月17日），圣诞节（12月24—26日）。

890. 从中国如何能方便的到达斯洛伐克？

答：从中国到斯洛伐克一般乘坐北京到维也纳的直航，再乘车至布拉迪斯拉发，约45分钟车程，每小时有一班客车往返布拉迪斯拉发和维也纳机场。

891. 斯洛伐克的重点产业有哪些？

答：汽车工业、电子工业、冶金和机械制造、旅游业等。

892. 斯洛伐克主管贸易的是哪个部门？其主要职责是什么？

答：斯洛伐克经济部是斯洛伐克贸易主管部门，负责内贸、外贸政策制定及消费者保护等。

893. 斯洛伐克主要有哪些出口商品？

答：汽车及零部件、电气设备及备件、电站锅炉、钢铁制品等。

894. 斯洛伐克主要有哪些进口商品？

答：机械、电子设备、交通工具及零配件、矿产品和非贵金属等。

895. 中国对斯洛伐克出口商品主要有哪些？

答：船舶及浮动结构体，皮革制品、旅行箱包，动物肠线制品，机械器具及零件，电机、电气、音像设备及其零附件，钢铁制品，针织或钩编的服装及衣着附件，鞋靴、护腿和类似品及其零件，非针织或非钩编的服装及衣着附件，无机化学品，贵金属等的化合物，肥料等。

896. 中国从斯洛伐克进口商品主要有哪些？

答：车辆及其零附件（铁道车辆除外），机械器具及零件，木材及木制品，木炭，鞋靴、护腿和类似品及其零件，塑料及其制品，贱金属杂项制品，电机、电气、音像设备及其零附件，光学、照相、医疗等设备及零附件，钟表及其零件，家具，寝具，灯具，活动房等。

897. 在斯洛伐克需要获得进口许可的产品主要有哪些？

答：褐煤、黑煤、电力、牲畜、部分农产品、香烟、汽车等。

898. 在斯洛伐克需要获得出口许可的产品主要有哪些？

答：原油、天然气等。

899. 斯洛伐克哪些物品入境可以免征关税？

答：下列物品在规定数量内可免征关税：（1）烟草：200 支香烟，50 支雪茄（或 100 支，但每支不超过 3 克），250 克烟丝，或上述品种适当组合。（2）酒类：超过 22 度的 1 升，不超过 22 度的 2 升，香槟、果酒、葡萄酒 2 升。（3）香水：花露水 50 毫升，喷雾式香水 250 毫升。（4）药品：个人必备药品适量等。上述前两条规定不适用于 18 岁以下未成年人。除上述物品外，每人可免税携带符合海关规定的价值不超过 175 欧元的物品（15 岁以下未成年人的此项额度为不超过 99 欧元）。

900. 斯洛伐克有哪些与贸易有关的法规？

答：《EC 3286/94 规则》《EC 356/95 规则》《商业法典》《保护竞争法》《海关法》等。

901. 斯洛伐克投资主管部门有哪些？

答：经济部，该部门主要负责投资资助政策的制定和实施；投资贸易发展局，该部门负责促进外来投资和外贸出口。

902. 外资主要投向斯洛伐克哪些领域？

答：金融、房地产、汽车和电子制造业等。

903. 外国企业在斯洛伐克有哪些投资方式？

答：外国投资者可在斯洛伐克新设企业，也可通过收购斯洛伐克现有企业股权或资产方式进行投资。

904. 斯洛伐克与投资相关的主要法律有哪些？

答：《国家资助法》《商业法典》《所得税法》《劳动法》等。

905. 斯洛伐克限制外国企业对哪些行业投资？

答：军工产品生产、博彩业、广播电视、部分矿产资源开采及影响环保等的行业。

906. 在斯洛伐克投资哪些项目将可能得到资助？

答：（1）工业生产：最低投资额为 350 万欧元；（2）技术中心：最低投资额为 50 万欧元；（3）战略中心（IT 研发、客服中心等）：最低投资额为 40 万欧元；（4）旅游业：最低投资额为 300 万欧元。

907. 斯洛伐克提供投资资助的方式有哪些？

答：现金资助、所得税减免、对创造就业机会予以补贴、以低于市场价转让国有或地方政府拥有的不动产和财政馈赠补贴等。斯洛伐克投资和贸易发展局可提供免费的国际贸易服务和投资支持。

908. 在斯洛伐克的企业申请国家资助有哪些审批程序？

答：申请人向斯洛伐克经济部提供包括各种附件在内的投资计划书；斯洛伐克投资贸易发展局对内容完整的计划书进行审查；如果申请合格，该局准备评估意见，对申请人的商业计划、申请国家资助的金额、预计财政收入及财政馈赠补贴提出意见；经济部在其基础上提出国家资助措施的报价，包括资助金额和资助方式；投资者就上述报价做出承诺；对投资人的国家资助申请批准与否及资助金额等条件，最终由斯洛伐克政府决定。整个申请过程从提交投资计划书之日起需 6 个月。

909. 斯洛伐克对外国公司承包当地工程有何规定？

答：斯洛伐克项目建设分为两个部分，即公共采购部分和私人建设项目部分。公共采购部分主要是依靠政府和欧盟资金，建设公共领域内的基础设施及其他项目，主要为基础设施建设、货物及服务的采购，采购方式为公开招标。中国企业如参加这一领域的竞标，须满足各种准入条件。私人建设项目部分指私人企业及自然人为自己的需要制定且不透明。采购方式有小范围招标及直接采购。工程建设不论采取何种方式采购，工程质量必须满足当地要求。

910. 斯洛伐克对外国公司承包当地工程的招标方式有哪几种？

答：招示方式包括公开招标、限制招标、协议招标、竞争性对话。公开招标：不限制投标候选人数量的招标。限制招标：不限制投标候选人数量，但投标方可能只选择其中几家来投标。协议招标：投标人与选择的投标候选人对合同内容进行谈判的招标；不限制投标候选人数量，但招标人可能只选择其中几家来递交标书或进行协商。竞争性对话：不限制投标人候选人数量，但招标方可能只选择其中几家来进行对话，通过对话产生满足招标人条件的一个或几个解决方案，在此基础上，选出可以递交标书的投标候选人。

911. 在斯洛伐克招标有怎样的程序？

答：公布采购公告；投标人提出参与投标意愿；资格审查；投标；成立评标委员会；开标；评标；公布评标信息；结标等。

912. 外资企业并购斯洛伐克的企业有怎样的流程？

答：（1）外资收购或合并当地企业首先应与后者签署收购协议并经公证；（2）收购公司与被收购公司董事会向各自监事会提交并购报告供其审议，监事会通过后交由股东大会表决通过；（3）双方股东大会批准收购后，收购公司持批准文件到公司注册部门进行收购注册登记。

913. 斯洛伐克工业园区入驻企业主要集中在哪些行业？

答：斯洛伐克工业园区入驻企业大部分为斯洛伐克传统重点行业，主要集中在汽车及零部件制造、化工、电子电气、工程、钢铁及金属加工、木材加工、食品和物流等。

914. 斯洛伐克环保法有哪些规定？

答：任何人都应当在源头采取措施避免对环境造成破坏，将其活动对环境可能造成的不良影响尽量最小化。任何人在使用一块区域或自然资源，建设项目、修建或拆除建筑物时，都应当在对环境的影响做出评价后才能开展，并且应当在法律规定的区域内开展。任何想引入技术、产品和原料进行生产、流通或消费，或者进口这些技术、产品和原料的人，有义务保证其达到法律法规所规定的环保要求。任何对环境造成污染或破坏的人，或者使用自然资源的人都有义务用自己的资金来对将来的影响和可能造成的后果进行监测。

915. 中国与斯洛伐克签定哪些重要协定？

答：《中华人民共和国和捷克斯洛伐克社会主义共和国关于避免双重征税的协定》《中华人民共和国和捷克斯洛伐克联邦共和国关于投资保护的协定》《政府经济合作协定》《投资保护协定附加议定书》等。

916. 斯洛伐克解决商务纠纷的主要途径及适用哪国法律？

答：根据斯洛伐克当地法律，商务纠纷可通过协商、调解、诉讼、仲裁等途径解决。如通过诉讼，当事人可事先在合同中约定适用法律，包括双方当事人常住地、纠纷发生地、合同标的所在地或者其他第三国法律；如合同无争议解决和法律适用条款且当事人事后无法协商一致的，可适用受理法院所在地法律。当事人经协商也可要求进行国际仲裁或异地仲裁。

917. 斯洛伐克有哪些华人商会、社团？

答：斯洛伐克青田同乡会、斯洛伐克华侨华人联合会、斯洛伐克中国和平统一促进会、斯洛伐克—中国友好协会、斯洛伐克华侨华人商会、斯洛伐克华侨华人社团联合会、斯中经济文化交流促进会、斯中经济贸易协会、斯洛伐克华侨华人妇女联合总会、斯洛伐克—中国教育文化交流协会、斯洛伐克贵州商会、斯洛伐克浙江联谊会、斯洛伐克上海联谊会等。

918. 斯洛伐克在外商投资上有何规定?

答：外国投资者可在斯洛伐克新设企业，也可通过收购斯洛伐克现有企业股权或资产方式进行投资。斯洛伐克法律对外国公司和个人并购当地企业没有限制，在企业并购方面与斯洛伐克国内企业和公民享有同等权利。但一些特定的行业并购须经过斯洛伐克有关主管部门批准，如并购商业企业须经反垄断办公室批准，并购银行须经央行批准。

919. 斯洛伐克有哪些重要的银行?

答：斯洛伐克察利翁银行、斯洛伐克花旗银行、捷克斯洛伐克商业银行建筑储蓄所、斯洛伐克德克斯亚银行、布拉迪斯拉发商业银行、斯洛伐克储蓄所、塔特拉银行等。

920. 斯洛伐克《外汇法》对外汇进出有哪些规定?

答：在斯洛伐克注册的外国企业可在斯洛伐克银行开设外汇账户，用于进出口结算。外汇进出需要申报。外汇汇出斯洛伐克无须缴纳特别税金。携带现金 1 万欧元以上出入欧盟外国家须申报。在斯洛伐克工作的外国人的合法税后收入可全部转出国外。

921. 斯洛伐克实施怎样的税收制度?

答：斯洛伐克建立了符合欧盟要求的税收体系，对所有收入种类征收19%的所得税，无双重征税和股息税，税率在欧盟成员国中较低。

922. 斯洛伐克的海关管理有何规定?

答：斯洛伐克执行欧盟的统一关税税则。海关关税税率分为普通税率、最惠国税率（协定税率）和普惠制税率。欧盟同中欧自由贸易协定成员国、土耳其等国家签定有关税减免协定，相互提供关税减免。斯洛伐克与欧盟成员国之间的进出口产品享受零关税，但出口商须提供交货核对证明。非欧盟成员国出口货物至斯洛伐克，关税根据商品价值按照欧盟共同关税税率征收。

923. 斯洛伐克哪些居民需要纳税，哪些居民不需要纳税？

答：有证件证明在斯洛伐克拥有永久居所（具有斯洛伐克国籍），或在斯洛伐克有居留权（在斯洛伐克旅居），累计时间或连续停留时间超过 183 天的需要纳税。非斯洛伐克纳税居民是指不符合上述条件，但在斯洛伐克境内获得收入者。斯洛伐克纳税居民在世界范围内的全部收入须缴纳个人所得税，避免双重征税协定或斯洛伐克法律有规定的例外。非斯洛伐克纳税居民只缴纳在斯洛伐克境内收入的个人所得税。

924. 斯洛伐克哪些收入需要纳税？

答：工资收入、投资收入、经营企业收益或个人经营收入、利息收入、特殊许可费、租赁或买卖在斯的财产、通过博彩获得的收益等。

925. 斯洛伐克的税种主要有哪些？

答：企业所得税、个人所得税、增值税、房地产交易税、房地产税、消费税（啤酒、葡萄酒、酒精、烟草制品以及矿物油）等。

926. 企业在斯洛伐克报税有哪些渠道？

答：直接报税、邮局报税和电子报税。直接报税：纳税人到就近的税务局递交报税材料；邮局报税：应使用统一纳税申报专用信封，以邮政部门收据作为申报凭据，申报日期为寄出的邮戳日期；电子报税：指税务机关确定的网络传输等电子方式，按照税务机关规定的期限和要求保存有关资料，并定期书面报送税务局。申报日期以税务机关计算机网络系统收到该数据电文的时间为准，与数据电文相对应的纸质申报资料按税务机关规定的期限报送。

927. 斯洛伐克企业报税需提交哪些材料？

答：(1)《纳税申报表》；(2) 财务会计报表及其说明材料（公司企业纳

税人）；（3）与纳税有关的合同、协议书及凭证；（4）《外出经营活动税收管理证明》和异地完税凭证；（5）境内或者境外公证机构出具的有关证明文件；（6）其他有关证件、资料等。

928. 斯洛伐克关于专利需注意哪些事项？

答：有创新步骤并可以用于工业化应用的技术发明都可以获得专利保护。专利要获得保护，必须在斯洛伐克工业产权办公室或欧洲专利局注册，专利保护期限 20 年。

929. 斯洛伐克关于注册商标需注意哪些事项？

答：需在斯洛伐克工业产权办公室、世界知识产权组织国际局或欧洲内部市场协调局注册，商标保护期限 10 年，可申请延期。

930. 斯洛伐克关于注册设计需注意哪些事项？

答：注册设计需在斯洛伐克工业产权办公室或欧洲内部市场协调局注册，保护期 5 年，可申请延期，但最高期限不超过 25 年。斯洛伐克《版权法》对作者的创造性成果的文学、艺术和科学作品提供保护，版权不需注册，在作者有生之年和逝世后 70 年期间版权受到保护。

931. 斯洛伐克企业申请专利需提交什么材料？

答：（1）专利申请表；（2）说明书。说明书应当对专利做出清楚、完整的说明，以所属技术领域的技术人员能够实现为准；（3）权利要求书。权利要求书应当以说明书为依据说明专利的技术特征，清楚、简要地表述请求专利保护的范围；（4）说明书附图：说明书附图是专利申请的必要文件。如有必要专利申请也应当提交附图。附图应当使用绘图工具和黑色墨水绘制，不易涂改或涂擦；（5）说明书摘要及摘要附图等。

932. 斯洛伐克企业申请专利和注册商标有哪些途径？

答：可以通过两种途径：直接制或代理制。直接制是指申请人自备申请文件，直接邮寄或递交到斯洛伐克工业产权局专利处。代理制是指申请人委托专利代理机构、公证处以及商务律师办理申请手续。

933. 斯洛伐克企业申请注册商标有哪些程序？

答：（1）注册准备：注册方式选择；商标在先注册权利的查询工作；申请商标资料的准备；（2）申请注册：按商品与服务分类申请；商标申请日的确定；（3）商标审查；（4）初审公告；（5）注册公告；（6）领取商标注册证等。

934. 斯洛伐克哪些机构受理企业注册？

答：斯洛伐克商业登记注册主管部门是法院企业注册处，该机构负责其行政辖区内的商业注册登记。根据行政区划，该类机构共设有 8 个，分别位于：布拉迪斯拉发州、特尔纳瓦州、尼特拉州、特伦钦州、日利纳州、班斯卡·比斯特里察州、科希策州和普雷绍夫州，有关详情请登陆斯洛伐克商业登记注册网址。

935. 斯洛伐克注册企业主要程序有哪些？

答：（1）申请出具《无犯罪记录证明》；（2）核对公司名称单一性；（3）《公司章程》及公证时间；（4）办理营业执照；（5）开立银行账户；（6）在地方法院申请注册登记；（7）税务登记（所得税及增值税）；（8）社会保障登记；（9）健康医疗保险登记等。

936. 斯洛伐克劳动力状况如何？

答：斯洛伐克拥有优质的劳动力资源，其劳动生产率和劳动成本比在中欧和东欧国家中最高。斯洛伐克加入欧盟后，由于欧盟内劳动力市场逐渐放开和东西欧国家间存在很大工资差距，部分技术人员流向西欧国家就业。同时，外资持续进入，斯技术工人需求增加，导致其汽车、电子及机械等行业均面临技术工人短缺问题。

937. 斯洛伐克《劳动法》核心内容有哪些?

答:斯洛伐克《劳动法》对劳工关系的产生、劳资双方的权利、义务、福利、报酬、就业及保护、劳资纠纷的处理做了规定。

938. 斯洛伐克的工作合同有哪几种?

答:工作合同分为定期、无限期、工作时间少于 8 小时、留职及特殊任务等 5 种。如果是定期合同,一般不超过 3 年,否则被视为无限期合同。

939. 斯洛伐克对劳动时间有哪些规定?

答:每周工作时间 40 个小时,每周加班不超过 8 小时,雇主一年内不能让员工加班 150 小时以上;如果确实有原因需要加班,须征得员工同意,但加班不超过 250 小时。

940. 斯洛伐克对劳动报酬有哪些规定?

答:加班时间(包括周六)除正常工资外,雇主还应支付相当于其平均工资 25% 的加班费。在国家法定假日(包括周日)加班,雇主应支付不低于其平均收入 50% 的加班费。加夜班的,每小时雇主应支付不低于最低工资 20% 的加班费。

941. 中国公民赴斯洛伐克长期工作(6 个月以上)需办理哪些手续?

答:(1)向斯洛伐克劳动管理局申请工作许可,耗时约 45 天;(2)通过斯洛伐克领事机构或直接向斯洛伐克外事警察局申请居留许可,耗时约 90 天;(3)入境后在斯洛伐克外事警察局办理后续手续,耗时约 30 天。

942. 斯洛伐克移民政策有什么规定?

答:申请人通过在斯洛伐克购买当地房产,可以获得斯洛伐克 90 天以上的可延续性的长期居留签证。按照相关法律规定，签证到期后，可续签，续签一般是 1～2 年，续签次数无上限。长期居留满 5 年之后，申请人在 5 年长居期间每年在斯洛伐克或者申根国居住时间不少于 6 个月，且能够通过本国语言考试，即可获得斯洛伐克的永久居留身份，即 PR。移民申请人持有长期居留签证期间，自由出入欧盟和申根国，享受同等的教育、医疗和工作待遇、机会。

943. 如何办理赴斯洛伐克签证？

答：持普通护照的中国公民赴斯洛伐克必须事先到斯驻华大使馆（北京）或领事馆（上海）办妥签证。根据斯洛伐克的要求，中国公民申办赴斯签证须提交的材料包括：签证申请表、本人护照、正面近照（3 cm×3.5 cm，1 张）、邀请函（须经斯洛伐克警方核准）和往返机票。申请在斯洛伐克长期居留者还须提供无犯罪证明和斯洛伐克方认为必要的其他材料。详细情况需向斯驻华使领馆咨询。

944. 在斯洛伐克入境时有什么注意事项？

答：赴斯洛伐克人员进入斯境时，有义务应凭出示邀请函、宾馆订房证明、返程机票以及在斯停留期间相当于日平均 3000 克朗（注：1 克朗约为 4 元人民币）的可兑换货币（16 岁以下未成年人减半）。如持有经斯洛伐克警方核准的邀请函，可减免上述手续。

945. 如何与斯洛伐克驻华大使馆取得联系？

地址：北京建国门外日坛路

电话：010－65321531

传真：010－65324814

网址：http：//www.mzv.sk/peking

946. 如何与中国驻斯洛伐克大使馆及经商处取得联系？

（1）中国驻斯洛伐克大使馆

电话：00421—2—62804283

传真：00421—2—62804285

地址：Jan cova 8，811 02 Bratislava

网址：http：//www. cinskaambasada

（2）中国驻斯洛伐克大使馆经商处

电话：00421—2—44637507

传真：00421—2—44637508

十七、斯洛文尼亚篇

947. 斯洛文尼亚首都在哪里？

答：卢布尔雅那，是斯洛文尼亚共和国的政治、文化中心，位于西北部萨瓦河上游，群山环抱的盆地之中。面积 902 平方千米，人口约 27.86 万人。

948. 斯洛文尼亚有哪些主要城市？

答：除了首都卢布尔雅那，斯洛文尼亚主要城市还有马里博尔、普图伊、科佩尔等。

949. 斯洛文尼亚使用什么语言？

答：官方语言为斯洛文尼亚语，部分人会说英语。

950. 斯洛文尼亚使用什么货币？

答：欧元。

951. 斯洛文尼亚有哪些民族？

答：主要民族为斯洛文尼亚族，约占 83％。少数民族有匈牙利族、意大利族和其他民族。

952. 斯洛文尼亚人宗教信仰情况如何？

答：斯洛文尼亚主要信奉罗马天主教，东部地区有少量信奉东正教和伊斯兰教。

953. 斯洛文尼亚有哪些特色美食？

答：肉类菜，以香肠和炸猪排为主，生火腿普罗休特、萨拉米等肉类加工品也很多；沿海地区主要是海鲜；有红宝石颜色的特蓝等红葡萄酒以及白葡萄酒、白兰地等；以蛋糕为代表的点心种类丰富，多为荞麦面制成。

954. 斯洛文尼亚有哪些重要的旅游景点?

答：卢布尔雅那中央市场、蒂沃利城市公园、阿尔卑斯牧场、克瑞兹纳溶洞、姆斯特妮卡峡谷、普利雅玛城堡、圣芳济会报喜教堂等。

955. 斯洛文尼亚主要节假日有哪些?

答：新年（1月1—2日）、斯洛文尼亚文化节（2月8日）、复活节（4月的第三个周日与周一）、反占领起义纪念日（4月27日）、劳动节（5月1—2日）、国庆日（6月25日）、圣母升天日（8月15日）、宗教改革日（10月31日）、诸圣日（11月1日）、圣诞节（12月25日）、独立日（12月26日）。

956. 斯洛文尼亚有哪些重要展会?

答：斯洛文尼亚国际贸易博览会，斯洛文尼亚国际汽车和汽车服务展览会，斯洛文尼亚国际维护、环境保护和建筑维修贸易展览会等。

957. 斯洛文尼亚重点和特色产业有哪些?

答：斯洛文尼亚拥有良好的工业和科技基础，重点和特色产业主要有汽车配件产品、金属加工、化学与医药、电气电子产品和电信产品及服务、旅游业等。

958. 斯洛文尼亚劳动力状况如何?

答：斯洛文尼亚教育水平较好，劳工素质好，但由于人力资源缺乏，国内部分岗位供求失衡，为外籍劳工进入提供了条件。2013年1月，斯洛文尼亚政府将劳动者最低工资上调至783.66欧元。

959. 斯洛文尼亚工业状况如何?

答：主要工业门类有汽车制造、机械设备和家用电器制造、电气机械和仪表制造、化工（含制药）、电力能源、冶金、橡胶及塑料产品加工、非金属矿物质制品加工、食品饮料加工、木材加工、家具制造、造纸、印刷出版、纺织、成衣和皮革制品加工等。2015 年工业产量同比增加 4.5%，其中制造业产量增长 4.8%，采矿业产量增加 2.3%，水电气供应增长 2%。工业销售收入同比增长 4.1%，其中制造业销售收入增长 4.2%，采矿业销售收入减少1.4%。工业库存同比增加 3.3%，其中制造业库存增加 3.9%。

960. 斯洛文尼亚旅游业状况如何？

答：近年来，斯洛文尼亚旅游外汇收入持续增长，旅游业已成为国民经济的重要组成部分。有 5553 家企业从事旅游业，旅游从业人员近 4 万人，占斯洛文尼亚就业人口的 6.4%。据世界旅游组织预测，未来 20 年斯洛文尼亚旅游业将以每年 6% 的平均速度快速增长。

961. 斯洛文尼亚自然资源状况如何？

答：森林覆盖率 66%，位列欧洲第三，森林资源十分丰富。矿产资源相对贫乏，主要有汞、煤、铅、锌等，储量不多，但矿泉、温泉和水力资源较为丰富。2011 年，斯洛文尼亚东北部探测出天然气资源。

962. 斯洛文尼亚交通有哪些优势？

答：斯洛文尼亚公路四通八达，公路密度高于欧盟平均水平。在欧洲任何地方乘坐道路交通工具，均可在 1~2 日内抵达斯洛文尼亚。斯洛文尼亚客货运输均以公路运输为主，占 60% 以上。斯洛文尼亚铁路线总长为 1228 公里，有 150 多个铁路客站和 140 多个铁路货站，运输便利。卢布尔雅那机场是斯洛文尼亚唯一的国际机场，同欧洲十几个国家有固定航线。科佩尔港位于亚得里亚海北端，是斯洛文尼亚唯一的海运港口，也是中东欧内陆国家重要的中转港。通过科佩尔港中转的货物可在 24 小时内到达维也纳、慕尼黑和布拉格，48 小时内到达华沙、哥本哈根和伦敦。

963. 中国人赴斯洛伐克可选择哪些航空线路？

答：从中国到卢布尔雅那没有直达航班，从中国至斯洛伐克较为便利的航线有：北京—莫斯科—卢布尔雅那、北京—维也纳—卢布尔雅那、北京—慕尼黑—卢布尔雅那、北京—法兰克福—卢布尔雅那、上海—巴黎—卢布尔雅那、上海—伊斯坦布尔—卢布尔雅那、上海—法兰克福—卢布尔雅那。

964. 斯洛文尼亚客货运输以什么方式为主？

答：斯洛文尼亚客货运输均以公路运输为主，占 60％以上。

965. 科佩尔港口状况？

答：科佩尔港位于亚得里亚海北端，是斯洛文尼亚唯一的海运港口，也是中东欧内陆国家重要的中转港。通过科佩尔港中转的货物可在 24 小时内到达维也纳、慕尼黑和布拉格，48 小时内到达华沙、哥本哈根和伦敦。科佩尔港计划到 2017 年完成 4.5 亿欧元投资，每年新开几条该港至亚洲的航线，建成中欧物流中心。

966. 斯洛文尼亚主要出口商品有哪些？

答：运输车辆、电力设备、机械设备、服装、家具、药品和制药设施、有色金属制品等。

967. 斯洛文尼亚主要进口商品有哪些？

答：石油制品、生活用品、食品、钢铁、纺织品等。

968. 中国对斯洛文尼亚主要出口什么商品？

答：电脑及其零部件、家用电器、玩具、化工原料、电信器材和工具等。

969. 中国从斯洛文尼亚主要进口什么商品？

答：真空吸尘器及部件、电动机、发电机及零部件、冷冻设备压缩机、精油、树脂、轴承、制革与染色剂等。

970. 斯洛文尼亚对哪些进口产品有特殊规定？

答：对进口医药产品、军事装备、垃圾、废品、有毒和爆炸品有特殊规定。

971. 斯洛文尼亚的贸易活动遵循哪些法规？

答：斯洛文尼亚作为欧盟成员国，完全执行欧盟的贸易政策法规，国内没有单独的贸易法规。

972. 斯洛文尼亚有哪些投资促进机构？

答：斯洛文尼亚企业，创新、发展、投资和旅游事务促进署，斯洛文尼亚工商会，斯洛文尼亚商会等。

973. 外商对斯洛文尼亚投资的重点领域有哪些？

答：医药化工行业、电子和计算机行业、旅游业、基础设施建设、新能源开发、机械制造和汽车工业。

974. 斯洛文尼亚为吸引外资采取了哪些重要举措？

答：颁布了《吸引外国直接投资和方便企业国际化法》和《投资成本分摊资助方案》。在经济部下设了专门负责外国投资的企业和外国投资促进署。设立了 13 个经济技术园区。

975. 外商在斯洛文尼亚设立投资企业有哪些方式？

答：可设合资企业、合作企业、独资企业、"三来一补"等企业。

976. 在斯洛文尼亚投资方式有哪些？

答：外商在斯投资可以为：现金投资、有形资产投资（机械设备、动产或不动产等）、无形资产投资（工业产权、专有技术、商标等）。

977. 斯洛文尼亚哪些领域禁止外商设立独资企业？

答：武器和军事设备的生产和销售；国家财政预算内指定的养老保险和医疗保险业；铁路与航空运输；交通与通信；保险业。

978. 外国人能否在斯洛文尼亚购置土地和房产？

答：2003 年 2 月以来，外国人可在互惠的基础上于斯洛文尼亚购置房产。欧盟成员国公民在购买土地方面与斯洛文尼亚公民拥有同等权利。到目前为止，中国籍公民要想在斯洛文尼亚购买土地，可在斯洛文尼亚注册一家公司，再以该公司的名义购买土地，可享有永久产权。中国籍公民如不是以建立公司等互惠式方式则不能在斯洛文尼亚购买土地。

979. 斯洛文尼亚对华投资的主要项目有哪些？

答：雷瑞卡（苏州）汽车电器有限公司、中斯科技公司、苏州海达瑞柴油冷启动技术有限公司、安徽美诺华药物化学有限公司和浙江美诺华药物化学有限公司、KOLEKTOR 公司南京分公司、Gorenje 公司上海分公司等。

980. 外资企业在斯洛文尼亚承揽工程项目有哪些流程？

答：（1）获取信息：参加投标是获得工程项目的前提。一般工程项目由业主自行发布招标消息，较大工程项目在斯洛文尼亚公务报网站（www. uradni-list. si）上发布。（2）招标投标：斯洛文尼亚对所有投标企业"一视同仁"，但对涉及本国及欧盟投资的项目，法律上并无规定本国及欧盟企业享有优先权，但实际操作过程中存在一定倾斜，或者在招标文件中规定相关条件。（3）许可手续：外国企业必须在当地注册分公司并根据需要提供总公司相关资质证明及样板工程、业绩、银行信誉等材料之后方能获得投标资格。承包商负责人必须是工程师并在斯洛文尼亚工程师协会进行注册。

981. 斯洛文尼亚什么时候加入欧盟？

答：2004 年 5 月 1 日加入欧盟。

982. 斯洛文尼亚有哪些重要的银行？

答：斯洛文尼亚银行、新卢布尔雅那银行、ABANKA 银行、SKB 银行等。

983. 斯洛文尼亚有哪些重要的保险公司？

答：Sava Re 保险公司、ZavarovalnicaTriglav 保险公司、Triglav 保险公司等。

984. 斯洛文尼亚有没有中资银行？

答：没有。

985. 斯洛文尼亚证券交易市场状况如何？

答：卢布尔雅那证券交易所是一家总部位于斯洛文尼亚卢布尔雅那的证券交易所，是斯洛文尼亚唯一的证券交易所，交易斯洛文尼亚公司股票和债券，其唯一股东是中东欧证券交易所集团。

986. 斯洛文尼亚国内主要税法有哪些？

答：国内主要税法是《宪法》第 147 和 153 款、《税务法》《征税程序法》《增值税法》《使用税法》《海关法》《执行增值税法的规章》《执行使用税法的规章》《法人实体收入税法》《个人收入税法》《不动产税法》等。

987. 斯洛文尼亚企业注册的受理是什么部门？

答：在斯洛文尼亚注册企业的受理机构是地方法院。

988. 斯洛文尼亚注册企业的主要程序有哪些？

答：（1）提交申请及文件：向卢布尔雅那法院申请公司成立批准证书，应提交代理律师授权书、申请成立公司声明、企业经理无犯罪记录声明、公司章程、缴纳注册资金银行证明。（2）开设银行账户：企业应开设银行临时账户，存入注册资本金。（3）统计登记（AJPES）。（4）VAT 纳税人身份登记（DURS）。（5）在商业银行开立公司业务账户：需要提交税号复印件、被授权人身份证、正确填写的相应表格及公司印章；

989. 斯洛文尼亚在商标注册方面有哪些规定？

答：外国人在斯洛文尼亚申请注册商标时必须通过斯洛文尼亚知识产权局指定的代理机构办理。外国人已在《商标国际注册马德里协定》成员国中取得了注册商标专用权，需提供在已注册商标国家的有关机构出具的证明、有关商标的详细说明和委托代理机构的授权书（英文）。商标注册申请可向斯洛文尼亚知识产权局提出，自知识产权局确认申请之日起 3 个月为异议期。商标注册后，专用权期限为 10 年，并可无限延期。

990. 斯洛文尼亚专利权期限一般为几年？

答：斯洛文尼亚专利权期限一般为 20 年，但在第 9 年时需提供有关文件，证明该专利已经过合法审查。同时也可申请短期专利权，期限为 10 年。

991. 斯洛文尼亚申请专利办理时间是多少？

答：专利申请人可向斯洛文尼亚知识产权局申请专利，知识产权局在收到专利申请后 18 个月公布专利权，加急申请最短时间为 3 个月。

992. 企业在斯洛文尼亚有哪些报税渠道？

答：在斯洛文尼亚注册的企业应在企业所在地税务局（所）纳税。税务局（所）遍布全国各地。有关纳税时间、地点及注意事项，请查询斯洛文尼亚税务局网站（www.durs.gov.si），可通过电子邮箱和网上报税系统报税，或可直接写信咨询。

993. 在斯洛文尼亚有限责任公司的报税规定有哪些？

答：（1）报税时，法人须缴纳利润 21% 的所得税。如果股东想提取公司利润，还必须缴纳利润 20% 的所得税。（2）如根据规定缴纳了增值税，法人须每月或者每季度对所得税进行清理，即补交开出发票和获得发票上的增值税差额，或者向税务办公室要求返还多负担的增值税。（3）法人还必须为员工支付最低为 173.20 欧元/月的社会保障金（斯洛文尼亚现行法定最低毛工资为 783.70 欧元/月，最低净收入为 532.13 欧元/月）。

994. 企业在斯洛文尼亚报税的时间是什么时候？

答：有限责任公司必须根据法人收入于每年 3 月 31 日前完成报税。

995. 斯洛文尼亚签证分为哪几种？

答：机场过境签证；过境签证；短期签证；长期签证等。

996. 如何办理赴斯洛文尼亚签证？

答：（1）申请人确定赴斯目的和行程计划；（2）登陆斯驻华使馆/外交部官方网站，浏览有关签证信息，了解签证种类，下载签证申请表和所需材料清单；（3）通过电子邮箱或通过电话进一步查询有关签证信息；（4）申请材料准备阶段：公证、认证资料，第三方提供的材料（如银行存款证明等），填写签证申请表，签证申请者携带签证申请表和资料到使领馆办理签证申请手续；（5）等候审核或补充材料；（6）取签证后，应及时仔细核对签证上的各项信息是否正确，尤其是签证有效期的起止时间及停留天数是否与所申请的相符，签证上的个人信息如姓名拼写是否正确，如发现任何错误，应及时与签证处联系。

997. 如何与斯洛文尼亚驻华大使馆及领事馆取得联系？

（一）斯洛文尼亚驻华大使馆

地址：北京市朝阳区霄云路 18 号京润水上花园 F 区 57 号

电话：010—64681154

传真：010—64681040

（二）斯洛文尼亚驻上海总领事馆

地址：上海市南京西路 1038 号梅龙镇广场 2107A 室

电话：021－62183235

传真：021－62183235

998. 如何与中国驻斯洛文尼亚大使馆及经商处取得联系？

（一）中国驻斯洛文尼亚使馆

地址：Koblarjeva 3，1000 Ljubljana，the Republic of Slovenia

电话：00386－1－4202850

网址：http：//si. china-embassy. org/eng

（二）中国驻斯洛文尼亚大使馆经商参处

地址：RoznaDolinaCesta V/3 1000 ljubljana，Slovenia

电话：00386－1－2005871/2/3

网址：htttp：//si. mofcom. gov. cn

参 考 资 料

[1] 张智.中国高铁驶入中东欧——"16+1"金融公司胎动 [N].华夏时报，[2015—11—30].

[2] 朱宇，包凌雁."一带一路"开启开放合作新机遇 [N].宁波日报，[2015—6—9].

[3] 王义桅."一带一路"撬动世界新格局 [J].WTO经济导刊，2015.

[4] 刘威."一带一路"视域下中国与中东欧国家贸易互补性研究 [J]，2015，16（4）：30—32.

[5] 姚玲."一带一路"战略下的中国与中东欧经贸合作 [J].经济与贸易，2015（2）：13—15.

[6] 金瑞庭."一带一路"战略与"容克计划"对接思考 [J].宏观经济管理，2015（11）：44—47.

[7] 卞宁."一带一路"中医药发展研讨会暨中东欧—保定创新产业园揭牌仪式 [N].保定日报，[2016—1—30].

[8] 崔明礼."中国—中东欧国家精品葡萄酒展示区"落户全国优质农产品精品馆 [N].农产品市场周刊，[2016—11—30].

[9] 王楠楠."中国建造"走进中东欧 [J].交通建设与管理，2015.

[10] 谭畅."一带一路"战略下中国企业海外投资风险及对策 [J].中国流通经济，2015（7）.

[11] 子行.16+1＞17，中国—中东欧国家务实合作意义重大 [N].光明日报，[2015—11—24].

[12] 王屏.21世纪中国与中东欧国家经贸合作 [J].俄罗斯中亚东欧研究，2007（2）.

[13] 高歌.“欧洲化”视角下的中东欧 [J].世界态势,2015.

[14] 中国社会科学院世界经济与政治研究所.2016年度中国海外投资国家风险评级发布 [J].WEP国际投资室·海外利益研究,[2016-12-28].

[15] 郭可为.创建中国—中东欧国家开发银行时候到了 [N].上海证券报,[2015-11-25].

[16] 阎彦.创新金融合作中国与中东欧项目加快落地 [N].第一财经日报,[2015-11-26].

[17] 孙帮俊.从国家到市场—罗马尼亚医疗保障制度的改革 [J].经济研究导刊,2015(8).

[18] 李华锋,齐山山.从乌克兰危机看俄罗斯对外政策的新动向 [J].赤峰学院学报(汉文哲学社会科学报),2015,36(3).

[19] 邓之湄.打造“16+1”—国际高端智库合作平台 [J].中国社会科学报,[2015-12-18].

[20] 赵丽芳.带CSR上路——“一带一路”战略下中国企业的必然选择 [J].中国企业社会责任专刊,2015(05).

[21] 远山.导引中东欧社会转型问题的多维透视 [J].学术交流,2015(11).

[22] 马骏驰.德国与维谢格拉德国家的经贸、投资关系探究——对中国与中东欧合作的启示 [J].欧亚经济,2015(6).

[23] 吕文.第二届中国—中东欧国家旅游合作高级别会议举行 [J].中国旅游报,[2015-9-9].

[24] 佚名.对接“一带一路”战略,谱写经贸合作新篇 [N].浙江日报,[2015-5-29].

[25] 李萍.俄罗斯与捷克的投资环境分析比较 [J].海外瞭望,2015.

[26] 马骏驰.法德在中东欧的不同关切对中国—中东欧国家合作的启示 [J].德国研究,2015(4).

[27] 韩涛.方兴未艾 任重道远——中国企业开拓中东欧基础设施建设市场有感 [J].专题策划,2015.

［28］仝中燕．高铁"走出去"的政治风险及其对策［J］．新观察，2015
（11）．

［29］高铁动车、轻轨地铁、渔船开发、地下管廊等新经济市场推进国内
玻璃钢复合材料向中高端迈进［J］．玻璃纤维，2015（47）．

［30］孟扬．工行积极开拓中东欧跨境金融合作［N］．金融时报，
［2015－11－27］．

［31］何芬兰．功课做不够　莫入中东欧［N］.国际商报，［2015－10－14］．

［32］初春晓．基于促进海峡两岸经贸发展的台湾投资环境分析［J］．商
品与质量．2011（8）．

［33］任鹏．加强沟通交流推进"16＋1"合作——访匈牙利中东欧亚洲
研究中心主席马都亚［N］．企业专访，2015.

［34］加强与中东欧国家全面合作政策解读［N］．宁波市人民政府公报，
2015（10）．

［35］王潇婷，薛航．"6＋1"会议在苏州举行——将促进中国与中东欧
贸易往来［N］．中国国门时报，［2015－11－26］．

［36］朱晓中．捷克共和国的投资环境［C］．北京：中国社会科学电子
出版社，2015.

［37］赵司空．近年来中东欧一些国家社会抗议运动与左翼运动的新特
点——以斯洛文尼亚和保加利亚为例［J］．当代世界与社会主义，2015
（5）．

［38］单希强．聚焦波兰国际机床展览会［J］．中国机床工具工业协会，
2015（5）．

［39］郭欣欣，李文豪．掘金中东欧基建制造能源有"钱"途［N］．重
庆商报，［2013－7－4］．

［40］叶泓．开拓中东欧工程承包市场的几点思考［J］．发展论
坛，2015.

［41］慕丽洁．李克强出席第四次中国—中东欧国家领导人会晤："6＋1"
合作新起点首推中期规划蓝图［J］.21世纪经济报道，［2015－11－26］．

[42] 王珏. 李克强和保加利亚总理鲍里索夫向第二届中国—中东欧国家文化合作论坛致贺信 [N]. 人民日报，[2015—11—14].

[43] 佚名. 李克强在第四次中国—中东欧国家领导人会晤上的讲话 [J]. 新华网，[2015—11—24].

[44] 朱宇，董娜. 刘奇会见中东欧国家驻华使领馆官员 [N]. 宁波日报，[2015—12—10].

[45] 鞠维伟. 美国与中东欧国家的贸易投资关系现状及对中国的启示 [J]. 欧亚经济，2015 (6).

[46] 童芬芬. 民企摘得海外高速公路建设项目第一大单——太平洋建设与中东欧两国签署 30 亿欧元基建合同 [N]. 中华工商时报，[2015—12—2].

[47] 李金玲. 内蒙古外经贸发展环境分析与后发优势的启示 [J]. 内蒙古财经学院学报，2011 (5).

[48] 宁波市委宣传部. 重视新机遇，寻求新突破——宁波牵手中东欧融入"一带一路" [N]. 浙江日报，[2015—11—24].

[49] 佚名. 宁波与中东欧城市合作机制 [J]. 宁波经济，2014 (10).

[50] 佚名. 千家甬企主动融入国家"一带一路"战略 [J]. 宁波经济，2014 (10).

[51] 程亚丽. 宁波筑台促中国中东欧合作 [N]. 国际商报，[2015—12—14].

[52] 彭刚，李逸浩. 欧盟东扩后"南北关系"整合研究 [J]. 人民论坛，2015.3.

[53] 尹永波. 欧盟东扩及其经济影响 [D]. 中共中央党校博士学位论文，2008.

[54] 姬文刚. 欧盟对中东欧政党政治的塑造作用评估 [J]. 当代世界与社会主义，2015 (5).

[55] 冯虹璐. 欧盟内部贸易分析 [J]. 商业时代，2015 (31).

[56] 朱晓中. 曲折的历程：中东欧国家的转型 [C] //曲折的历程：中东欧卷. 2015.12.

［57］张晓鸣．让"16＋1合作"提速的高铁之旅［N］．文汇报，［2015－11－26］．

［58］徐璨．蓉欧快铁——连接成都和中东欧的"交情"［N］．成都日报，［2015－11－10］．

［59］汪巍．如何把握投资中东欧国家的商机［N］．专题策划，2015．

［60］贾宇，张金平．世界各国打击"伊斯兰国"反恐立法的焦点与困境［J］．云南师范大学学报，2015，47（6）．

［61］孔田平．试论欧盟扩大对中东欧新成员国的影响［J］．欧盟扩张十年专题研究，2015．

［62］佚名．斯洛伐克的投资环境和投资政策［C］．北京：中国社会科学电子出版社，2015．

［63］安柯．斯洛伐克与中国旅游合作研究［D］．西南大学硕/博学位论文，2013．

［64］王潇婷，薛航．"16＋1会议"举行将促进中国与中东欧贸易往来［N］．2015．

［65］赵成．提升中塞战略伙伴关系，打造中国—中东欧合作新高地［N］．人民日报，［2015－11－27］．

［66］王滢达，王玲玲，王莺燕．投资环境对中国和中东欧国家双边贸易的影响——基于修正贸易引力模型的实证分析［J］．国际经贸，2015（25）．

［67］雷蒙．投资斯洛伐克，一个不错的选择［J］．国际金融，2007（4）．

［68］栾国鉴．为中国与中东欧国家经贸发展鼓劲［N］．国际商报，［2015－6－4］．

［69］朱国亮，王珏玢，刘巍巍，王慧慧．以丝为媒，以文结友，文化架起苏州—中东欧共融新桥梁［N］．国际商报，［2015－11－27］．

［70］刘星．中东欧国家高级别官员代表团入川文化旅游开路　经贸合作"不俗"［N］．四川日报，［2015－7－30］．

［71］郭雯．我国与中东欧国家产业合作问题研究［J］．对外经贸，2014（3）．

[72] 郭雯. 我国与中东欧国家汽车产业合作潜力与模式 [J]. 对外经贸, 2015 (4).

[73] 周东耀. 乌克兰危机难挡中东欧经济强劲复苏 [J]. 欧亚经济, 2015 (2).

[74] 李扬. 乌克兰危机下俄欧能源关系与能源合作：基础、挑战与前景 [J]. 俄罗斯东欧中亚研究, 2015 (5).

[75] 李伟红. 习近平集体会见出席第四次中国—中东欧国家领导人会晤的中东欧国家领导 [N]. 人民日报, [2015—11—27].

[76] 姚玲. 新时期扩大中国对波兰投资合作的思考 [J]. 跨国经营, 2015.

[77] 刘作奎. 新形势下中国对中东欧国家投资问题分析 [J]. 国际问题研究, 2014 (11).

[78] 刘键. 匈塞铁路项目今年底将动工有利于"一带一路"更好地延伸到中东欧腹地 [J]. 经济日报, [2015—7—23].

[79] 佚名. 匈牙利国家贸易署宁波代表处揭牌 [N]. 中国新闻网, [2016—1—13].

[80] 佚名. 学校体育竞赛为中国—中东欧国家教育政策对话注入强心剂 [N]. 2015.

[81] 黄若君. 印尼投资法律环境分析与投资策略 [J]. 沿海企业与科技, 2006 (10).

[82] 鞠维伟. 运用"丝绸之路经济带"发展中国与中东欧国家关系 [J]. 经济问题, 2014 (4).

[83] 冯敏, 宋彩萍. 运用"一带一路"发展中国与中东欧关系对策 [J]. 经济问题, 2016 (1).

[84] 韩长赋. 在第九届中国—中东欧国家农业经贸合作论坛上的发言 [J]. 世界农业, 2014 (12).

[85] 李克强. 在第四次中国—中东欧国家领导人会晤上的讲话 [N]. 北京国报, 2016 (3).

［86］周东耀．中东欧：分化和窘境［J］．世界态势，2012（9）．

［87］李华．中东欧：甬企逐鹿"新市场"［J］．宁波经济，2014（5）．

［88］刘乐平，周松华．中国—中东欧国家投资贸易博览会在甬开幕中东欧，浙江与你共创新机遇［N］．浙江日报，［2015－6－9］．

［89］于戈，范丽萍，张田雨，叶东亚．中东欧16国税制概览［J］．世界家业，2015（9）．

［90］范丽萍，于戈，叶东亚．中东欧16国土地政策概览［J］．世界家业，2015（7）．

［91］于戈，范丽萍，张田雨，叶东亚．中东欧16国外资企业注册审批政策及流程概览［J］．世界家业，2015（11）．

［92］徐刚．中东欧地区思想库发展概况［J］．国际研究参考，2013（4）．

［93］刘和平．中东欧国家为何对中国情有独钟［N］．深圳特区报，［2015－11－26］．

［94］迪特尔·塞格尔特，李姿姿．中东欧国家政治经济同步转轨的困境［J］．当代世界与社会主义，2009（1）．

［95］朱晓中．中东欧国家资本市场发展状况［J］．欧亚经济，2015（6）．

［96］刘晓东，刘伟．中东欧化妆品市场进展研究［J］．日用化学品科学，2014.37（11）．

［97］高晓川．中东欧经济转轨再认识——以捷克为主要例证［J］．际会风云，2015（5）．

［98］常鉴．东欧能源领域市场空间分析［J］．国际市场，2015.

［99］冷敏华．东欧农地改革背景下的土地细碎化与土地整理研究［D］．南京农业大学硕/博学位论文，2013.6.

［100］宋德斌．东欧市场开发策略［J］．专题策划，2015.

［101］高歌．东欧研究：国家转型与加入欧盟——第一届中国—中东欧论坛综述［J］．俄罗斯中亚东欧研究，2011（6）．

[102] 任鹏．科隆性侵案持续发酵中东欧再向欧盟难民政策发难［N］．光明日报，［2016—1—11］．

[103] 刘作奎．中东欧在丝绸之路经济带建设中的作用［J］．国际问题研究，2014（4）．

[104] 徐刚．中东欧转型研究 25 年来的文献评介［J］．俄罗斯学刊，2015（6）．

[105] 张秀杰．中俄经贸合作及俄罗斯对外经贸合作的环境分析［J］．边疆经济与文化，2015.

[106] 俞懋峰．中国—中东欧产能合作乘势而上［N］．经济参考报，［2015—11—27］．

[107] 朱晓中．中国—中东欧国家关系中需要注意的问题和几点建议［N］．大国前途，2015.

[108] 于军．中国与中东欧国家合作机制现状与完善路径［J］．国际问题研究，2015（2）．

[109] 佚名．中国—中东欧国家合作建设亚欧大陆桥［N］．中国新闻网，2015.

[110] 佚名．中国—中东欧国家合作苏州纲要［N］．人民日报，［2015—11—25］．

[111] 佚名．中国—中东欧国家合作中期规划［N］．人民日报，［2015—11—25］．

[112] 易鹤，董娜．中国—中东欧国家合作座谈会举行卢子跃出席并讲话［N］．宁波日报，［2015—12—11］．

[113] 俞永均．中国—中东欧国家经贸论坛园区合作分论坛举行［N］．宁波日报，［2015—11—25］．

[114] 范丽萍，于戈．中国—中东欧国家精品葡萄酒展示区正式落成［N］．农业部对外经济合作中心，2015.

[115] 邓敏敏．中国—中东欧国家旅游合作促进年在布达佩斯启动国务院总理李克强和匈牙利总理欧尔班致贺信［N］．中国旅游报，［2015—3—30］．

[116] 佚名.中国—中东欧国家农业合作促进联合会网站投入使用[N].三农时政,2016(4).

[117] 范丽萍,于戈.中国中东欧国家农业经贸合作论坛荣耀十年[J].世界农业,2015(10).

[118] 苏励.中国—中东欧国家中小企业合作与发展对接洽谈会开幕[N].河北日报,[2015—5—18].

[119] 程连生.中国城市投资环境分析[J].地理学报,1995,50(3).

[120] 王明国.中国对中东欧国家人文外交:发展、挑战与对策[J].江南社会学院学报,2015.17(2).

[121] 中国现代国际关系研究所中东欧课题组.中国对中东欧国家政策研究报告[J].现代国际关系,2003(11).

[122] 芦睿珺,鞠维伟.中国和中东欧国家关系:把握机遇、扩大共识[J].欧洲研究,2012(6).

[123] 肖玮,南淄博.中国加快与中东欧国家基建对接[N].北京商报,[2015—11—26].

[124] 刘洪霞.转型时期中东欧政党政治博弈力量格局及新变化[J].2015,31(5).

[125] 肖洋.中欧陆海快线与"一带一路"物流网的巴尔干支点[J].现代国际关系,2015(8).

[126] 戈丹,久多维奇,张佳慧,吴锋.中黑两国经贸和农业的合作现状与未来展望[J].江南大学学报,2015,14(2).

[127] 任鹏.中国中东欧产能合作前景广阔[N].光明日报,[2015—12—27].

[128] 张鹏.中国在中东欧国家开展农业投资的研究[D].对外经济贸易大学,2014.9.

[129] 拉德夫,盛超.中国与中东欧农业合作蓄势待发[N].粮油市场报,[2015—11—26].

[130] 王晓.中国与中东欧合作驶入快车道[N].国际商报,[2015—

11—26].

[131] 佚名. 中国与中东欧合作: 新起点、新领域、新愿景 [N]. 国际商报, [2015—11—25].

[132] 刘作奎. 中国与中东欧合作: 问题与对策 [J]. 国际问题研究, 2013 (5).

[133] 范丽萍. 中国与中东欧国家农业经贸合作探析 [J]. 世界农业, 2013 (2).

[134] 于春燕. 中国与中东欧国家农产品贸易比较优势——互补性及农业合作战略研究 [D]. 华中农业大学, 2015.

[135] 张丹, 张威. 中国与中东欧国家经贸合作现状、存在问题及政策建议 [J]. 中国经贸导刊, 2014 (9).

[136] 孔田平. 中国与中东欧国家经济合作现状与发展趋势 [J]. 专题策划, 2015.

[137] 于春燕, 祁春节. 中国与中东欧国家果蔬贸易竞争性与互补性研究 [J]. 广东农业科学, 2015 (1).

[138] 徐刚. 中国与中东欧国家关系: 新阶段、新挑战与新思路 [J]. 现代国际关系, 2015 (2).

[139] 龙静. 中国与中东欧国家关系: 发展挑战及对策 [J]. 国际问题研究, 2014 (5).

[140] 张晶晶. 中国与中东欧国际友好城市间推进旅游合作发展的探讨 [J]. 对外经贸实务, 2015.

[141] 陈光. 中国与中东欧 16＋1 合作将迎来新春天 [N]. 国际商报, [2015—11—9].

[142] 尚宇红, 高运胜. 中国与中东欧 10 国出口产品竞争力及结构效应研究: 2002—2011 年——基于 CMSA 模型的实证分析 [J]. 世界经济研究, 2014 (4).

[143] 中国信保. 33 个国家风险参考评级发生变动 [R]. 国家风险分析报告, 2015.

［144］林迎梅.中国投资中东欧康斯坦察港的风险研究［D］.中国海洋大学，2014.

［145］萨尔米扎·彭恰，尤利亚，莫妮卡，奥埃赫列亚·欣卡伊.中国投资试水中东欧国家——以罗马尼亚为例［J］.欧亚经济，2014（5）.

［146］佚名.中国企业走出去的新阶段和新策略［N］.海外李益研究，［2016－1－5］.

［147］杨言洪."一带一路"黄皮书：2014［M］.银川：宁夏人民出版社，2015.

［148］任宣."一带一路"大战略［M］.北京：人民日报出版社，2015.

［149］厉以宁，林毅夫，郑永年.读懂一带一路［M］.北京：中信出版集团，2015.

［150］贾瑞霞.中东欧国家区域经济合作转型［M］.北京：中国发展出版社，2013.

［151］中国现代国际关系研究院."一带一路"读本［M］.北京：时事出版社，2015.

［152］殷红，王志远.中东欧转型研究［M］.北京：经济科学出版社，2013.

［153］冯并."一带一路"全球发展的中国逻辑［M］.北京：中国民主法制出版社，2015.

［154］王胜三，陈德正.一带一路列国志［M］.北京：人出版社，2015.

［155］金立群，林毅夫."一带一路"引领中国［M］.北京：中国文史出版社，2015.

［156］龙静.中国与中东欧国家关系：发展、挑战及对策［J］.国际问题研究，2014（5）.

［157］于军.中国—中东欧国家合作机制现状与完善路径［J］.国际问题研究，2015（2）.

［158］马细谱，李少捷．中东欧转轨 25 年观察与思考［M］．北京：中央编译出版社，2014.

［159］龚缨晏，刘恒武．中国"海上丝绸之路"研究百年回顾［M］．杭州：浙江大学出版社，2011.

［160］王艺桅．"一带一路"机遇与挑战［M］．北京：人民出版社，2015.

［161］宁波市商务委员会，中国出口信用保险公司国别风险研究中心，中国出口信用保险公司宁波分公司．中东欧十六国国别信息手册［M］．2015.

［162］中国—中东欧国家合作秘书处办公室．走遍中东欧［M］．北京：世界知识出版社，2013.

［163］中国出口信用保险公司．国际风险分析报告：2015［M］．北京：中国财政经济出版社，2015.

［164］中国出口信用保险公司．国家风险分析报告"一带一路"沿线国家［M］．北京：时事出版社，2015.

［165］对外投资与合作国别（地区）指南——阿尔巴尼亚（2015 年版）．商务部国际贸易经济合作研究院，商务部投资促进事务局，中国驻阿尔巴尼亚大使馆经济商务参赞处．

［166］对外投资与合作国别（地区）指南——爱沙尼亚（2015 年版）．商务部国际贸易经济合作研究院，商务部投资促进事务局，中国驻爱沙尼亚大使馆经济商务参赞处．

［167］对外投资与合作国别（地区）指南——保加利亚（2015 年版）．商务部国际贸易经济合作研究院，商务部投资促进事务局，中国驻保加利亚大使馆经济商务参赞处．

［168］对外投资与合作国别（地区）指南——波黑（2015 年版）．商务部国际贸易经济合作研究院，商务部投资促进事务局，中国驻波黑大使馆经济商务参赞处．

［169］对外投资与合作国别（地区）指南——波兰（2015 年版）．商务

部国际贸易经济合作研究院，商务部投资促进事务局，中国驻波兰大使馆经济商务参赞处．

［170］对外投资与合作国别（地区）指南——捷克（2015 年版）．商务部国际贸易经济合作研究院，商务部投资促进事务局，中国驻爱沙尼亚大使馆经济商务参赞处．

［171］对外投资与合作国别（地区）指南——克罗地亚（2015 年版）．商务部国际贸易经济合作研究院，商务部投资促进事务局，中国驻克罗地亚大使馆经济商务参赞处．

［172］对外投资与合作国别（地区）指南——拉脱维亚（2015 年版）．商务部国际贸易经济合作研究院，商务部投资促进事务局，中国驻拉脱维亚大使馆经济商务参赞处．

［173］对外投资与合作国别（地区）指南——立陶宛（2015 年版）．商务部国际贸易经济合作研究院，商务部投资促进事务局，中国驻爱沙尼亚大使馆经济商务参赞处．

［174］对外投资与合作国别（地区）指南——罗马尼亚（2015 年版）．商务部国际贸易经济合作研究院，商务部投资促进事务局，中国驻罗马尼亚大使馆经济商务参赞处．

［175］对外投资与合作国别（地区）指南——马其顿（2015 年版）．商务部国际贸易经济合作研究院，商务部投资促进事务局，中国驻马其顿大使馆经济商务参赞处．

［176］对外投资与合作国别（地区）指南——塞尔维亚（2015 年版）．商务部国际贸易经济合作研究院，商务部投资促进事务局，中国驻塞尔维亚使馆经济商务参赞处．

［177］对外投资与合作国别（地区）指南——斯洛伐克（2015 年版）．商务部国际贸易经济合作研究院，商务部投资促进事务局，中国驻斯洛伐克大使馆经济商务参赞处．

［178］对外投资与合作国别（地区）指南——斯洛文尼亚（2015 年版）．商务部国际贸易经济合作研究院，商务部投资促进事务局，中国驻斯洛文尼

亚大使馆经济商务参赞处．

［179］对外投资与合作国别（地区）指南——匈牙利（2015 年版）．商务部国际贸易经济合作研究院，商务部投资促进事务局，中国驻匈牙利大使馆经济商务参赞处．

［180］中华人民共和国商务部网站．

［181］中华人民共和国外交部网站．

［182］东田．东欧旅游，给你一本最好看的［M］．中山：广东旅游出版社，2014.

［183］李东红．国有企业之路：东欧［M］．兰州：兰州大学出版社，1999.

［184］庄起善．中东欧转型国家金融银行业开放、稳定与发展研究［M］．上海：复旦大学出版社，2008.

［185］http：//baike. baidu. com/link? url ＝ jTZ2i1QbI76Wq8fpI5GXKSs0TQ5ZE ＿ vdj2rA1HKmvjX05aH55I2N48GjWn2D93PR0E4Q － HvsAUI-IB3ZiugLjpa.

［186］http：//baike. baidu. com/link? url ＝ Uow0ryqMpkE1cydFI5 － 5JiDZPXJ－54pQdQIqPurkUFScwpOe0ecpbNxrN92Ty6BX.

［187］http：//www. globevisa. com. cn/Bulgaria. html♯Baidu－Search－pc.

［188］http：//wenku. baidu. com/link? url＝JtrqqKwLoYlygcmRNZF9o9CKc3ROgW9gzV8ps9KV4nEgub ＿ fMFK ＿ Wp4oG ＿ ntJ2TU8iV5dy6K8f6e3wObTMKPXWXdBES8IWhgmIcKQx－ydyy.

［189］http：//baike. baidu. com/link? url ＝ ＿ GiCAmvaOXuAD3I5 ＿ ZkAo5eBfwdUoLnXzwzAkBAs8qEAxjNcqrctaEbtX ＿ xWEKmNBVay2 ＿ aFmiPwhTOu4d9z5q.

［190］http：//baike. baidu. com/link? url ＝ ＿ GiCAmvaOXuAD3I5 ＿ ZkAo5eBfwdUoLnXzwzAkBAs8qEAxjNcqrctaEbtX ＿ xWEKmNBVay2 ＿ aFmiPwhTOu4d9z5q.